财政部规划教材
全国财政职业教育教学指导委员会推荐教材
全国高职高专院校财经类教材

行业会计比较

（第三版）

主　编　郑红梅　赵淑琪

中国财经出版传媒集团
经济科学出版社
Economic Science Press

图书在版编目（CIP）数据

行业会计比较 / 郑红梅，赵淑琪主编．--3 版．--
北京：经济科学出版社，2022.9（2024.8 重印）
财政部规划教材　全国财政职业教育教学指导委员会
推荐教材　全国高职高专院校财经类教材
ISBN 978 - 7 - 5218 - 3811 - 4

Ⅰ.①行…　Ⅱ.①郑…②赵…　Ⅲ.①部门经济 - 会
计 - 对比研究 - 高等职业教育 - 教材　Ⅳ.①F235 - 03

中国版本图书馆 CIP 数据核字（2022）第 113880 号

责任编辑：白留杰　杨晓莹
责任校对：隗立娜
责任印制：张佳裕

行业会计比较
（第三版）
主　编　郑红梅　赵淑琪
经济科学出版社出版、发行　新华书店经销
社址：北京市海淀区阜成路甲 28 号　邮编：100142
教材分社电话：010 - 88191309　发行部电话：010 - 88191522
网址：www. esp. com. cn
电子邮箱：bailiujie518@126. com
天猫网店：经济科学出版社旗舰店
网址：http：//jjkxcbs. tmall. com
北京密兴印刷有限公司印装
787 × 1092　16 开　19.5 印张　400000 字
2023 年 1 月第 3 版　2024 年 8 月第 2 次印刷
ISBN 978 - 7 - 5218 - 3811 - 4　定价：49.80 元
（图书出现印装问题，本社负责调换。电话：010 - 88191510）

前言

本书是财政部规划教材、全国财政职业教育教学指导委员会推荐教材，由财政部教材编审委员会组织编写并审定，作为全国高职高专院校财经类教材使用。

国民经济各部门是一个有机的整体，各部门、各行业之间存在着相互依赖的关系。但不同的行业有其生产经营的特点，不同的生产经营特点决定了不同行业会计核算的特殊性。2006 年以来，财政部发布的企业会计准则体系是以工业企业为主，兼顾其他行业制定的一套通用的、统一的规范，对各行业会计确认、计量、记录和报告全过程中共性的部分作出了规定。本书对现行商品流通企业、施工企业、房地产开发企业、运输企业、邮政电信企业、旅游餐饮服务企业和农业企业的业务内容及各行业会计核算方法等进行比较，发掘相同点，比较不同点，从而形成行业会计比较的教学内容。本书只针对不同行业会计核算的特殊内容和方法进行讲解，将各行业会计核算中共性的部分作为已知的知识而省略。

本书以财政部颁布的《企业会计准则》《小企业会计准则》为依据，结合最新财税政策、各行业企业内部会计核算办法进行了修订，修订工作主要体现在：

1. 坚持育人为本、德育为先，以立德树人根本任务为教育主线，培养德智体美劳全面发展的高素质技术技能人才，增加了课程思政方面的学习目标，增加了思政案例。

2. 按照财政部 2019 年以来修订的企业会计准则、应用指南以及解释公告，对各行业中的相关业务内容进行了修订和补充。按照近两年最新的税务法规对各行业中的相关业务内容进行了修订和补充。

3. 结合全国会计专业技术资格考试初级会计实务的考试大纲，补充了农业会计核算内容。紧密联系实际，与现代商业运行模式相呼应，在商品流通企业会计单元补充了网络营销商品业务的核算。

4. 发挥现代信息技术优势，教材中配置了二维码微课视频，讲解教学难点、重点，配置了二维码 PPT 教学资源和业务实训答案，帮助学生自主学习。

本书重点突出、系统条理、深入浅出、通俗易懂，并且注重理论与实际操作相结合。突出职业教育、注重职业能力培养这条主线，按照项目化教学课程思路设计，以完成工作任务的形式设计教材内容。教材内容共分七个单元，每个单元中都单独列有学习目标、思政案例、单元导读、单元小结和业务训练。使学生在“做中学”，培养能适应各行业需求的会计技能人才。

本书既可作为高职高专财经院校会计专业的教材，也可作为企业财会人员的业务参考书。

本书由山西省财政税务专科学校郑红梅副教授和山西财贸职业技术学院赵淑琪副教授担任主编。郑红梅副教授对全书初稿进行总纂，并执笔编写单元二，单元四项目一；赵淑琪副教授执笔编写单元一，单元四项目二和项目三；山西省财政税务专科学校赵爱萍副教授执笔编写单元三和单元七；太原市财贸学校洪小艳高级讲师执笔编写单元五，经济科学出版社白留杰编写单元六。

本书在山西汽车运输集团有限公司总会计师刘军阳指导下完成，并由其提供了案例素材，在编写过程中也参考了有关专家教授编著的教材，在这里表示由衷的感谢！由于我们对各行业业务认识有限，书中难免有疏漏之处，敬请读者批评指正，以便我们不断修改完善，为读者提供更好的服务。

编写组

2022年8月

目 录

单元一

商品流通企业会计

学习目标

- 了解商品流通企业经营特点和会计核算特点
- 熟悉商品流通企业会计核算内容
- 掌握商品流通企业会计核算方法
- 掌握批发商品购进、商品销售和商品储存业务的核算方法和技能
- 掌握零售商品购进、商品销售和商品储存业务的核算方法和技能
- 掌握网络营销商品业务的核算方法和技能
- 培养诚信守则和恪尽职守的职业品质
- 培养服务管理意识和岗位责任担当意识

德技并修园地

以零售新业态激发消费新潜力

2022 年 8 月 15 日，国家统计局公布了 7 月份国民经济运行数据。数据显示，社会消费品零售总额同比增长 2.7%，消费市场保持恢复态势，升级类商品销售较快增长，新型消费稳中向好，餐饮等接触型服务消费持续恢复。在多地疫情散发的背景下，这样的成绩来之不易。

消费市场保持恢复态势，一方面得益于促进消费系列政策措施落地显效，另一方面也在于，适应常态化疫情防控需要、顺应消费升级趋势的零售新业态不断涌现。这些零售新业态，不仅给消费者带来了更多便利，也满足了消费者个性化、多样化的消费需求，成为新的消费增长点。

零售新业态之所以起到激发和释放消费潜力的作用，一个很重要的原因就在于，零售新业态加速了线上与线下的融合。近日，商务部发布《2022 年上半年中国网络零售市场发展报告》，报告指出，零售新业态不断发展，线上便捷性和个性化推荐优势逐步放大，线下渠道智能化水平持续提升，线上线下渠道趋向深度融合。在此背景下，即时零售、无接触消费和直播带货等新消费场景加快布局并保持发展势头。

不妨以即时零售为例。所谓即时零售，是指商超、便利店等线下实体店，依托网络和数字平台，就近为消费者实现 1 小时乃至 30 分钟之内快速送达的零售模式。对于实体门店而言，通过即时零售可以扩大服务半径，增强消费黏性；而对于消费者而言，即时配送也可以减少等待时间，消费时效性和确定性需求能得到更好满足，从而提升了消费体验。可以说，零售新业态有效促进了供需匹配。也正因此，零售新业态日益受到实体门店和消费者的双重青睐。

一根网线，一头连着实体门店，一头连着消费者的生活。保住市场主体，才能提供更好的供给，也才能进一步激发消费潜力。2022 年以来，受疫情等超预期因素影响，餐饮、零售等线下接触型消费行业受到冲击，不少中小微企业面临较大的经营困难。对线下门店进行数字化改造，既能对冲疫情影响，也能提升经营效率，从而能更好保住市场主体。在北京通州，一位杂货店店主就借助美团等即时零售平台，不但减轻了疫情的影响，还实现了月销百

万的“逆袭”。可以说，发展零售新业态，既是对冲疫情影响的重要方面，也是保住市场主体的有效举措。

零售新业态的发展，离不开相关部门的有力扶持，也离不开企业不断地探索创新。2021年8月，商务部等9部门印发的《商贸物流高质量发展专项行动计划（2021－2025年）》就提出，“推广共同配送、集中配送、统一配送、分时配送、夜间配送等集约化配送模式，完善前置仓配送、门店配送、即时配送、网订店取、自助提货等末端配送模式。”今天，从生鲜蔬菜到面包饮料，从电子产品到日化美妆，越来越多的商品通过集约化配送模式，更快地送达消费者手中。同时，云计算、大数据、物联网等数字技术持续发展，也为企业创新服务和经营带来了更多可能。瞄准消费者需求，在经营和服务特色方面多下功夫，进一步提升配送效率，才能推动零售新业态更好发展。

资料来源：易云澜．人民日报评论 2022－09－04（原文：以零售新业态激发消费新潜力）.

【启示】中国有着广阔的消费市场，有着巨大的消费潜力。进入数智化时代，零售业面临着前所未有的考验和巨变，也将迎来前所未有的新机遇。从零售业的发展趋势来看，疫情加速了零售业的变革创新。零售业将继续朝着以品质为中心、以服务为中心、以数字化技术为中心、注重绿色经营等方向转变，不断挖掘网络消费、无接触消费、体验消费、智能消费、服务消费等消费新热点，引导消费新业态新模式有序发展，大力培育新型消费，促进消费提质扩容，持续推动内外贸融合的新发展，为消费者创造更大价值。

“十四五”时期，我国数字经济也将转向深化应用、规范发展、普惠共享的新阶段。新技术、新产品、新品质、新业态、新模式快速发展，以消费升级驱动不断推进零售业向高质量发展转型升级。相信，未来将会有更多新业态、新模式应势而生，并在促进消费、助力实体经济、满足人民对美好生活的向往上发挥更加重要的作用。

【单元导读】

一、商品流通企业经营特点

商品流通企业是组织商品从生产领域到消费领域，并从商品流转过程中赚取利润的经济组织。其主要经济活动是从事商品购销活动，商品流转的购进、销售、储存业务活动是商品流通企业会计核算的核心内容。商品流通企业业务经营特点主要表现在三个方面。

（一）商品流通企业只从事商品交换而不从事生产

商品流通企业的主要经营活动是组织商品流转。商品流转是社会化大生产的一个重要环节，在商品流转过程中，资金运动形态表现为“货币—商品—货币”。由“货币—商品”是购进过程，是商品流转的起点，是货币资金转换为商品资金的过程。由“商品—货币”是销售过程，是商品流转的终点，是商品资金转换为货币资金的过程。商品储存是商品购进与商品销售的中间环节，是企业购进的商品在销售前在企业的停留状态。围绕商品购销活动，完成商品从购进到储存再到销售的全过程，它不进行产品生产。因此，与制造企业相比商品购销活动没有生产过程。

（二）商品流通企业的经营方式多样化

商品流通企业的经营方式有批发经营、零售经营及批零兼营。批发企业和零售企业是商品流通企业组织商品购销活动最基本的组织形式，它们在商品流转中处于不同的地位，起着不同的作用，并各具特色。

批发经营是指在商品流通环节中，专门组织商品的批量购销活动，一般是从生产企业或其他批发企业购进商品，销售给零售企业或其他批发企业的经营方式。在整个商品流转中处于起点或中间环节，是组织城乡之间、地区之间商品流通的桥梁，一般不直接与消费者发生交易，购销活动结束后，商品没有成为最终消费品，而是仍处在流通过程。批发业务通常具有经营的品种不多、交易次数不频繁、每次交易的数量较大、常常是跨区经营等特征。

零售经营是指在商品流通环节中，从生产企业或批发企业购进商品，并把商品销售给最终消费者或销售给企事业单位等用于生产和生活消费。它是商品流转的终点，销售活动结束后，商品进入消费领域，实现了使用价值和价值，商品流转过程结束。零售业务通常具有经营的商品品种繁多、交易次数频繁、交易的数量零星等特征。

批零兼营是指商品流通企业既从事商品批发业务，又兼营商品零售的经营方式。商品流通企业的会计核算，应适应不同的经营方式。

（三）商品性存货在企业资产总额中占有非常大的比例

商品流通企业的存货主要是商品存货，存货类别单一，但商品存货的品种多，规格复杂，在企业资产总额中占有非常大的比例。为了便于管理，库存商品可按品种、类别、柜组等进行划分。商品流通企业的利润主要来自商品销售。

二、商品流通企业会计核算特点

（一）会计核算的核心内容是商品流转，不需要计算生产成本

商品流通企业会计是以货币为主要计量单位，对企业经营活动进行反映和监督。商品流通企业购、存、销三个环节是其主要的经营活动内容，没有生产活动。因而，商品流转的购进、销售、储存业务活动是商品流通企业会计核算的核心内容，在核算上不需要考虑产品生产成本的计算问题。

（二）库存商品计价核算方法的多样化

商品流通企业的库存商品是存货的重要组成部分。不同组织形式的商品流通企业应根据各自的经营特点和管理要求，对库存商品核算采用不同的计价方法。库存商品核算方法有金额核算法和数量金额核算法两类，具体又可分为进价金额核算法、数量进价金额核算法、售价金额核算法和数量售价金额核算法四种，这些方法将在后面的批发商品和零售商品业务中进行详细介绍。

（三）收入的确认、计量与核算方法的复杂性

商品流通企业主要从事商品购销的经营活动，销售商品取得的收入构成其主营业务收

入，经营商品租赁业务的收入、加工商品取得的收入及提供运输劳务的收入一般属于其他业务收入。商品流通企业销售商品的方式有：自行购进销售、直运销售、预收货款销售、分期收款销售、委托外单位销售、受托代销等；在商品销售过程中还会涉及现金折扣、销售折让、销售退回、返券销售、附送赠品销售、以旧换新销售等。随着“大智移云物”的不断发展，电子商务成为现代市场营销不可或缺的组成部分，网络营销和实体营销并驾齐驱。因而，不同的销售方式其收入的确认、计量与核算方法也不完全相同。

（四）进货费用处理方法的灵活性

商品流通企业对进货费用的处理有较大的灵活性。一是直接计入商品的采购成本。即把采购商品过程中发生的采购费用直接计入商品的采购成本，这样商品的货款和采购费用就构成了商品采购成本。二是直接计入当期损益。即把采购费用直接记入“销售费用”账户，月份终了再将账户余额转入“本年利润”，这样商品的购进价格就是商品的采购成本。三是先归集后分摊。即先把采购费用归集到“销售费用”账户，期末根据所购商品的存销比例进行分摊。也就是说，已经销售出去的商品负担的进货费用，作为已销商品成本的组成部分，转入“主营业务成本”账户，储存在库的未销商品负担的采购费用，则转入“库存商品”账户，作为期末库存商品的成本。

三、商品流通企业会计核算主要内容和单元项目任务

（一）商品流通企业会计核算的主要内容

从会计业务方面比较商品流通企业与制造企业的不同，总结商品流通企业会计核算的主要内容如表 1－1 所示。

表 1－1　　商品流通企业会计与制造企业会计的不同业务比较

项目	内容	商品流通企业会计	制造企业会计
资产	存　货	采购费用计入商品的采购成本，费用较小可以计入销售费用；小企业计入当期损益	采购费用计入采购成本
		1. 库存商品可采用四种核算方法：数量进价金额核算法；进价金额核算法；售价金额核算法；数量售价金额核算法 2. 非商品性存货：采用实际成本计价	采用实际成本计价或计划成本计价
		1. 采用数量进价金额核算法，商品销售成本计价方法有先进先出法、加权平均法、移动加权平均法、个别计价法和毛利率法 2. 采用售价金额核算法，商品销售成本计价方法为平时商品销售时按售价结转成本，月末分摊已销商品进销差价再调整为实际成本	1. 采用实际成本计价方式下，存货发出计价方法有先进先出法、加权平均法、移动加权平均法、个别计价法等 2. 采用计划成本计价方式下，平时存货发出按计划成本计价，月末再分摊差异调整为实际成本

续表

项目	内容	商品流通企业会计	制造企业会计
费用	生产成本	不从事产品生产，不核算生产成本	核算产品生产成本
	期间费用	包括销售费用、管理费用和财务费用，其中销售费用包括购、存、销过程中发生的各项费用	包括销售费用、管理费用和财务费用，其中销售费用仅指销售过程中发生的各项费用
收入	主营业务收入	商品销售收入、代销收入等	销售产成品、自制半成品和提供工业性劳务收入等

（二）商品流通企业单元项目和工作任务

商品流通企业单元项目和工作任务如图 1－1 所示。

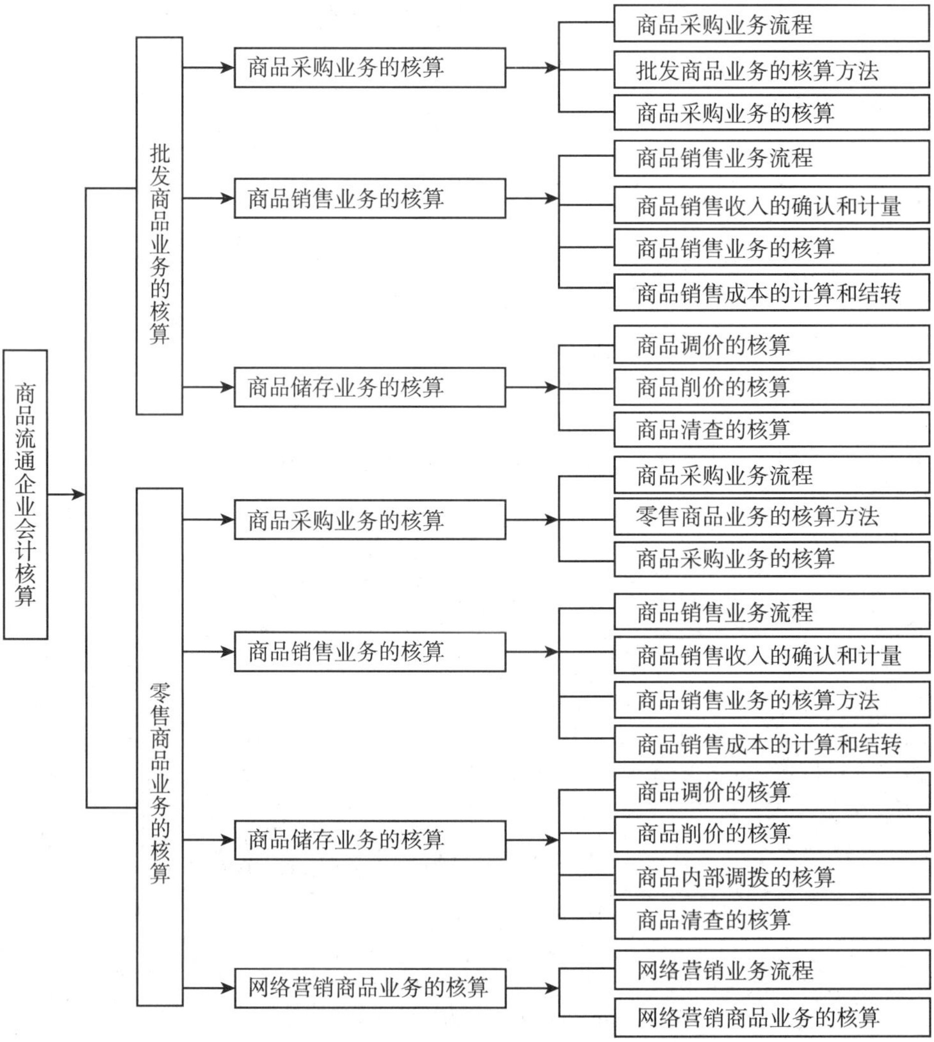

图 1－1　商品流通企业单元项目和工作任务

项目一 批发商品业务的核算

任务一 商品采购业务的核算

课件

【任务描述】

按照批发商品采购业务流程，确定批发商品业务的会计核算方法，完成数量进价金额核算法下商品采购的会计核算工作任务。

【任务实施】

一、商品采购业务流程

批发企业商品购进的交接方式通常采用送货制、提货制和发货制。购销双方应根据商品的特点和运输条件确定商品交接货方式。商品购进的交接方式不同，其业务流程也不尽相同。

（一）送货制商品采购业务流程

业务部门根据供货单位开来的增值税专用发票与购货合同核对相符后，填制一式数联的“收货单”，存根联由业务部门留存；收货联由仓库凭以验收商品和登记商品保管账；增值税专用发票连同结算联交财会部门凭以结算货款；记账联经仓库收货加盖“收讫”章后转财会部门据以记账。

（二）提货制商品采购业务流程

业务部门收到供货单位的增值税专用发票和提货单，与合同核对相符后，填制一式数联的“收货单”，连同专用发票和提货单送交财会部门审核，财会部门审核无误后办理结算。运输部门凭提货单提回商品，交仓库保管部门验收入库。仓库保管部门在收货单上加盖“收讫”印章，自留一联登记商品保管账；一联退回业务部门，由其注销合同；另一联交财会部门据以入账。

（三）发货制商品采购业务流程

异地购进商品，一般采用“发货制”，货款结算大多采用“托收承付”“委托收款”“商业汇票”“银行汇票”“汇兑”等结算方式。下面以托收承付结算方式为例，说明发货制商品采购业务流程。

供货单位根据合同发运商品后，凭有关单据委托银行收取货款及代垫的商品运费。购货单位财会部门在收到开户银行转来的供货单位的托收凭证、增值税专用发票和有关单据之后，先送业务部门进行审核，经审核与合同相符后，退回财会部门凭以承付货款。业务部门同时填制一式数联的“收货单”，自留一联，其余的交仓库保管部门。商品到达后，仓库保管部门根据收货单，与供货单位随货同行的专用发票核对无误后，将商品验收入库，并在收货单上加盖“收讫”印章。仓库保管部门除了自留一联据以登记商品保管账外，将其中一联退回业务部门，由其注销合同，另一联连同专用发票送交财会部门据以入账。

二、批发商品业务的核算方法

批发商品业务的核算方法

批发商品流转包括商品购进、销售和储存三个环节。其业务特征主要体现在：“大”即经营规模、交易量、交易额、储备量较大；“少”即交易频率较少；“量”“额”即核算上随时掌握各种商品进、销、存的数量和结存金额；“证”即每笔交易都必须取得合法的交易凭证，用以反映和控制商品的交易活动等。因此，批发企业应当根据其规模和经营商品的品种多少合理选择核算方法。对于一般批发企业通常采用数量进价金额核算法，对于小型批发企业可以采用数量售价金额核算法。本任务主要介绍数量进价金额核算法的批发商品业务的核算。

（一）数量进价金额核算法

数量进价金额核算法又称单品核算法，是指库存商品以实物数量和进价金额两种计量单位，来反映商品进、销、存情况的一种核算方法。

1. 数量进价金额核算法的内容

（1）财会部门设置“库存商品”总账、类目账和明细账。总账、类目账均按商品的进价金额记账，不记数量。设置类目账，能够实现库存商品总账、类目账和明细账之间层层控制，提供大类商品的核算资料，加强商品日常管理；明细账按商品的品名、规格等分户设置，不仅登记进价金额，同时还要登记数量。对一些经营品种类别较少的企业也可不设置类目账，只设总账和明细账即可。

（2）业务部门设置商品调拨账、仓库保管部门设置商品保管账。为便于与财会部门核对，业务部门和仓库保管部门也按商品的品种、规格、等级分户设置商品调拨账和商品保管账，分别登记各种商品收、发、存的数量。

（3）财会部门定期进行账账、账实核对工作。账账核对，就是将库存商品总账、类目账上所登记的金额与库存商品明细账上登记的金额进行核对，同时，将明细账上登记的数量与调拨账、保管账上登记的数量进行核对。账实核对，就是定期将库存商品进行实地盘点，将盘存数与库存商品明细账、调拨账、保管账上登记的账存数进行核对，从而确保账账、账实相符。

（4）随时或定期计算并结转已销商品的进价成本。根据企业商品经营的特点和经营管理的需要，采用恰当的方法，随时或定期计算并结转已销商品的进价成本。

2. 数量进价金额核算法的适用范围

采用数量进价金额核算法既反映商品进价金额，又记录商品数量，能够全面地掌握商品购、销、存的具体情况，有利于从数量和金额两方面对库存商品进行控制，保证商品的安全、完整。但由于采用这种方法是按具体的品名、规格、等级登记库存商品明细账，工作量较大，手续烦琐。因此，该方法一般适用于规模较大、经营金额较大、批量较大、商品品种不多、交易次数不多的大中型批发企业、农副产品收购企业及经营品种单一的专业性零售商店。

（二）数量售价金额核算法

数量售价金额核算法是指对库存商品明细账以实物数量和售价金额两种计量单位，来反映商品进、销、存情况的一种核算方法。这种方法在商品明细账组织、财产盘存制度上与“数量进价金额核算法”基本相同，仅记账价格不同。

1. 数量售价金额核算法的内容

（1）库存商品总账、类目账均按售价金额记账，并据以相互对账；库存商品明细账既核算商品实物数量，又核算其售价金额。

（2）设置“商品进销差价”账户，作为库存商品总账和类目账的调整账户，汇集售价金额和进价金额之间的差额，月末按商品存销比例计算已销商品应分摊的进销差价，正确计算已销商品进价成本。

2. 数量售价金额核算法的适用范围

采用数量售价金额核算法以实物数量和售价金额两种计量单位，来反映库存商品进、销、存情况，便于加强管理和控制。在计算与结转商品销售成本时，核算工作量较“数量进价金额核算法”有所简化。但采用这种方法，当商品售价变动时，需对库存商品进行盘点，调整库存商品金额和商品进销差价，核算工作量大。因此，该方法适用于经营金额较小、批量较少的小型经营批发企业，也适用于经营品种不多、销售专业性较强的商品流通企业，特别适用于经营需掌握数量的贵重、大件商品，或只经营一类或几类商品的零售企业。

三、商品采购业务的核算

采用数量进价金额核算的批发企业，商品采购需要设置“在途物资”“库存商品”等账户进行核算。

“在途物资”账户，用来核算企业采用实际成本（进价）进行材料、商品等物资的日常核算、货款已付尚未验收入库的各种物资的采购成本，该科目按供应单位和物资品种进行明细核算。其借方登记企业购入的在途物资的实际成本，贷方登记验收入库的在途物资的实际成本，期末余额在借方，反映企业在途物资的实际成本。

“库存商品”科目账户，用来核算企业库存的各种商品的收、发和结存情况。该科目借方登记入库商品的实际成本，贷方登记发出商品的实际成本，期末余额在借方，反映企业结存商品的实际成本。

小企业特别规定

商品零售小企业发生的采购费用，记入“销售费用”账户核算。

1. 一般商品购进的核算

在购进商品时，由于商品和结算凭证到达企业的时间不一致，可能会出现三种情况：一是结算凭证与商品同时到达；二是结算凭证先到，商品后到；三是商品先到，结算凭证后到。具体核算方法同制造企业采购材料的核算。

【做中学1－1】 山西盛晋电器公司为增值税一般纳税人，增值税税率为13%，库存商品采用数量进价金额法核算。2022年5月10日从本地新光股份有限公司购入光明牌电暖器100台，取得增值税专用发票，注明价款50 000元，增值税额为6 500元。同日财会部门收到仓库转来的“商品验收单”，开出转账支票付款并办理入账手续。

5月10日，财会部门根据审核无误的增值税专用发票、转账支票存根和仓库转来的“商品验收单”如表1－2所示，办理入账手续，编制会计分录如下：

借：库存商品——光明电暖器　　50 000
　　应交税费——应交增值税（进项税额）　　6 500
　　贷：银行存款　　56 500

表1－2　　**商品验收单**

2022年5月10日　　存放仓库：第二仓库

货号	名称	规格	单位	数量		单价	金额（元）	
				应收数	实收数			
	光明电暖器		台	100	100	500.00	50 000.00	
供货单位	新光股份有限公司		结算方式				合同号	
备注								
主管：		质量检验员：王世杰 仓库验收：刘丽				经办人：		

记账联

第一联：仓库（黑色）；第二联：记账（红色）；第三联：送料人（绿色）

【做中学1－2】 承【做中学1－1】，如果增值税专用发票等结算凭证在2022年5月10日到达，商品在2022年5月15日到达。

（1）2022年5月10日，财会部门根据相关部门转来的增值税专用发票等结算凭证，审核无误后，填制转账支票付款，编制会计分录如下：

借：在途物资——新光股份有限公司　　50 000
　　应交税费——应交增值税（进项税额）　　6 500
　　贷：银行存款　　56 500

（2）2022年5月15日，财会部门根据仓库转来的“商品验收单”时，编制会计分录如下：

借：库存商品——光明电暖气　　50 000
　　贷：在途物资——新光股份有限公司　　50 000

思考

若【做中学1-1】中，如果商品在2022年5月20日到达，发票等结算凭证在2022年6月5日到达，如何进行账务处理？

2. 预付货款的核算

企业在采购商品时，对于一些紧俏商品、需定制的商品、大件商品等，需采用预付货款方式，通过设置“预付账款”账户进行核算。

【做中学1-3】盛晋公司2022年5月12日从恒大公司购入一批乙商品，货款为40 000元，增值税税额为5 200元。按合同约定向恒大公司预付货款的40%，余款于货物验收后补付。6月22日商品到达验收入库，余款用转账支票支付。

（1）5月12日预付货款时，财会部门根据转账支票存根，编制会计分录如下：

借：预付账款——恒大公司　　16 000
　　贷：银行存款　　16 000

（2）6月22日商品到达验收入库，余款用转账支票支付，根据增值税专用发票、收货单、支票存根等编制会计分录如下：

借：库存商品——乙商品　　40 000
　　应交税费——应交增值税（进项税额）　　5 200
　　贷：预付账款——恒大公司　　16 000
　　　　银行存款　　29 200

3. 购进商品溢余和短缺的核算

批发企业购进商品，仓储部门在验收商品时，若发现实收商品与供货单位增值税专用发票（发货联）上所列数量不符时，必须会同运输单位进行核对，做好鉴定证明，并在“收货单”上注明实收数量，同时填制“商品溢余（短缺）报告单”一式数联。其中，一联连同鉴定证明送业务部门，由其负责处理；另一联送交财会部门，审核后作为记账的依据。

批发商品购进溢缺的核算

购进商品发生溢余和短缺，在未查明原因前，先按商品实收数入库，并根据“商品溢余（短缺）报告单”中溢余或短缺商品金额在“待处理财产损溢”账户核算。

购进商品发生溢余查明原因后，若属于运输途中商品自然升溢，应冲减“管理费用”账户；若属于供货方多发商品，应与供货方联系，由供货方补来商品专用发票，按商品购进补付货款或联系供货方退回多收商品。

购进商品发生短缺查明原因后，若属于自然损耗，应记入“管理费用——商品损耗”账户；若属于供货方少发造成的，应尽快与供货方联系，作补发或退款处理；若属于铁路等运输部门、其他过失责任人或保险公司的责任赔偿，应记入“其他应收款——某单位（或个人）”账户；若属于自然灾害造成的，经批准后应记入“营业外支出——非常损失”账户。值得注意的是，在处理商品短缺的过程中，对于非正常原因造成的商品短缺损失（如管理不善造成货物被盗、丢失、霉烂变质，以及因违反法律法规造成货物或者不动产被依法没收、销毁、拆除的情形），根据增值税暂行条例规定“非正常损失的购进货物，其进项税额不得从销项税额中抵扣”。因此，在进行会计处理时需将其进项税额予以转出，记入“应交税费——应交增值税（进项税额转出）”账户。而对于正常损耗或意外灾害造成的存货盘亏或毁损，其进项税额允许抵扣的，不需进行转出处理。

【做中学1－4】盛晋公司为增值税一般纳税人，增值税税率为13%。2022年5月15日向广西糖酒公司购入白绵糖10 000千克，每千克10元，共计货款100 000元，增值税13 000元，铁路运输增值税专用发票注明运费800元，增值税额72元，采用托收承付方式结算。

财会部门根据审核无误的托收凭证、专用发票（发票联）和铁路运输增值税专用发票等结算单据，承付货款，编制会计分录如下：

借：在途物资——广西糖酒公司　　100 000
　　应交税费——应交增值税（进项税额）　　13 072
　　销售费用——运杂费　　800
　　贷：银行存款　　113 872

【做中学1－5】承【做中学1－4】，5月20日，白绵糖运抵企业，验收入库时实收10 200千克，溢余200千克，金额为2 000元，溢余原因待查。

财会部门根据审核无误的“收货单”和“商品溢余（短缺）报告单”，编制会计分录如下：

借：库存商品——白绵糖　　102 000
　　贷：在途物资——广西糖酒公司　　100 000
　　　　待处理财产损溢——待处理流动资产损溢　　2 000

【做中学1－6】承【做中学1－5】，经与供货方、运输部门等联系，查明原因，溢余的200千克白绵糖，其中50千克系自然升溢，另150千克系供货单位多发商品，同意补作商品购进。收到广西糖酒公司补开的专用发票，货款为1 500元，增值税195元，以电汇凭证结算。

财会部门根据“商品溢余（短缺）报告单”的处理结果，对自然升溢部分，编制会计分录如下：

借：待处理财产损溢——待处理流动资产损溢　　500
　　贷：管理费用——商品损耗　　500

同时，根据补开的专用发票、电汇凭证回单，编制会计分录如下：

借：待处理财产损溢——待处理流动资产损溢　　1 500
　　应交税费——应交增值税（进项税额）　　195
　　贷：银行存款　　1 695

【做中学1－7】承【做中学1－4】，如果5月20日白绵糖运抵企业，验收入库时实收9 800千克，短缺200千克，金额为2 000元。经与供货方、运输部门等联系，查明原因，短缺的200千克白绵糖中，30千克系自然损耗，100千克系供货单位少发商品，同意补发；70千克系运输部门责任造成，同意赔偿，但尚未收到赔款。5月22日，赔款到账。

（1）5月20日，财会部门根据仓库转来的“收货单”和“商品溢余（短缺）报告单”，审核无误后，编制会计分录如下：

借：库存商品——白绵糖　　98 000
　　待处理财产损溢——待处理流动资产损溢　　2 000
　　贷：在途物资——广西糖酒公司　　100 000

（2）5 月 20 日，财会部门根据“商品溢余（短缺）报告单”的处理结果，以及仓库转来的补发货“收货单”，编制会计分录如下：

借：管理费用——商品损耗　300
　　库存商品——广西糖酒公司　1 000
　　其他应收款——运输部门　791
　　贷：待处理财产损溢——待处理流动资产损溢　2 000
　　　　应交税费——应交增值税（进项税额转出）　91

（3）5 月 22 日，财会部门收到运输部门的赔款，根据银行转来的收款通知，编制会计分录如下：

借：银行存款　791
　　贷：其他应收款——运输部门　791

4. 进货退出的核算

批发企业购进的商品，在验收入库后，发现商品的品种、规格、质量与合同不符，应及时与供货单位联系，调换商品或作进货退出处理。发生进货退出业务时，有两种情况：

一是进货后尚未支付货款且未入账。购货方需将收到的增值税专用发票的发票联、抵扣联退还给供货方，供货方将退回的发票连同记账联一并注明“作废”字样，方可扣减当期销项税额和进行相应的账务处理。购货方无须进行会计处理。

二是进货后已支付货款或尚未支付货款但已入账。办理退货时，购货方首先必须取得当地税务部门开具的“红字增值税专用发票通知单”送交供货方，供货方收到通知单后，凭以开具红字增值税专用发票，其记账联作为扣减进项税额的凭证。购货方业务部门填制红字“收货单”作为附件通知储运部门将商品发运给供货方，财会部门根据红字增值税专用发票联、抵扣联和红字“收货单”作进货退出的账务处理。

【做中学 1 - 8】盛晋公司为增值税一般纳税人，增值税税率为 13%。2022 年 5 月 16 日向百盛公司购入 200 件丙商品，每件 300 元，计货款 60 000 元，增值税 7 800 元。价税款已支付，商品已验收入库。5 月 18 日复验时发现有 10 件丙商品不符合要求，经与百盛公司联系后，同意退货。5 月 20 日，收到退的货款 3 000 元和税款 390 元。

（1）5 月 18 日，财会部门收到业务部门转来的供货方退货的红字专用发票和红字“收货单”（结算联），编制会计分录如下：

借：应付账款——百盛公司　3 390
　　应交税费——应交增值税（进项税额）　[390]
　　贷：库存商品——丙商品　3 000

（2）5 月 20 日，收到供货方退来的货款及增值税款时，财会部门根据收账通知，编制会计分录如下：

借：银行存款　3 390
　　贷：应付账款——百盛公司　3 390

5. 购进商品退价和补价的核算

批发企业购进商品验收入库后，由于供货方商品金额计算错误或发时先按暂估价格结算等原因，造成已结算货款与实际应结算货款不相符，出现进货退价或补价业务。无论是进货退价或补价均不涉及商品数量的变化，只涉及商品价格的调整。如果已结算货款高于实际应结算货款，供货方应将多收的货款部分退还给购货方，即属于购进商品退价；如果已结算货款低于实际应结算货款，供货方应将少收的货款部分向购货单位补收，即属于购进商品补价。

发生商品退、补价时，应由供货方填制红字或蓝字的专用发票及“销货更正单”，交给购货单位，由业务部门审核后，送交财会部门，经复核无误后，据以进行退、补价处理。具体处理分两种情况：一是购进商品尚未售出或虽已售出但尚未结转商品销售成本；二是商品已售出并已结转主营业务成本。

【做中学 1 –9】 承【做中学 1 –8】，盛晋公司 2022 年 5 月 16 日向百盛公司购入 200 件丙商品，价税款已支付，商品已验收入库。5 月 20 日，收到百盛公司开来的红字专用发票和销货更正单，丙商品的单价错开，每件应为 280 元，应退货款 4 000 元，增值税 520 元，尚未支付。5 月 25 日，收到退的价税款。该商品尚未售出或虽已售出但尚未结转商品销售成本。

（1）5 月 20 日，财会部门根据供货单位的红字专用发票及“销货更正单”，编制会计分录如下：

借：应付账款——百盛公司　　4 520
　　应交税费——应交增值税（进项税额）　　[520]
　　贷：库存商品——丙商品　　4 000

（2）5 月 25 日，收到供货方退的价税款，根据银行转来的收账通知，编制会计分录如下：

借：银行存款　　4 520
　　贷：应付账款——百盛公司　　4 520

【做中学 1 –10】 承【做中学 1 –9】，如果丙商品已售出，并已结转主营业务成本。

处理方法与上述【做中学 1 –9】处理方法基本相同，所不同的是将调整库存商品进价的处理，变为调整主营业务成本，做会计分录如下：

借：应付账款——百盛公司　　4 520
　　应交税费——应交增值税（进项税额）　　[520]
　　贷：主营业务成本——丙商品　　4 000

【做中学 1 –11】 承【做中学 1 –8】，盛晋公司 2022 年 5 月 16 日向百盛公司购入 200 件丙商品，价税款已支付，商品已验收入库。5 月 20 日，收到百盛公司开来的蓝字专用发票和销货更正单，丙商品的单价错开，每件应为 320 元，应补货款 4 000 元，增值税 520 元，当即汇付电汇凭证支付。丙商品尚未售出或虽已售出但尚未结转商品销售成本。

5 月 20 日，财会部门根据供货单位的蓝字专用发票、“销货更正单”及电汇凭证（回单），编制会计分录如下：

借：库存商品——丙商品　　4 000
　　应交税费——应交增值税（进项税额）　　520
　　贷：银行存款　　4 520

【做中学 1 –12】 承【做中学 1 –11】，若丙商品已售出，并已结转主营业务成本。

处理方法与上述【做中学 1 –11】处理方法基本相同，所不同的是将调整库存商品进价的处理，变为调整主营业务成本，做会计分录如下：

借：主营业务成本——丙商品　　4 000
　　应交税费——应交增值税（进项税额）　　520
　　贷：银行存款　　4 520

6. 购货折扣和购货折让的核算

购货折扣又称为现金折扣，是企业在采购商品过程中，供货方为了鼓励客户在规定的期限内偿还货款而给予的折扣优惠。现金折扣一般用2/10，1/20，n/30 等表示，表明购货方在 10 天内付款可以享受 2% 的折扣，20 天内付款享受 1% 的折扣，30 天内付款无折扣。企业购货附有现金折扣条件时，应付账款入账金额应按发票上记载的应付金额的总值（即不扣除现金折扣的金额）入账，支付货款实际发生现金折扣时，将取得的现金折扣冲减当期的财务费用。

购货折让是企业在采购商品过程中，由于供货方售出的商品在质量上不合格或品种、规格等不符合购货方的要求，购货方从供货方所取得的价格减让。

批发企业在发生购货折让时，库存商品应以商品的买价扣除购货折让后的净额入账，且增值税额与货款同步，享有购货折让。

【做中学 1－13】盛晋公司为增值税一般纳税人，增值税税率为 13%。2022 年 5 月 16 日向环宇电器公司购入甲商品 1 000 台，每台 200 元，货款总价为 200 000 元，增值税 26 000 元。环宇电器公司给予的付款条件为 2/10，且按不含税价格计算现金折扣，超过 10 天支付货款全价。当日商品验收入库，货款暂欠。2022 年 5 月 23 日盛晋公司签发转账支票付款。

（1）5 月 16 日，财务部门根据增值税专用发票、收货单等原始单据，经审核无误，编制会计分录如下：

借：库存商品——甲商品　　200 000
　　应交税费——应交增值税（进项税额）　　26 000
　　贷：应付账款——环宇电器公司　　226 000

（2）5 月 23 日，盛晋公司签发转账支票付款，根据转账支票存根，编制会计分录如下：

借：应付账款——环宇电器公司　　226 000
　　贷：银行存款　　222 000
　　　　财务费用——现金折扣　　（200 000 × 2%）4 000

思考

若【做中学 1－13】超过 10 天付款优惠期限，又该如何进行会计处理呢？

【做中学 1－14】盛晋公司为增值税一般纳税人，增值税税率为 13%。2022 年 5 月 17 日向环宇电器公司购入乙商品 500 台，每台 300 元，货款总价为 150 000 元，增值税 19 500 元，价税款已付，尚未到达。20 日，商品验收入库时，发现质量不符，经与供货方联系，对方同意给予 5% 的折让，收到环宇电器公司转来的购货折让红字发票，并收到退回的折让价款 7 500 元及增值税额 975 元，存入银行。当日商品验收入库。

（1）5 月 17 日，财务部门根据增值税专用发票等原始单据，经审核无误，签发转账支票付讫，编制会计分录如下：

借：在途物资——环宇电器公司　　150 000
　　应交税费——应交增值税（进项税额）　　19 500
　　贷：银行存款　　169 500

（2）5 月 20 日，财会部门收到供货方开来的购货折让红字发票及退回的货款和增值税额，存入银行，根据折让红字发票和进账单，编制会计分录如下：

借：银行存款　　8 475
　　应交税费——应交增值税（进项税额）　　975
　　贷：在途物资——环宇电器公司　　7 500

财会部门收到仓库转来的“收货单”，经审核无误后，编制会计分录如下：

借：库存商品——乙商品　　142 500
　　贷：在途物资——环宇电器公司　　142 500

7. 商品购进拒付货款和拒收商品的核算

商品购进拒付货款、拒收商品一般发生在企业采用“发货制”、货款结算采用“委托收款”“托收承付”等结算方式的情况下，由于发票账单和商品实物到达企业的时间往往不同步，导致支付货款与商品验收入库的时间存在差异，造成拒收拒付的主要依据是购销合同。其会计处理方法有三种情况：

（1）先拒付货款，后拒收商品。当企业先收到银行转来的托收凭证（发票账单等），业务部门审核发票账单，若与购销合同不相符，由财务部门在银行规定的承付期内填制“拒绝承付理由书”并通知银行拒付货款。等商品到达后拒收商品，只需将拒收的商品妥善保管，记入“代管商品物资”备查簿，无须进行账务处理。

（2）先拒收商品，后拒付货款。企业先收到发来的商品时，发现商品与购销合同不符，可拒收商品，将拒收商品妥善保管，记入“代管商品物资”备查簿，等银行转来托收凭证发票账单时，再拒付货款，处理方式同上。

（3）先承付货款，后拒收商品。企业收到银行转来的托收凭证发票账单后，与购销合同核对，相符后承付了货款。等商品到达验收时，发现商品与购销合同不符，企业应将所付货款从“在途物资”账户，转入“应付账款”账户，对于支付的该批购进商品的增值税额也要转入“应付账款”中，并将拒收商品记入“代管商品物资”备查簿，待与供货方协商解决后，再作相应账务处理。如经协商，企业同意按原价购进的，则按商品购进正常程序，将商品金额记入“库存商品”账户，将增值税额记入“应交税费”账户，同时冲减“应付账款”账户；如供货方同意退货，收到供货方退还的货款时，借记“银行存款”账户，贷记“应付账款”账户。作上述账务处理时，均应冲减“代管商品物资”备查簿。

【做中学 1－15】盛晋公司 2022 年 5 月 20 日，以委托收款结算方式从广州科达电器公司购进洗衣机 100 台，单价 3 000 元，电冰箱 100 台，单价 5 000 元，货款共计 800 000 元，增值税额 104 000 元。接到银行转来的委托收款结算凭证和增值税专用发票等，审核无误后，承付货款。5 月 25 日，商品到达验收时，发现洗衣机型号与合同不符，拒收。经与供货方协商，同意退货，并办妥退货手续。5 月 28 日，收到对方退还的价税款到账。

（1）5 月 20 日，财务部门根据委托收款结算凭证、增值税专用发票等原始单据，经审核无误后承付货款，编制会计分录如下：

借：在途物资——广州科达电器公司　　800 000

应交税费——应交增值税（进项税额） 104 000

贷：银行存款 904 000

（2）5 月 25 日，商品到达验收时，发现洗衣机型号与合同不符而拒收。经与供货方协商，同意退货，并办妥退货手续。购货方已向当地主管税务机关取得开具红字增值税专用发票通知单并送交供货方，电冰箱正常入库，编制会计分录如下：

借：库存商品——电冰箱 500 000

应付账款——广州科达电器公司 339 000

应交税费——应交增值税（进项税额） 39 000

贷：在途物资——广州科达电器公司 800 000

同时将拒收的洗衣机，记入“代管商品物资”备查簿。

（3）5 月 28 日，收到广州科达电器公司退还的价税款到账，财会部门根据进账单，编制会计分录如下：

借：银行存款 339 000

贷：应付账款——广州科达电器公司 339 000

同时登记“代管商品物资”备查簿的减少。

思考

若【做中学 1－15】中，经与供货方协商，同意重新发运与合同相符型号的洗衣机，退回错发的洗衣机，又该如何进行会计处理呢？

任务二 商品销售业务的核算

课件

【任务描述】

按照批发商品销售业务流程，确定不同销售方式收入的入账时间，完成一般销售业务、预收货款、委托代销、直运商品销售等特殊销售业务的会计核算工作任务。

【任务实施】

一、商品销售业务流程

批发商品销售的交接方式通常采用送货制、提货制和发货制。商品销售的交接方式不同、货款结算方式不同，商品销售的业务流程也不尽相同。

（一）送货制商品销售业务流程

“送货制”方式多适用于本地销售，货款结算以支票等银行结算方式为主。供货单位业务部门根据购销合同或订货单，填制“专用发票”，自留存根联备查，其余各联交储运部门向仓库提货送往购货单位，将发票联、税款抵扣联交购货单位凭以验收商品、结算货款。当购货方验收商品后，送货人员将对方验收凭证带回，连同记账联转财会部门。货款由财会部门办理托收，或由购货方通过银行转账。供货单位必须收到购货单位货款或收货证明后才能作销售入账，送货费用一般由供货单位负担。

（二）提货制商品销售业务流程

“提货制”方式多适用于本地销售，货款结算以支票为主。一般由购货单位的采购人员到供货单位看好样货，与供货单位签订合同，在规定的提货期内，购货方采购员到供货企业指定的仓库提货并结算货款。具体程序：供货单位的业务部门根据购销合同开出一式数联的发货单，一联留存，其余各联交购货单位的采购人员到供货企业的财会部门结算货款；财会部门根据发货单，开出增值税专用发票，并在发货单上加盖“货款收讫”戳记，留存增值税专用发票（记账联）作销售入账，将“发货单”的提货联、出门联和增值税专用发票的发票联、抵扣联交购货单位采购人员。

（三）发货制商品销售业务流程

“发货制”方式多适用于异地商品销售，一般由供货单位的业务部门填制增值税专用发票，自留存根联备查，其余各联交储运部门向仓库提货，并办理商品发运手续；商品发运后，储运部门将发票联和税款抵扣联连同商品发运证明、垫付运费清单一起送交财会部门；财会部门审核无误后，留下发票记账联，其余凭证用于向开户行办理托收货款手续；财会部门根据托收凭证回单联和发票记账联，作销售业务处理，待收到开户行转来的托收凭证收账通知时，作收款入账。

二、商品销售收入的确认和计量

商品流通企业商品销售收入的确认和计量与制造企业商品销售收入的确认和计量步骤一样，大致分为五步确认收入：第一步识别与客户订立的合同；第二步识别合同中的单项履约义务；第三步确定交易价格；第四步将交易价格分摊至各单项履约义务；第五步履行各单项履约义务时确认收入。其中第一、二、五步主要与收入的确认有关；第三、四步主要与收入的计量有关。

（一）商品销售收入的确认

商品流通企业在销售商品时，由于采用不同的销售方式、货物交接方式及货款结算方式，因而确认收入的具体时间不同。

（1）直接收款方式销售商品，应在实际收到货款，并将商品、发票和提货单交给客户，客户取得相关商品控制权时点确认收入。

（2）交款提货方式销售商品，应在收到货款，并将发票、提货单交给客户，客户取得相关商品控制权时点确认收入。

（3）送货制方式销售商品，应在商品送达后并取得购货单位签收的验收凭证或直接收到货款时确认收入。

（4）预收货款方式销售商品，应在商品发出时确认收入。

（5）委托收款或托收承付方式销售商品，应在商品发出并办妥托收手续时确认收入。

（6）分期收款方式销售商品，应按合同约定的收款日期分期确认收入。

（7）委托代销方式销售商品，若采用视同买断方式的，受托方在销售商品后确认商品销售收入；若采用收取手续费方式的，受托方在销售商品后确认手续费收入。委托方应在受托方将商品售出并收到代销清单时确认收入。

（8）对外出口销售商品，应在取得报关出口凭证并向银行办理交单后确认收入。

（二）商品销售收入的计量

通常情况下，企业应当按照已收或应收的合同或协议价款确定商品销售收入金额，已收或应收的合同或协议价款显失公允的除外。

三、商品销售业务的核算

商品销售业务主要有商品销售、出库、货款的结算等，需要设置“主营业务收入”“主营业务成本”“发出商品”等账户。

“主营业务收入”“主营业务成本”账户，分别核算企业销售商品取得的收入和发生的销售成本。

“发出商品”账户，核算企业发出商品但未满足收入确认条件的发出商品成本。

1. 一般商品销售的核算

【做中学 1－16】盛晋公司为增值税一般纳税人，增值税税率为 13%。2022 年 5 月 12 日，根据购销合同向东方公司销售甲商品 200 箱，每箱售价 200 元（不含税），增值税专用发票上注明的价款为 40 000 元，增值税额为 5 200 元，价税款合计 45 200 元，收到转账支票进账单，款已入账。每箱单位成本 100 元。

5 月 12 日，财会部门根据增值税专用发票和银行进账单（回单），编制会计分录如下：

借：银行存款	45 200	
贷：主营业务收入		40 000
应交税费——应交增值税（销项税额）		5 200

同时根据商品销售成本计算单结转销售成本，编制会计分录如下：

借：主营业务成本	20 000	
贷：库存商品——甲商品		20 000

【做中学 1－17】盛晋公司为增值税一般纳税人，增值税税率为 13%。2022 年 5 月 12 日，根据购销合同向南宁百货公司销售丙商品 100 件，每件售价 500 元，增值税专用发票上注明的价款为 50 000 元，增值税额为 6 500 元，价税款合计 56 500 元，商品委托太原铁路局发运，代垫运费 500 元，增值税 45 元，当日开出转账支票付讫。5 月 13 日，凭发票、托运证明等向银行办理托收承付手续。5 月 16 日，接到银行转来南宁百货公司的价税款及运费的收账通知。假定每件单位成本 300 元。

（1）5 月 12 日，财会部门根据审核无误的代垫运费报告单和转账支票存根，编制会计分录如下：

借：应收账款——代垫运费　　545

　　贷：银行存款　　545

（2）5月13日，财会部门凭专用发票、托运证明等向银行办理托收承付手续，根据专用发票和托收凭证回单联，审核无误后，编制会计分录如下：

借：应收账款——南宁百货公司　　57 045

　　贷：主营业务收入——丙商品　　50 000

　　　　应交税费——应交增值税（销项税额）　　6 500

　　　　应收账款——代垫运费　　545

同时根据商品销售成本计算单结转销售成本，编制会计分录如下：

借：主营业务成本——丙商品　　30 000

　　贷：库存商品——丙商品　　30 000

（3）5月16日，财会部门接到银行转来南宁百货公司的价税款及运费的收账通知，审核无误后，编制会计分录如下：

借：银行存款　　57 045

　　贷：应收账款——南宁百货公司　　57 045

2. 预收货款销售的核算

【做中学1-18】盛晋公司为增值税一般纳税人，增值税税率为13%。2022年5月15日，与泰业公司签订合同，采用预收款方式向泰业公司销售甲商品200箱，每箱售价250元，价款50 000元，税款6 500元，该批商品实际成本20 000元。合同约定，泰业公司于签订合同时预付货款的30%，余款及税款于2022年6月5日交货时付清，届时开具增值税专用发票。不考虑其他因素。

（1）5月15日，财会部门收到30%货款存入银行，根据存款单据，编制会计分录如下：

借：银行存款　　15 000

　　贷：预收账款——泰业公司　　15 000

（2）6月5日，收到余款及税款并交付商品，财会部门根据审核无误的专用发票、转账支票等，编制会计分录如下：

借：预收账款——泰业公司　　56 500

　　贷：主营业务收入——甲商品　　50 000

　　　　应交税费——应交增值税（销项税额）　　6 500

借：银行存款　　41 500

　　贷：预收账款——泰业公司　　41 500

同时根据商品销售成本计算单结转销售成本，编制会计分录如下：

借：主营业务成本——甲商品　　20 000

　　贷：库存商品——甲商品　　20 000

注意：现行会计实务中，对于已签订销货合同并收取货款但尚未交付商品或提供劳务所形成的负债应通过“合同负债”账户核算。

3. 销售折扣与销售折让的核算

销售商品涉及现金折扣的，应收账款的入账价值可以选择使用总价法或净价法。按照我国《企业会计准则第 14 号——收入》的规定，现金折扣应作为可变对价处理。当合同中存在现金折扣（可变对价）时，企业应当按照期望值或最可能发生金额确定可变对价的最佳估计数。若企业认为客户很可能不会享受现金折扣，应将现金折扣作为可变对价计入合同交易价格，按照总价法（未扣除现金折扣的金额）入账，若客户能在折扣期内付款，企业应按客户取得的现金折扣金额冲减收入；若企业认为客户很可能会提前付款，能够享受现金折扣，则在确定交易价格时按照净价法（扣除现金折扣后的金额）入账，若客户未能在折扣期内付款，企业应按客户丧失的现金折扣金额调增收入。

批发商品销售折扣的核算

销售商品涉及商业折扣的，销售方按扣除折扣后的净额确认销售收入即可，无须专门进行账务处理。

销售商品涉及销售折让的，如果折让发生在收入确认之前，其处理相当于商业折扣，按扣除折扣后的净额确认销售收入，无须专门进行会计处理；如果折让发生在收入确认之后，通常应在发生折让时冲减当期销售商品收入，按规定允许扣抵增值税的，还应冲减已确认的增值税销项税额，发生在资产负债表日后事项的除外。

【做中学 1－19】环宇电器公司为增值税一般纳税人，增值税税率为 13%。2022 年 5 月 16 日向盛晋公司赊销甲商品 1 000 台，每台售价 200 元，货款总价为 200 000 元，增值税 26 000 元。给予的付款条件为 2/10，按不含税价格计算现金折扣，超过 10 天支付货款全价。根据盛晋公司的财务状况很可能会在 10 天内付款（即不将现金折扣作为可变对价计入合同交易价格）。5 月 23 日接到开户行转来的收账通知，款已入账。甲商品单位成本为每台 80 元。

（1）5 月 16 日，财务部门根据增值税专用发票等原始单据，经审核无误，编制会计分录如下：

借：应收账款——盛晋公司　　222 000
　　贷：主营业务收入——甲商品　　196 000
　　　　应交税费——应交增值税（销项税额）　　26 000

同时根据商品销售成本计算单结转销售成本，编制会计分录如下：

借：主营业务成本——甲商品　　80 000
　　贷：库存商品——甲商品　　80 000

（2）5 月 23 日，财会部门接到开户行转来的收账通知，审核无误后，编制会计分录如下：

借：银行存款　　222 000
　　贷：应收账款——盛晋公司　　222 000

思考

若【做中学 1－19】超过 10 天付款优惠期限，又该如何进行会计处理呢？

【做中学1-20】环宇电器公司为增值税一般纳税人，增值税税率为13%。2022年5月17日向盛晋公司销售乙商品500台，每台售价300元，开出增值税专用发票，货款总价为150 000元，增值税19 500元，货款尚未收到，乙商品单位成本为每台120元。5月20日，盛晋公司在商品验收入库时，发现质量不符，经与环宇电器公司联系，同意给予5%的折让，环宇电器公司开出销货折让红字发票，应退折让款7 500元及增值税额975元。

（1）5月17日，财务部门根据审核无误的增值税专用发票等原始单据，编制会计分录如下：

借：应收账款——盛晋公司　　169 500

　　贷：主营业务收入——乙商品　　150 000

　　　　应交税费——应交增值税（销项税额）　　19 500

同时根据商品销售成本计算单结转销售成本，编制会计分录如下：

借：主营业务成本——乙商品　　60 000

　　贷：库存商品——乙商品　　60 000

（2）5月20日，财会部门根据折让红字增值税专用发票，编制会计分录如下：

借：主营业务收入——乙商品　　7 500

　　应交税费——应交增值税（销项税额）　　975

　　贷：应收账款——盛晋公司　　8 475

4. 销货退回的核算

销售退回即购货方的进货退出，是指企业售出的商品，由于质量、品种等原因不符合购货方的要求而发生的退货。企业销售商品发生退货，表明企业履约义务的减少和客户商品控制权及其相关经济利益的丧失。对于销售退回，企业应分别不同情况进行会计处理：

一是未确认收入的售出商品发生销售退回的，只需将已记入“发出商品”账户的商品成本转回“库存商品”账户。

二是已确认收入的售出商品发生销售退回的，除属于资产负债表日后事项的外，企业收到退回的商品时，需由销售企业填制红字专用发票，办理退货手续，退回货款或冲减应收账款，并冲减主营业务收入和增值税销项税额，如果该项销售退回已发生现金折扣的，应同时调整相关收入的金额。

三是已确认收入的售出商品发生的销售退回，属于资产负债表日后事项的，应按照资产负债表日后事项的相关规定进行处理。

【做中学1-21】盛晋公司为增值税一般纳税人，增值税税率为13%。2022年5月16日向百盛商厦销售200件丙商品，每件售价300元，计货款60 000元，增值税7 800元，已入账。丙商品单位成本为每件120元。5月26日，百盛商厦复验时发现有10件丙商品不符合要求，经与盛晋公司联系后，同意退货。6月20日盛晋公司开出红字专用发票退货款3 000元，增值税款390元，并汇付款项退款，退回商品验收入库。

（1）5月16日，销售丙商品，同前一般商品销售业务处理。（略）

（2）6月20日，财会部门根据红字专用发票，电汇凭证回单，经审核无误，编制会计分录如下：

借：主营业务收入——丙商品　　3 000

应交税费——应交增值税（销项税额） 390
贷：银行存款 3 390

收到仓储部门转来的红字“发货单”，编制会计分录如下：

借：库存商品——丙商品 1 200
贷：主营业务成本——丙商品 1 200

5. 销售商品退补价的核算

销售商品退补价，与前面购进商品退补价相对应，供货方销售商品退价即是购货方购进商品退价，供货方销售商品补价即是购货方购进商品补价。办理商品销售退价或补价时，须由供货方填制销货更正单、开具红字或蓝字的增值税专用发票，并进行账务处理。

【做中学 1－22】 承【做中学 1－16】，盛晋公司 5 月 20 日，发现向东方公司销售的 200 箱甲商品，实际售价应为每台 190 元，多收货款 2 000 元和增值税 260 元。开出红字专用发票和“销货更正单”，将多收的货款及增值税退回东方公司。

财会部门根据红字专用发票和销货更正单，审核无误后，编制会计分录如下：

借：主营业务收入——甲商品 2 000
应交税费——应交增值税（销项税额） 260
贷：银行存款 2 260

【做中学 1－23】 承【做中学 1－16】，盛晋公司 5 月 20 日，发现向东方公司销售的 200 箱甲商品，实际售价应为每台 220 元，少收货款 4 000 元和增值税 520 元。开出蓝字专用发票和“销货更正单”，向购货单位补收货款及增值税。5 月 22 日，收到银行转来的收账通知入账。

（1）5 月 20 日，财会部门根据补开的专用发票和销货更正单，经审核无误，编制会计分录如下：

借：应收账款——东方公司 4 520
贷：主营业务收入——甲商品 4 000
应交税费——应交增值税（销项税额） 520

（2）5 月 22 日，财会部门收到补付货款的收账通知，经审核无误，编制会计分录如下：

借：银行存款 4 520
贷：应收账款——东方公司 4 520

6. 委托代销商品的核算

委托代销商品的核算——视同买断销售的核算

（1）视同买断销售方式。在这种销售方式下，委托方按约定的协议价格收取货款，商品实际售价由受托方自定。一般情况下，受托方可以将未售出的商品退给委托方。委托方将商品交付给受托方时，商品所有权上的主要风险和报酬并未转移给受托方，因此，委托方在交付商品时不确认收入，而是将代销商品转入“委托代销商品”或“发出商品”账户，受托方也不作购进商品处理，收到代销商品时，通过“代理业务资产”和“代理业务负债”账户核算或通过“受托代销商品”和“受托代销商品款”账户核算。受托方将商品销售后，应按实际售价确认销售收入，并向委托方开具代销清单。委托方收到代销清单时，再确认代销商品销售收入的实现。

【做中学 1－24】 2022 年 5 月 12 日，盛晋公司委托海丰公司（一般纳税人）销售乙商品100台，协议价为每台220元，该商品单位成本120元，增值税税率为13%，当日代销商品全部发出。5月20日，海丰公司将乙产品100台全部售出，开具的增值税专用发票上注明售价30 000元，增值税额3 900元，款项已收妥，存入银行。5月21日，盛晋公司收到海丰公司开来的代销清单，向海丰公司开具增值税专用发票，注明价款22 000元，增值税额2 860元。5月25日，海丰公司通过电汇方式，汇付代销款，盛晋公司收到汇来的代销商品价税款入账。

委托方盛晋公司的会计核算：

①5月12日，将乙商品交给海丰公司时，财会部门根据代销发货单，编制会计分录如下：

借：委托代销商品（或发出商品）　　12 000

　　贷：库存商品——乙商品　　12 000

②5月21日，收到海丰公司开来的代销清单时，开具专用发票，财会部门审核无误后，编制会计分录如下：

借：应收账款——海丰公司　　24 860

　　贷：主营业务收入——乙商品　　22 000

　　　　应交税费——应交增值税（销项税额）　　2 860

同时，结转委托代销商品成本：

借：主营业务成本——乙商品　　12 000

　　贷：委托代销商品（或发出商品）　　12 000

③5月25日，收到海丰公司汇来的代销商品价税款，财会部门接到银行收账通知，审核无误后，编制会计分录如下：

借：银行存款　　24 860

　　贷：应收账款——海丰公司　　24 860

受托方海丰公司的会计核算：

①5月12日，收到盛晋公司代销商品时，财会部门根据代销收货单，编制会计分录如下：

借：受托代销商品（或代理业务资产）　　22 000

　　贷：受托代销商品款（或代理业务负债）　　22 000

②5月20日，海丰公司将乙产品100台全部售出，开具专用发票，财会部门根据发票联和收账通知，编制会计分录如下：

借：银行存款　　33 900

　　贷：主营业务收入——乙商品　　30 000

　　　　应交税费——应交增值税（销项税额）　　3 900

借：主营业务成本——乙商品　　22 000

　　贷：受托代销商品（或代理业务资产）　　22 000

③5月21日，收到盛晋公司开具的增值税专用发票，财会部门审核无误后，编制会计分录如下：

借：受托代销商品款（或代理业务负债）　　22 000

　　应交税费——应交增值税（进项税额）　　2 860

贷：应付账款——盛晋公司　　24 860

④5 月 25 日，通过电汇方式，汇付代销商品款，财会部门根据电汇凭证回单，编制会计分录如下：

借：应付账款——盛晋公司　　24 860

　　贷：银行存款　　24 860

（2）收取手续费销售方式。在这种代销方式下，受托方通常按照委托方规定的价格销售，不得自行改变售价，但受托方要根据所代销的商品数量向委托方收取一定的手续费。对受托方来讲，收取的手续费，实际上是一种劳务收入。委托方在商品发出代销时，商品所有权上的主要风险和报酬并未转移给受托方，通常不应确认销售商品收入，而转作发出商品。待收到受托方交付的商品代销清单时才能确认销售商品收入；在结算代销手续费时，应计入销售费用处理。受托方在商品销售后按合同或协议的约定计算应收手续费并确认为当期收入（其他业务收入或主营业务收入），涉及增值税时，应从其规定处理。

委托代销商品的核算——收取手续费销售的核算

【做中学 1-25】 2022 年 5 月 12 日，盛晋公司与海丰公司（一般纳税人）签订代销合同，委托海丰公司销售乙商品 100 台，每台售价为 300 元，盛晋公司按售价的 10% 向海丰公司支付手续费，该商品单位成本 120 元，增值税税率为 13%，当日代销商品全部发出。5 月 20 日，海丰公司将乙产品 100 台全部售出，开具的增值税专用发票上注明售价 30 000 元，增值税额 3 900 元，款项已收妥，存入银行。5 月 21 日，盛晋公司收到海丰公司开来的代销清单和代销手续费专用发票，并向海丰公司开具增值税专用发票，注明价款 30 000 元，增值税额 3 900 元。5 月 25 日，海丰公司通过电汇方式，汇付代销款（已扣除手续费），盛晋公司收到汇来的代销商品价税款入账。

委托方盛晋公司的会计核算：

①5 月 12 日，将乙商品交给海丰公司时，财会部门根据代销发货单，编制会计分录如下：

借：委托代销商品（或发出商品）　　12 000

　　贷：库存商品——乙商品　　12 000

②5 月 21 日，收到海丰公司开来的代销清单和代销手续费专用发票时，开具专用发票，财会部门审核无误后，编制会计分录如下：

借：应收账款——海丰公司　　33 900

　　贷：主营业务收入——乙商品　　30 000

　　　　应交税费——应交增值税（销项税额）　　3 900

结转委托代销商品成本，编制会计分录如下：

借：主营业务成本——乙商品　　12 000

　　贷：委托代销商品（或发出商品）　　12 000

根据代销手续费专用发票，编制会计分录如下：

借：销售费用　　3 000

　　应交税费——应交增值税（进项税额）　　180

　　贷：应收账款——海丰公司　　3 180

③5 月 25 日，收到海丰公司汇来的代销商品价税款，财会部门根据银行收账通知，审核无误后，编制会计分录如下：

借：银行存款　　30 720
　贷：应收账款——海丰公司　　30 720

受托方海丰公司的会计核算：

①5 月 12 日，收到盛晋公司代销商品时，财会部门根据代销收货单，编制会计分录如下：

借：受托代销商品（或代理业务资产）　　30 000
　贷：受托代销商品款（或代理业务负债）　　30 000

②5 月 20 日，海丰公司将乙产品 100 台全部售出，开具专用发票，财会部门根据发票联和收账通知，编制会计分录如下：

借：银行存款　　33 900
　贷：受托代销商品（或代理业务资产）　　30 000
　　应交税费——应交增值税（销项税额）　　3 900

③5 月 21 日，开出代销清单和代销手续费专用发票，收到盛晋公司开具的增值税专用发票，财会部门审核无误后，编制会计分录如下：

借：受托代销商品款（或代理业务负债）　　30 000
　应交税费——应交增值税（进项税额）　　3 900
　贷：应付账款——盛晋公司　　33 900

④5 月 25 日，通过电汇方式，支付扣除手续费后的代销商品款，财会部门根据电汇凭证回单、代销手续费专用发票，编制会计分录如下：

借：应付账款——盛晋公司　　33 900
　贷：银行存款　　30 720
　　主营业务收入（或其他业务收入）　　3 000
　　应交税费——应交增值税（销项税额）　　180

7. 直运商品销售的核算

直运商品销售，是指商品直接由供货单位发给购货单位，而不通过本企业仓库的一种销售方式。因而，直运商品销售会计处理的特点是：不通过“库存商品”账户，直接通过“在途物资”账户进行会计处理；购、销业务同时进行；商品销售成本可以按照实际进价成本，分销售批次随时进行结转。

采用直运商品销售方式，一方面，由购货单位开户行将货款划给批发企业，批发企业根据采购员寄回的委托收款回单，确认商品销售收入入账；另一方面，批发企业根据供货单位的收款凭证，确认商品采购入账。

【做中学 1－26】2022 年 5 月 17 日，盛晋公司向环宇电器公司订购甲商品 500 台，每台售价 200 元，增值税专用发票注明价款为 100 000 元，增值税额为 13 000 元；同日，盛晋公司将甲商品直销给新华百货商厦，开出专用发票注明价款为 200 000 元，增值税额为 26 000 元，代垫运费 1 000 元，增值税 90 元。按合同规定，代垫运费全部由购货方负担，由常驻环宇电器公司的采购员办理甲商品的发运和货款结算。

5 月 17 日，盛晋公司根据银行转来的环宇电器公司的托收凭证、专用发票、运费发票，经审核无误后，财会部门当即承付，编制会计分录如下：

借：在途物资——环宇电器公司　　100 000
　　应交税费——应交增值税（进项税额）　　13 000
　　应收账款——新华百货商厦　　1 090
　　贷：银行存款　　114 090

同日，盛晋公司将甲商品直销给新华百货商厦，开出增值税专用发票，连同垫付运费发票，一并向新华百货商厦托收，财会部门根据专用发票和托收凭证回单，经审核无误，编制会计分录如下：

借：应收账款——新华百货商厦　　227 090
　　贷：主营业务收入——甲商品　　200 000
　　　　应交税费——应交增值税（销项税额）　　26 000
　　　　应收账款——新华百货商厦　　1 090

结转直运商品销售成本，编制会计分录如下：

借：主营业务成本——甲商品　　100 000
　　贷：在途物资——环宇电器公司　　100 000

8. 购货方拒付货款和拒收商品销售业务的核算

在采用“发货制”、货款结算采用“委托收款”“托收承付”等结算方式的异地销售情况下，若购货方发现商品的数量、品种、规格、质量、价格等与合同不符时，就会拒付货款和拒收商品。销货方接到银行转来的购货方提出的“拒绝付款理由书”时，暂不作账务处理，应由业务部门及时查明原因，并与购货方取得联系，再根据具体情况进行相应会计处理。

（1）对于商品计价错误，发票金额开错，应由销货单位业务部门填制红字增值税专用发票，财会部门审核后，作销货退价处理。

（2）对于商品少发，应根据购货方的要求进行处理：如果购货方要求补发商品，在商品发运后，仍按原发票货款进行结算；若购货方不再要求补发商品，则由业务部门填制红字增值税专用发票，作销售退回处理。

（3）对于因商品质量不符合要求，或因商品品种、规格错发，购货方要求退货的，作销售退回处理，退回商品的运费由销货方承担，记入“销售费用”账户核算。

（4）对于商品运输过程中发生的短缺，且购货方不再要求补发商品的，则先要对短缺商品的货款作红字冲销“主营业务收入”“应交税费”“应收账款”等账户。然后再根据具体情况进行账务处理：如属于本企业储运部门责任，应由其填制“财产损失报告单”，将商品短缺金额转入“待处理财产损溢”账户，经批准后，再转入相关账户；若是外部运输单位的责任，应将损失转入“其他应收款”账户。

（5）如果购货单位支付了部分货款，同时又拒付部分货款，应将收到的货款，借记“银行存款”账户，对于尚未收到的货款仍然保留在“应收账款”账户内，待与对方协商解决后再予以转销。

【做中学 1－27】 盛晋公司 2022 年 5 月 20 日，向贵友商厦销售电热壶 100 个，每个售价 200 元，货款计 20 000 元，增值税 2 600 元，商品委托铁路局发运，代垫运费 400 元，增值税 36 元，已向银行办妥托收手续。电热壶每个进价为 100 元。25 日，接到银行收账通知，收到部分价税款及运费共计 20 732.4 元，同时收到“拒绝付款理由书”，拒付 10 个电热壶的货款、增值税额及运费共计 2 303. 6 元，其中有 5 个存在质量问题，有 5 个短缺。26 日，经与购货方协商，拒付的 10 个电热壶，同意作销货退回处理，开出红字增值税专用发票，其中短缺的 5 个，原因待查。5 月 27 日，经查明短缺部分属于铁路局运输责任，责其赔偿。5 月 28 日收到运输赔款。

①5 月 20 日，财会部门根据审核无误的代垫运费报告单和转账支票存根，编制会计分录如下：

借：应收账款——代垫运费	436	
贷：银行存款		436

同日，财会部门凭发票、托运证明等向银行办理托收承付手续，根据发票和托收凭证回单联，审核无误后，编制会计分录如下：

借：应收账款——贵友商厦	23 036	
贷：主营业务收入——电热壶		20 000
应交税费——应交增值税（销项税额）		2 600
应收账款——代垫运费		436
借：主营业务成本——电热壶	10 000	
贷：库存商品——电热壶		10 000

②5 月 25 日，财会部门接到银行转来贵友商厦的部分价税款及运费的收账通知，审核无误后，编制会计分录如下：

借：银行存款	20 732. 4	
贷：应收账款——贵友商厦		20 732. 4

收到“拒绝付款理由书”，暂不做账，立即通知业务部门，及时查明原因，并尽快联系购货单位进行协商。

③5 月 26 日，经与购货方协商，拒付部分同意退货。财会部门根据红字专用发票等，编制会计分录如下：

借：主营业务收入——电热壶	2 000	
销售费用——运费	43. 6	
贷：应交税费——应交增值税（销项税额）		260
应收账款——贵友商厦		2 303. 6

其中，有质量问题的 5 个退库，短缺的 5 个原因待查。编制会计分录如下：

借：待处理财产损溢——待处理流动资产损溢	500	
库存商品——电热壶	500	
贷：主营业务成本——电热壶		1 000

④5 月 27 日经查明原因，短缺部分属于运输部门责任，责其赔偿。编制会计分录如下：

借：其他应收款——铁路局	565	
贷：待处理财产损溢——待处理流动资产损溢		500
应交税费——应交增值税（进项税额转出）		65

⑤5 月 28 日收到赔款时，编制会计分录如下：

借：银行存款	565	
贷：其他应收款——铁路局		565

思考

若【做中学 1－27】若 10 个电热壶存在外观瑕疵导致拒绝付款，经与购货方协商，同意给予购货方 40% 的折让，28 日收到贵友商厦支付的折让后的货款，又该如何进行会计处理呢？

四、商品销售成本的计算和结转

商品销售成本的计算与结转——毛利率计算法

批发企业采用数量进价金额核算法核算，商品销售成本的计算方法有个别计价法、先进先出法、移动加权平均法、月末一次加权平均法、毛利率计算法等。企业可以根据商品的实物流转方式、企业管理的要求、存货的性质等实际情况，合理选择商品销售成本的计算方法。其中毛利率计算法是商品流通企业区别于制造企业计算商品销售成本的一种方法。本任务重点讲解毛利率计算法。

毛利率计算法是指用上期实际毛利率或本期计划毛利率乘以本期商品销售收入，计算出本期商品销售毛利，进而计算出本期商品销售成本的一种方法。

本期商品销售毛利额＝本期商品销售收入×上期实际毛利率或本期计划毛利率

本期商品销售成本＝本期商品销售收入－本期商品销售毛利额

或：

本期商品销售成本＝本期商品销售收入×(1－上期实际毛利率或本期计划毛利率)

期末库存商品成本＝期初结存商品成本＋本期购进商品成本－本期商品销售成本

或：

期末库存商品成本＝期初结存商品成本＋本期购进商品成本－[本期商品销售收入×(1－上期实际毛利率或本期计划毛利率)]

在毛利率计算法下，由于本期毛利额是根据上季度实际毛利率或本季度计划毛利率匡算的，因而计算结果反映的并非是真正的实际成本。为提高每一季度商品销售成本计算的正确性，每季度末采用盘存计销等方法，在“库存商品”明细分类账户中计算出该季度已销商品成本，再用该季度商品销售成本减去前两个月匡算的销售成本，得出该季度第三个月应结转的销售成本。

采用毛利率法，不是按库存商品品名、规格逐一计算商品销售成本，而是按商品类别进行计算，大大简化了计算工作。由于同一类别内商品的毛利率不尽相同，因此，计算出来的商品销售成本也不够准确，一般适用于经营商品品种较多、按月计算商品销售成本有困难的企业。

商品销售成本的结转，按结转方式的不同分为分散结转和集中结转两种。分散结转就是在分品种开户的数量金额式明细账中进行结转；集中结转就是不分品种在商品总账或类目账中进行结转。商品销售成本结转的账务处理为：

借：主营业务成本——××品种（或××类别）

贷：库存商品——××品种（或××类别）

【做中学1－28】盛晋公司2022年第一季度家电类商品销售收入为120万元，其销售成本为82万元；4月该类商品销售收入为42万元。计算该类商品4月商品销售成本。计算步骤如下：

家电类商品第一季度毛利率＝(1 200 000－820 000)÷1 200 000≈31.67%

4月已销商品毛利额＝420 000×31.67%＝133 014（元）

4月商品销售成本＝420 000－133 014＝286 986（元）

根据计算出的已销商品进价成本，从“库存商品”账户转入“主营业务成本”账户，编制会计分录如下：

借：主营业务成本——家电类　　286 986

贷：库存商品——家电类　　286 986

【做中学1－29】承【做中学1－28】，盛晋公司2022年第一季度家电类商品销售收入为120万元，其销售成本为82万元；4月该类商品销售收入为42万元，5月该类商品销售收入为48万元，第二季度采用先进先出法，按商品品种逐一计算并汇总得出该类商品第二季度销售成本为85万元。计算该类商品6月销售成本。

家电类商品第一季度毛利率＝(1 200 000－820 000)÷1 200 000≈31.67%

4月该类商品销售成本＝420 000×(1－31.67%)＝286 986（元）

5月该类商品销售成本＝480 000×(1－31.67%)＝327 984（元）

6月该类商品销售成本＝850 000－286 986－327 984＝235 030（元）

任务三　商品储存业务的核算

课件

【任务描述】

分析批发商品经营在储存环节的业务特点，完成在储存环节商品调价、商品削价、商品溢余或短缺的会计核算工作任务。

【任务实施】

一、商品调价的核算

商品调价是商品流通企业根据市场供需情况、国家物价政策、消费群体的变化、企业市场战略布局的要求等，对某些正常商品的价格进行适当调高或调低。

批发企业采用数量进价金额核算法核算，库存商品发生进价变动，根据贯彻实际成本原则的要求，一般不再变动原购进该商品时的进货原价。因此，不影响企业的账簿记录，不必调整“库存商品”等账户的账面金额，无须进行账务处理，而在商品销售后，体现在企业当期经营损益中。

库存商品发生售价变动，无论调高售价还是调低售价，均不影响企业账簿记录，无须进行账务处理，而在商品销售后，直接体现在企业当期经营损益中。

二、商品削价的核算

商品削价是商品流通企业对库存中呆滞、冷背、残损、变质的商品所作的降价处理。商品流通企业由于采购过量可能会造成商品呆滞积压，或由于运输不慎、保管不善等因素，而发生了商品残损变质等情况，影响了商品内在与外观的质量。为了减少商品损失，根据商品呆滞积压情况或残损变质的程度，按照规定的审批权限，报经批准后进行削价处理。

批发企业发生残损变质商品削价时，一般由仓库保管员盘点数量后，填制"商品削价报告单"，报经有关领导批准后，进行削价处理。

若商品削价后的新售价（可变现净值）仍高于成本时，其削价只能使销售毛利减少，而不会给企业带来损失，这种情况不进行会计处理。

若商品削价后的新售价（可变现净值）低于成本时，其削价商品销售后不仅不能盈利，反而会给企业带来损失，企业发生商品削价损失时，采用成本与可变现净值孰低法予以确认。具体处理同制造企业存货的处理一致，在此不再重述。

【做中学1－30】 盛晋公司采用成本与可变现净值孰低法对期末库存商品进行核算。2022年5月31日，仓库报来"商品削价损失报告单"，列明丁商品100件，单位进价成本220元，可变现净值单价180元，计减值金额4 000元，予以转账。6月5日，将丁商品100件全部售出，每件售价200元，计货款20 000元，增值税额2 600元，收到转账支票，存入银行。

（1）5月31日，财会部门根据仓库转来的"商品削价损失报告单"，审核无误后，编制会计分录如下：

借：资产减值损失——存货跌价损失　　4 000
　　贷：存货跌价准备　　4 000

（2）6月5日，丁商品全部售出，开出增值税专用发票，根据发票联、进账单回单，编制会计分录如下：

借：银行存款　　22 600
　　贷：主营业务收入——丁商品　　20 000
　　　　应交税费——应交增值税（销项税额）　　2 600

同时根据发货单，结转销售成本并转销计提的存货跌价准备，编制会计分录如下：

借：主营业务成本——丁商品　　22 000
　　贷：库存商品——丁商品　　22 000

借：存货跌价准备　　4 000
　　贷：主营业务成本——丁商品　　2 000
　　　　资产减值损失——存货跌价损失　　2 000

三、商品清查的核算

财产清查是提高商品储存质量的必要手段，是保证商品库存结构合理、保护商品的安全完整、保证企业库存商品账实相符的重要手段。

批发企业采用数量进价金额核算法，发生商品盘盈、盘亏后，应将盘盈、盘亏金额、数量填列“商品溢余（短缺）报告单”，及时办理盘盈、盘亏商品的入账手续，调整商品账面记录。

1. 商品盘点溢余的核算

发生盘点溢余，在原因未查明前，按商品进价，借记“库存商品”账户，贷记“待处理财产损溢”账户；及时查明原因后，明确责任，按管理权限报经批准后，借记“待处理财产损溢”账户，贷记“管理费用”等账户。

温馨提示

商品盘点应填制“商品盘点表”，以反映清查盘点的结果。如有盘盈、盘亏情况，还要填制一式数联的“商品溢余（短缺）报告单”，按规定审批程序报请处理。其中一联报送领导审批，另一联送交财会部门作为记账的依据。具体溢、缺原因一般要在期末结账前处理完毕。在盘点中，如发现商品残损变质及其他有问题商品时，应查明数量、变质程度和发生原因及责任，并单独列表说明。

【做中学1-31】 承【做中学1-4】，盛晋公司2022年5月15日，从广西糖酒公司购入白绵糖10 000千克，每千克进价10元，已于5月20日如数验收入库。5月30日，进行月末盘点时发现白绵糖溢余50千克，原因待查。5月31日，经查明，白绵糖有50千克属于自然升溢，经批准作企业收益处理。

（1）5月30日，财会部门收到“商品盘点溢余（短缺）报告单”，审核无误后，编制会计分录如下：

借：库存商品——白绵糖　　500

　　贷：待处理财产损溢——待处理流动资产损溢　　500

（2）5月31日，财会部门根据“商品盘点溢余（短缺）报告单”的处理结果，编制会计分录如下：

借：待处理财产损溢——待处理流动资产损溢　　500

　　贷：管理费用——商品损耗　　500

2. 商品盘点短缺的核算

发生盘点短缺，在原因未查明前，按商品进价，借记“待处理财产损溢”账户，贷记“库存商品”账户；及时查明原因后，明确责任，按管理权限报经批准后进行相应账务处理。具体处理如下：（1）对于定额内损耗或自然损耗，记入“管理费用”账户，不考虑进项税额转出；（2）对非正常损失，根据增值税暂行条例规定，非正常损失购进货物的进项税额不得从销项税额中抵扣，需进行进项税额转出，按转出的金额，借记“待处理财产损溢”账户，贷记“应交税费——应交增值税（进项税额转出）”；若属管理不善造成的非正常损失，应由责任人负责赔偿的部分，记入“其他应收款”账户，其余无法收回的部分，记入“管理费用”账户；若属责任事故或自然灾害等不可抗力因素导致的非正常损失，能收回的残值部分，记入“原材料”等账户，能收回的保险公司或责任人的赔偿部分，记入“其他应收款”账户，无法收回的其他损失部分，记入“营业外支出——非常损失”账户。

【做中学1-32】 承【做中学1-4】，2022年5月15日，盛晋公司从广西糖酒公司购入白绵糖10 000千克，每千克进价10元，已于5月20日如数验收入库。5月30日，进行月末盘点时发现白绵糖短缺200千克，原因待查。5月31日，经查明，白绵糖有50千克属于自然损耗，150千克属于责任人造成，经批准，责任人赔偿1 130元，尚未收到赔款，其余部分，作企业损失处理。

（1）5月30日，财会部门收到“商品盘点溢余（短缺）报告单”，审核无误后，编制会计分录如下：

借：待处理财产损溢——待处理流动资产损溢　　2 000
　　贷：库存商品——白绵糖　　2 000

（2）5月31日，财会部门根据“商品盘点溢余（短缺）报告单”的处理结果，编制会计分录如下：

借：管理费用——商品损耗　　500
　　　　　　——非常损失　　565
　　其他应收款——赔款　　1 130
　　贷：待处理财产损溢——待处理流动资产损溢　　2 000
　　　　应交税费——应交增值税（进项税额转出）　　195

项目二　零售商品业务的核算

任务一　商品采购业务的核算

课件

【任务描述】

按照零售商品采购业务流程，确定零售商品业务的核算方法，完成零售企业采用售价金额核算法核算一般商品采购业务、特殊商品采购业务的会计核算及采用进价金额核算法核算鲜活商品采购业务的会计核算工作任务。

【任务实施】

一、商品采购业务流程

零售企业从批发企业和生产企业采购商品，根据市场的需要，本着勤进快销的经营方针和当地货源情况也从外地购进商品。凡从外地购进商品，其商品的交接方式与货款的结算方式，均与前数量进价金额核算法中商品购进的交接方式基本相同。

零售企业进货的组织机构较批发企业简单，除大型集团企业以外一般不单设庞大的采购及储运部门。根据企业内部的组织分工不同，有的专设采购员负责整个企业的进货；有的交由各实物负责人（门市部及营业柜组）直接进货；有的则两种方式并举，既设专职采购员进货，又让实物负责人直接进货。

无论采用哪种商品交接方式，在商品运达企业后，由实物负责人（或仓库）根据进货单证（主要指增值税专用发票的发票联与抵扣联）所列商品的品种、规格、等级、数量、单价等验收商品，清点细数，检验质量，核对无误后，填写一式三联的“零售商品验收单”，其中一联作存根；一联由验收部门登记商品账；另一联连同“专用发票与抵扣联”送财会部门据以入账。

二、零售商品业务的核算方法

零售商品业务的核算方法

零售商品流转包括商品购进、销售和储存三个环节。其业务特征主要体现在：“多”即经营品种多；“杂”即规格复杂；“繁”即交易次数频繁；“钱货两清”即一手交钱、一手交货的现金交易，成交时间短，一般不需要签订书面的合同、不赊销。因此，零售企业应当根据其经营的商品特点合理选择核算方法。对于一般零售企业通常采用售价金额核算法；对于经营贵重商品的零售企业采用数量售价金额核算法；对于经营鲜活商品的零售企业采用进价金额核算法。本任务主要介绍售价金额核算法、进价金额核算法的零售商品业务的核算。

（一）售价金额核算法

售价金额核算法又称“售价记账、实物负责制”，是指在实物负责制的基础上，库存商品明细账按各实物负责人（或营业柜组）设户，用售价金额作为计价标准，核算各实物负责人所经营商品的购、销、存情况，并通过定期实地盘点确定商品实存售价金额的一种核算方法。

1. 售价金额核算法的内容

（1）建立实物负责制，确定实物负责人。建立实物负责制是实行售价金额核算的基础。企业根据岗位责任制的要求，按经营商品的品种、类别和地点，划分为若干柜组，确定实物负责人，并对其经营商品的数量和安全负完全的经济责任。

（2）售价记账，金额控制。“库存商品”总分类账户和明细分类账户一律按售价记账，明细分类账户按实物负责人设置，只记售价总金额，不记数量。通过售价总金额控制商品数量，以便随时控制各实物负责人所经管商品的经济责任。

（3）设置“商品进销差价”账户。由于“库存商品”账户按售价反映，而商品购进是按实际进价结算货款，因此，需要设置“商品进销差价”账户，以反映商品进价与售价之间的差额，用以将库存商品的售价金额调整为进价金额，正确计算销售商品的进价成本。

（4）建立商品盘点制度。实行售价金额核算的企业，由于库存商品按售价控制金额，不反映数量，为了检查核对账实是否相符，必须通过定期盘点来验证。通过盘点，确定各种结存商品的数量，按商品售价计算盘存金额，与账面库存商品明细账进行核对。除定期盘点外，若遇有调价、削价、岗位调动等特殊情况，还需要进行临时盘点，以确定变价或损失金额，分清实物负责人的经济责任。

2. 售价金额核算法的适用范围

采用售价金额核算法简化了商品核算手续，账簿设置和记账的工作量小。但采用这种方法由于库存商品明细账只记金额，不记数量，不便于随时了解各种商品的进销存情况，发生账实不符、差款错货时，较难查清原因。因此，该方法适用于销售商品品种繁杂、售价相对稳定、直接的交易对象是消费者的零售企业，如综合商场、百货商店等。

（二）进价金额核算法

进价金额核算法又称“进价记账、盘存计销”，是指以进价金额控制库存商品进、销、存情况，并按实物负责人分户核算的一种核算方法。

1. 进价金额核算法的内容

（1）库存商品总账、明细账均按进价金额记账，库存商品明细账按实物负责人设户，只记金额，不记数量。

（2）商品销售后，按实收销货款只反映“主营业务收入”，平时不计算结转已销商品成本、不注销库存。

（3）在商品销售过程中，如发生损耗、变价等情况，平时不进行账务处理。但若发生责任事故损失，应查明原因，分清责任，及时调整。

（4）月末或定期采用“盘存计销”方法，计算已销商品进价成本。首先实地盘点库存商品，按原进价或最后一次进价，计算出库存商品进价总金额，然后再倒挤已销售商品进价成本。计算公式为：

$$\text{本期已销商品成本} = \text{期初库存商品进价成本} + \text{本期购进商品进价成本} - \text{期末库存商品进价成本}$$

2. 进价金额核算法的适用范围

采用进价金额核算法手续简单，工作量相对较小。但采用这种方法，手续程序不够严密，平时不能及时掌握库存情况，对商品损耗或差错事故等问题不能控制，不利于管理。因此，该方法一般适用于经营鲜活商品的零售企业，如鱼、肉、禽、蛋、蔬菜和水果等。鲜活商品的数量和质量变化较大，各个等级商品的数量随商品质量的变化需及时挑选整理，以便按质论价，售价也随其新鲜程度而调整。因此，该方法适用于鲜活商品的特点和经营管理的要求。

三、商品采购业务的核算

（一）售价金额核算法商品采购的核算

采用售价金额核算法的零售企业，商品采购需设置“在途物资”“库存商品”“商品进销差价”等账户。

“在途物资”账户，与前面采用数量进价金额核算法的“在途物资”账户核算内容相同。

“库存商品”账户，该账户按售价金额记账，按柜组或实物负责人设置明细账，进行明细分类核算。库存商品的售价，采用价税合一定价，包含两部分内容：一部分是商品本身的售价；另一部分是商品的增值税销项税额。

“商品进销差价”账户，是“库存商品”用售价记账时的调整账户，用来核算企业采用售价金额核算的商品进价与售价之间的差额。贷方登记购进商品、加工收回商品、销货退回的商品验收入库以及发生商品溢余时的售价与进价的差额；借方登记商品加工付出、出租转出、发生损失以及月末分摊已销商品的进销差价。余额一般在贷方，反映期末库存商品的进销差价。该账户按柜组或实物负责人设置明细账，进行明细核算。

1. 一般商品购进的核算

采用售价金额核算法的零售企业，采购商品与前面采用数量进价金额核算法的批发企业采购商品一样，也会出现结算凭证到达企业与商品到达企业验收入库在时间上不一致的三种情况：即结算凭证与商品同时到达；结算凭证先到，商品后到；商品先到，结算凭证后到。所不同的是采用数量进价金额核算法“库存商品”按进价入账，采用售价金额核算法“库存商品”按售价入账。

售价金额核算法一般商品购进的核算

【做中学 1－33】百盛商厦为增值税一般纳税人，增值税税率为 13%，库存商品采用售价金额核算法。2022 年 5 月 3 日鞋帽柜组向广州雅士皮鞋厂购入女式皮靴 200 双，接到银行转来的增值税专用发票、货物运输增值税专用发票、委托收款等结算单证，列明每双进价为 600 元，货款总计 120 000 元，增值税额 15 600 元，货物运输增值税专用发票列明运费价款为 500 元，增值税额 45 元。经审核无误后，通知银行办理转账手续。同日商品到达，由鞋帽柜组验收入库。该批女式皮靴的售价为每双 1 200 元。

（1）5 月 3 日，财会部门根据审核无误的增值税专用发票、货物运输增值税专用发票、委托收款凭证（付款通知），编制会计分录如下：

借：在途物资——广州雅士皮鞋厂　　120 000
　　应交税费——应交增值税（进项税额）　　15 645
　　销售费用——运费　　500
　　贷：银行存款　　136 145

（2）同日，财会部门根据鞋帽柜组转来的“商品验收单”如表 1－3 所示，经审核无误后，编制会计分录如下：

借：库存商品——鞋帽柜组　　240 000
　　贷：在途物资——广州雅士皮鞋厂　　120 000
　　　　商品进销差价——鞋帽柜组　　120 000

表 1－3　　**商品验收单**

供货单位：广州雅士皮鞋厂　　编号：021
收货单位：鞋帽柜组　　2022 年 5 月 3 日　　单位：元

商品类别	品名	单位	购进价（不含税）			零售价（含税）			进销差价
			数量	单价	金额	数量	单价	金额	
鞋帽类	女士皮靴	双	200	600	120 000	200	1 200	240 000	120 000

会计主管：　　复核：　　验收人：鞋帽柜组　　制单：

【做中学 1－34】 承【做中学 1－33】，如果商品在 2022 年 5 月 5 日由鞋帽柜组验收入库。财会部门在 5 月 5 日收到鞋帽柜组转来的“商品验收单”。

（1）5 月 3 日，同【做中学 1－33】步骤（1）。（略）

（2）5 月 5 日，财会部门根据鞋帽柜组转来的“商品验收单”，经审核无误后，编制会计分录如下：

借：库存商品——鞋帽柜组　　240 000

　　贷：在途物资——广州雅士皮鞋厂　　120 000

　　　　商品进销差价——鞋帽柜组　　120 000

2. 购进商品溢余和短缺的核算

购进商品发生溢余，在原因查明前，应按实收商品的售价，借记“库存商品”账户，按原进价，贷记“在途物资”账户，溢余部分按其进价，贷记“待处理财产损溢”账户，按实收商品售价与进价之间的差额，贷记“商品进销差价”账户，待查明原因后，由“待处理财产损溢”账户再转入有关账户。

购进商品发生短缺，在原因查明前，应按实收商品的售价，借记“库存商品”账户，按原进价，贷记“在途物资”账户，短缺部分按其进价，借记“待处理财产损溢”账户，按实收商品售价与进价之间的差额，贷记“商品进销差价”账户，待查明原因后，由“待处理财产损溢”账户再转入有关账户。

【做中学 1－35】 百盛商厦为增值税一般纳税人，增值税税率为 13%，库存商品采用售价金额核算法。2022 年 5 月 5 日，文具柜组向鼎盛办公用品公司购入笔记本 2 500 本，每本进价 2 元，计货款 5 000 元，增值税额 650 元，价税款均已用银行存款支付。每本售价 3 元。验货时发现溢余 50 本，原因待查。5 月 7 日，经查，溢余的原因是供货方多发商品所致，与鼎盛办公用品公司联系，对方开来专用发票，现补付货款。

（1）5 月 5 日，财会部门根据审核无误的专用发票等结算凭证，编制会计分录如下：

借：在途物资——鼎盛办公用品公司　　5 000

　　应交税费——应交增值税（进项税额）　　650

　　贷：银行存款　　5 650

（2）5 月 5 日，财会部门根据文具柜组转来的“商品验收单”和“商品溢余（短缺）报告单”，经审核无误后，编制会计分录如下：

借：库存商品——文具柜组　　7 650

　　贷：在途物资——鼎盛办公用品公司　　5 000

　　　　待处理财产损溢——待处理流动资产损溢　　100

　　　　商品进销差价——文具柜组　　2 550

（3）5 月 7 日，财会部门根据增值税专用发票、结算凭证，经审核无误对溢余部分进行处理，编制会计分录如下：

借：待处理财产损溢——待处理流动资产损溢　　100

　　应交税费——应交增值税（进项税额）　　13

　　贷：银行存款　　113

【做中学 1－36】 承【做中学 1－35】，若验货时发现短缺 50 本，原因待查。5 月 7 日，经查明，短缺部分，其中有 40 本系供货方少发所致，与鼎盛办公用品公司联系，不再补货要求退款，尚未办理退款手续；另外10本属运输机构在运输途中丢失，责其赔偿，尚未收到赔款。5月8日，退款和罚款均已收到。

（1）与【做中学1-35】步骤（1）相同。

（2）5月5日，财会部门根据文具柜组转来的“商品验收单”和“商品溢余（短缺）报告单”，经审核无误后，编制会计分录如下：

借：库存商品——文具柜组　　7 350
　　待处理财产损溢——待处理流动资产损溢　　100
　　贷：在途物资——鼎盛办公用品公司　　5 000
　　　　商品进销差价——文具柜组　　2 450

（3）5月7日，经查明短缺的40本是供货方少发商品所致，与鼎盛办公用品公司联系，不再补货要求退款，开出红字专用发票，退款尚未收回。另外10本属运输机构在运输途中丢失，责其赔偿，尚未收到赔款。

财会部门根据审核无误的红字增值税专用发票，编制会计分录如下：

借：应付账款——鼎盛办公用品公司　　90.4
　　应交税费——应交增值税（进项税额）　　[10.4]
　　贷：待处理财产损溢——待处理流动资产损溢　　80

借：其他应收款——运输机构　　22.6
　　贷：待处理财产损溢——待处理流动资产损溢　　20
　　　　应交税费——应交增值税（进项税额转出）　　2.6

（4）5月8日，财会部门收到银行的收账通知，鼎盛办公用品公司的退款和运输机构的赔款均已收到入账，编制会计分录如下：

借：银行存款　　113
　　贷：应付账款——鼎盛办公用品公司　　90.4
　　　　其他应收款——运输机构　　22.6

3. 进货退出的核算

采用售价金额核算法核算，发生进货退出业务，财会部门根据红字专用发票和红字“验收单”作进货退出处理。

【做中学1-37】承【做中学1-33】，百盛商厦鞋帽柜组2022年5月3日向广州雅士皮鞋厂购入女式皮靴200双，价税款已付，商品已经鞋帽柜组验收入库，5月6日复验时发现，其中50双与合同要求不符，征得广州雅士皮鞋厂的同意后，办理退货，鞋帽柜组转来红字“商品验收单”，5月7日收到供货方开来退货的红字专用发票和银行转来的收账通知。

5月7日，财会部门根据鞋帽柜组转来的红字“商品验收单”，供货方开来退货的红字专用发票和银行转来的收账通知。退货款30 000元，增值税3 900元，编制会计分录如下：

借：银行存款　　33 900
　　应交税费——应交增值税（进项税额）　　[3 900]
　　商品进销差价——鞋帽柜组　　30 000
　　贷：库存商品——鞋帽柜组　　60 000

4. 购进商品退价和补价的核算

零售企业发生购进商品退、补价时，有两种情况：一是只更正商品购进价格，不影响商品的售价，核算时仅需调整“商品进销差价”账户或“主营业务成本”账户，不用调整“库存商品”账户。二是既影响商品购进价格，又影响商品的售价，核算时需同时调整“商品进销差价”账户和“库存商品”账户。

【做中学1-38】百盛商厦为增值税一般纳税人，增值税税率为13%，库存商品采用售价金额核算法。2022年5月8日，电器柜组向凯迪商贸公司购入500台加湿器，每台购进价200元，计货款100 000元，增值税额13 000元，价税款均已用银行存款支付。商品已经电器柜组验收入库，加湿器每台售价400元。5月12日，收到凯迪商贸公司开来的红字专用发票和销货更正单，加湿器的单价开错，每台应为190元，应退货款5 000元，增值税额650元。5月13日，收到银行的收账通知，退货款已入账。

（1）5月12日，财会部门收到凯迪商贸公司开来的红字专用发票和销货更正单，调整商品的进销差价，编制会计分录如下：

借：应付账款——凯迪商贸公司　　5 650

　　应交税费——应交增值税（进项税额）　　[650]

　　贷：商品进销差价——电器柜组　　5 000

（2）5月13日，收到银行的收账通知，退货款已入账，经审核无误后，编制会计分录如下：

借：银行存款　　5 650

　　贷：应付账款——凯迪商贸公司　　5 650

【做中学1-39】承【做中学1-38】，如果收到供货方开来的红字更正发票时，购货方也相应地调整了加湿器的售价，每台售价由400元调整为395元。

财会部门收到凯迪商贸公司开来的红字专用发票和销货更正单，经审核无误，编制会计分录如下：

借：应付账款——凯迪商贸公司　　5 650

　　应交税费——应交增值税（进项税额）　　[650]

　　贷：库存商品——电器柜组　　2 500

　　　　商品进销差价——电器柜组　　2 500

【做中学1-40】承【做中学1-38】，百盛商厦电器柜组向凯迪商贸公司购入500台加湿器，5月12日，收到凯迪商贸公司开来的蓝字专用发票和销货更正单，加湿器的单价开错，每台应为210元，应补货款5 000元，增值税650元，当日采用电汇凭证付款，售价不变。

5月12日，财会部门收到凯迪商贸公司开来的蓝字专用发票、销货更正单和银行电汇凭证（回单），编制会计分录如下：

借：商品进销差价——电器柜组　　5 000

　　应交税费——应交增值税（进项税额）　　650

　　贷：银行存款　　5 650

【做中学1-41】承【做中学1-40】，如果收到供货方开来的蓝字更正发票时，购货方也相应地调整了加湿器的售价，每台售价由400元调整为440元。

5月12日，财会部门收到凯迪商贸公司开来的蓝字专用发票、销货更正单和银行电汇凭证（回单），编制会计分录如下：

借：库存商品——电器柜组　　20 000
　　应交税费——应交增值税（进项税额）　　650
　　贷：银行存款　　5 650
　　　　商品进销差价——电器柜组　　15 000

（二）进价金额核算法下商品采购的核算

采用进价金额核算法的零售企业，库存商品一般按实物负责人（或柜组）进行明细分类核算。实物负责人（或柜组）验收商品后，都要填制“收货单”，一式数联，其中一联连同供货单位的专用发票一并送交财会部门。财会部门审核无误后，据以进行账务处理。

【做中学 1－42】 百盛商厦为增值税一般纳税人。2022 年 5 月 8 日，该公司水产柜组从江洋水产公司购入 1 000 千克鲜虾，进价每千克 40 元，计货款 40 000 元，增值税额 3 600 元，当即签发转账支票付讫，鲜虾由水产柜组验收后，填制“收货单”交财会部门入账。采购鲜虾属于农产品采购，增值税税率为 9%。

（1）5 月 8 日，财会部门根据供货方的专用发票和转账支票存根联，审核无误后，编制付款凭证，作会计分录如下：

借：在途物资——江洋水产公司　　40 000
　　应交税费——应交增值税（进项税额）　　3 600
　　贷：银行存款　　43 600

（2）财会部门根据水产柜组转来的“收货单”，编制转账凭证，作会计分录如下：

借：库存商品——水产柜组　　40 000
　　贷：在途物资——江洋水产公司　　40 000

企业验收商品时，若发生实收数量与应收数量不一致，要及时查明原因进行处理。其处理与前面采用数量进价金额核算法的商品购进溢缺的处理基本相同，在此不再重述。

任务二　商品销售业务的核算

课件

【任务描述】

按照零售商品销售业务流程和其业务核算要点，完成零售企业商品销售的核算及其销售成本的计算、调整与结转的工作任务。

【任务实施】

一、商品销售业务流程

零售企业一般采用售价金额核算法核算，零售商品销售的对象主要是广大消费者。其商品销售一般按柜组或门市部进行，主要采用现金结算，也可采用支票、信用卡、微信、支付宝等方式结算。商品销售的业务程序一般是：

（1）填制销货凭证。由营业员填制销货凭证，销货凭证一式数联，其中发票联给消费者作为付款凭证，记账联作为企业的收款凭证，存根联由营业柜组留存备查。

（2）收款。可以由营业员直接收款，也可以设收款台，由收款员集中收款。

（3）解缴销货款。每天营业结束后，由营业员或收款员根据当日销货款和销售凭证，填制“商品销售收入缴款单”或“银行缴款单”，连同销货款一并送交财务部门作为填制收款凭证的依据。

（4）编制“商品销售收入缴款单汇总表”。一方面财会部门对各柜组的收入汇总后，编制“商品销售收入缴款单汇总表”，据以确认销售收入，同时，填制解款单，将收入的现金全部解存银行。另一方面为了及时注销实物负责人保管商品的责任，要按已销商品的售价结转已销商品的销售成本，以便及时反映实物负责人所经营商品的结存额。

二、商品销售收入的确认和计量

零售企业多采用直接收款方式销售商品，其收款方式主要有营业员直接收款和设收款台由收款员集中收款两种。不管采用何种收款方式，商品销售收入的确认必须在同时满足条件的前提下，以实际收到货款，并将商品、发票等交给买方时确认收入。

商品销售收入的确认和计量与前述数量进价金额核算法中销售收入的确认和计量一致，在此不再重复。

三、商品销售业务的核算

商品销售业务需设置“主营业务收入”“主营业务成本”等账户，分别核算零售企业销售商品取得的收入和发生的销售成本。

（一）商品销售一般业务的核算

售价金额核算法
商品销售的核算

1. 售价金额核算法商品销售的核算

零售企业采用售价金额核算法核算商品销售业务与批发企业采用数量进价金额核算法核算商品销售业务有所不同。一是平时主营业务收入按价税合一的销售金额确认，月末需对含税收入进行调整，计算出不含税收入和增值税销项税额，将增值税销项税额，从含税收入中转出，借记“主营业务收入”账户，贷记“应交税费——应交增值税（销项税额）”账户；二是平时商品销售后，为了及时注销实物负责人保管商品的责任，主营业务成本按已销商品含税售价随主营业务收入的确认同时结转，月末须对主营业务成本进行调整，即通过计算已销商品应分摊的进销差价，将主营业务成本调整为实际成本，借记“商品进销差价”账户，贷记“主营业务成本”账户。

【做中学 1－43】百盛商厦为增值税一般纳税人，增值税税率为 13%，信用卡手续费率 1%。2022 年 5 月 5 日各营业柜组“商品销售收入缴款单汇总表”如表 1－4 所示，银行缴款单（略）。

表 1－4　　　　商品销售收入缴款单汇总表

2022 年 5 月 5 日　　　　单位：元

部门	项目				
	销售收入	现金收入	信用卡签购单	支票	应收账款
电器组	120 000	80 000	40 000		
百货组	78 000	68 500	9 500		
服装组	100 500	100 500			
食品组	43 250	43 250			
合　计	341 750	292 250	49 500		

（1）5 月 5 日营业终了，收款员填制“商品销售收入缴款单”，连同销货款一并送财会部门。财会部门当面点收，加盖收讫戳记，自留一联，并编制“商品销售收入缴款单汇总表”。根据汇总表，编制会计分录如下：

借：库存现金　　292 250
　　银行存款　　49 005
　　财务费用——手续费　　495
　　贷：主营业务收入——电器组　　120 000
　　　　　　　　　　——百货组　　78 000
　　　　　　　　　　——服装组　　100 500
　　　　　　　　　　——食品组　　43 250

（2）财会部门填制解款单，将收入的现金全部解存银行，根据银行现金缴款单（回单），编制会计分录如下：

借：银行存款　　292 250
　　贷：库存现金　　292 250

（3）同时结转已销商品成本，编制会计分录如下：

借：主营业务成本——电器组　　120 000
　　　　　　　　——百货组　　78 000
　　　　　　　　——服装组　　100 500
　　　　　　　　——食品组　　43 250
　　贷：库存商品——电器组　　120 000
　　　　　　　　——百货组　　78 000
　　　　　　　　——服装组　　100 500
　　　　　　　　——食品组　　43 250

月末通过计算已销商品应分摊的进销差价，将主营业务成本调整为实际成本，具体计算方法见售价金额核算法商品销售成本的调整。

【做中学 1－44】百盛商厦为增值税一般纳税人，增值税税率为 13%。2022 年 5 月含税商品销售收入为 358 658 元，月末调整销售收入。

（1）计算不含税销售收入和增值税：

不含税销售收入 =358 658 ÷（1 +13%）≈317 396.46（元）

销项税额 =358 658 –317 396.46 =41 261.54（元）

（2）月末根据以上计算结果，编制会计分录如下：

借：主营业务收入　　41 261.54

　　贷：应交税费——应交增值税（销项税额）　　41 261.54

2. 进价金额核算法商品销售的核算

进价金额核算法主要适用于经营鲜活商品的零售企业，如鱼、肉、禽、蛋、蔬菜和水果等。其销售收款方式主要是采用现金交易，每天营业结束后，由各营业部门根据当天实收销货款填制“商品销售收入缴款单”一式数联，连同当天的销货款一并送交财会部门。财会部门当面点收无误后，应由出纳员在“商品销售收入缴款单”上签收，并加盖现金收讫章。其中一联退回缴款部门留存备查，财会部门自留一联。然后将各营业部门交来的销售款汇总后，全部解缴银行。

财会部门根据解缴款回单，按商品售价确认销售收入，平时不核算商品销售成本，也不注销库存商品，定期或月末结转成本。商品在销售过程中发生的一般损耗、等级变化、调整价格等不作账务处理。对于发生的责任事故造成的损失，应及时查明原因，分清责任，按财产损失程序报经批准再作处理。

【做中学 1 –45】 2022 年 5 月 25 日，百盛商厦水产柜组销售鲜鱼 2 000 千克，售价为 43 600 元（含税售价），全部款项存入银行。

（1）计算鲜鱼的不含税销售额：

不含税销售额 =43 600 ÷（1 +9%）=40 000（元）

销项税额 =40 000 ×9% =3 600（元）

（2）确认销售收入时，编制会计分录如下：

借：银行存款　　43 600

　　贷：主营业务收入——水产柜组　　40 000

　　　　应交税费——应交增值税（销项税额）　　3 600

为了简化核算，平时对含税销售额可不作调整，借记“银行存款”等账户，贷记“主营业务收入”账户，定期或月末再对含税销售额进行调整，计算销项税额后，借记“主营业务收入”账户，贷记“应交税费——应交增值税（销项税额）”账户。

（二）商品销售特殊业务的核算

1. 消费授予客户奖励积分业务的核算

消费授予客户奖励积分是企业在销售商品或者提供劳务的同时授予客户积分，客户在积满一定分值、达到企业规定的某些商品或服务的兑换条件时，将奖励积分兑换企业或第三方提供的免费或者折扣后的商品或服务。当然客户也可能由于种种原因放弃积分兑换。

零售商品销售特殊业务——消费授予客户奖励积分业务的核算

按照《企业会计准则第 14 号——收入（2017）》的相关规定，对于附有客户额外购买选择权的销售，企业应当评估该选择权是否向客户提供了一项重大权利。企业提供重大权利的，应当作为单项履约义务，将交易价格分摊至该履约义务，在客户未来行使购买选择权取得相关商品控制权时，或者该选择权失效时，确认相应的收入。

奖励积分也属于“附有客户额外购买选择权的销售”的一种具体体现方式。客户行使选择权兑换商品时，通常认为该选择权向客户提供了一项重大权利。此时企业要将奖励给客户的积分作为单项履约义务，将交易价格在商品与积分间进行分摊，分摊至商品部分在客户取得控制权时确认收入，分摊至积分部分的交易价格确认为合同负债，在消费者未来行权时或者该选择权失效时，再将合同负债计入相应收入。

需要说明的是，企业收取的货款中对应的积分奖励部分，性质属于预收的货款，未来经济利益流出的是商品或服务。因此，这部分款项的会计核算应使用“合同负债”会计科目。收取的价款中包含的增值税部分，因不符合合同负债的定义，不应确认为合同负债。

【做中学 1－46】 百盛商厦在 2022 年元旦、春节期间开展促销活动，规定在 2021 年 12 月至 2022 年 1 月购物每满 100 元（含税）奖励积分 10 分，不足 100 元部分不积分，积分可在 1 年内兑换商厦超市的任何商品，1 个积分可抵付现金 1 元。A 顾客 2022 年 1 月 1 日购买了售价 2 260 元（含税）的洗衣机一台，奖励积分 220 分。假设该顾客于 2022 年 1 月 20 日用积分兑换了价值 226 元的食品，不足部分以现金抵付，增值税税率为 13%。

（1）1 月 1 日，财会部门根据销售日报表，编制会计分录如下：

借：库存现金　　2 260
　　贷：主营业务收入　　2 040
　　　　合同负债　　220

同时，按含税售价结转商品销售成本：

借：主营业务成本　　2 260
　　贷：库存商品　　2 260

（2）1 月 20 日，顾客用积分兑换商品，财会部门编制会计分录如下：

借：库存现金　　6
　　合同负债　　220
　　贷：主营业务收入　　226

同时，按含税售价结转商品销售成本：

借：主营业务成本　　226
　　贷：库存商品　　226

月末，对含税销售额进行价税分解，并采用一定的方法计算结转已销商品的进销差价。（略）

【做中学 1－47】 承【做中学 1－46】若该顾客未能在规定的有效期内兑换商品，造成积分逾期失效作废。

财会部门将逾期失效的积分确认相应收入，编制会计分录如下：

借：合同负债　　220
　　贷：主营业务收入　　220

2. 返券销售业务的核算

返券销售是零售企业的促销方式之一，是指顾客在购买商家一定数额的商品后可以获得相应数额的购物券返还。根据会计稳健性原则，商家在销售商品的同时应该对购物返券按或有事项的核算原则进行处理。

在销售实现时将返还给顾客的购物券确认为“销售费用”，同时贷记“预计负债”账户；当顾客使用购物券时，借记“预计负债”账户，贷记“主营业务收入”等账户，同时结转销售成本；若顾客逾期弃用购物券时，将“销售费用”和“预计负债”予以冲销。

【做中学1-48】百盛商厦在2022年5月8日至11日举行店庆促销活动，促销期间购物满100元（含税）返50元购物券，购物券仅限促销期间使用，逾期作废。促销第一天实现现金销售收入200万元，当日返还的购物券95万元，顾客使用购物券75万元。活动结束后，经统计有15万元的购物券未使用作废。

（1）5月8日，财会部门根据当日销售日报表，编制会计分录如下：

借：库存现金	2 000 000	
贷：主营业务收入		2 000 000

同时，按含税售价结转商品销售成本，编制会计分录如下：

借：主营业务成本	2 000 000	
贷：库存商品		2 000 000

（2）5月8日，返还给顾客购物券95万元，编制会计分录如下：

借：销售费用	950 000	
贷：预计负债		950 000

（3）5月8日，顾客使用购物券时，编制会计分录如下：

借：预计负债	750 000	
贷：主营业务收入		750 000

同时，按含税售价结转商品销售成本：

借：主营业务成本	750 000	
贷：库存商品		750 000

（4）活动结束后，对未使用的购物券进行作废处理，编制会计分录如下：

借：预计负债	150 000	
贷：销售费用		150 000

3. 附送赠品销售业务的核算

附送赠品销售是零售企业的促销方式之一，是指企业在销售商品的同时赠送同类或其他货物，并且在同一项销售货物行为中完成。在会计核算上主要涉及销售商品和赠品的销售收入确定及增值税、所得税的处理。

附送赠品其行为性质属于捆绑销售，从税务处理的角度看，实质上属于降价（折扣）销售，应按照实际取得的销售收入计算缴纳增值税。根据增值税法规定，纳税人采取折扣方式销售货物的，若销售额和折扣额在同一张发票上分别注明的，可按折扣后的销售额征收增值税；如果将折扣额另开发票，不论会计上如何处理，均不得从销售额中减除折扣额。销售额和折扣额在同一张发票上分别注明，具体是指销售额和折扣额在同一张发票上的“金额”栏分别注明，可按折扣后的销售额征收增值税；未在同一张发票“金额”栏注明折扣额，而仅在发票的“备注”栏注明折扣额的，其折扣额不得从销售额中减除。

根据企业所得税法规定，对企业买一赠一等方式组合销售商品的，其赠品不属于捐赠，应将总销售金额按各项商品公允价值的比例来分摊确认各项销售收入。

【做中学1-49】百盛商厦2022年5月家电组推出购买电冰箱赠送电饭锅的买赠活动。

该电冰箱每台售价 5 650 元（含税），原进价每台 2 000 元，电饭锅每个售价 339 元（含税），原进价每个 200 元，赠品属于商厦经营范围内的商品，当天共售出电冰箱 30 台，赠送电饭锅 30 个。商品与赠品开在同一张发票上。

财会部门根据当日销售日报表，编制会计分录如下：

借：库存现金　　169 500

　　贷：主营业务收入——家电组　　169 500

同时，按组合商品的售价结转销售成本，编制会计分录如下：

借：主营业务成本——家电组　　179 670

　　贷：库存商品——家电组　　179 670

月末，对含税销售额进行价税分解，并采用一定的方法计算结转已销商品的进销差价。（略）

知识拓展

“买物赠物”“买一送一”方式的发票开具技巧

“买物赠物”“买一送一”方式的发票开具技巧有两种情况：

（1）将赠品的实际价值与商品一同计价，再将赠品价格作为折扣，在同一张发票的“金额”栏注明折扣额，折扣额正好是赠送货物的公允价值。如【做中学 1－49】中，发票上分别开具电冰箱 5 650 元/台（含税），电饭锅售价 339 元/个（含税），在发票上“金额”栏再注明折扣金额 339 元/个（含税），取得销售收入 5 650 元/台（含税）。

（2）在开具销售发票时，将赠品和商品总的销售金额按各项商品的公允价值的比例分摊确认赠品和商品的销售收入，按总的销售金额征收增值税。如【做中学 1－49】中，发票上分别开具电冰箱 5 330.19 元/台（含税）[5 650 × 5 650 ÷ (5 650 + 339)]，电饭锅售价 319.81 元/个（含税）[5 650 × 339 ÷ (5 650 + 339)]，合计取得销售收入 5 650 元/台（含税）。

4. 以旧换新销售的核算

以旧换新业务属于以物易物的销售方式。《关于增值税若干具体问题的规定》（1993）：纳税人采取以旧换新方式销售货物，应按新货物的同期销售价格确定销售额。销售商品与有偿收购旧物资是两种不同的经济业务，销售额与收购额不能相抵。销售的商品应按收入确认的条件确认销售收入，回收商品的价值是所售商品价款的补偿，作为购进商品处理。在实际工作中，应根据具体情况作出相应的会计处理。

【做中学 1－50】 百盛商厦 2022 年 5 月 1 日起家电组采用以旧换新的方式销售某品牌型号的洗衣机，旧洗衣机一律折价 300 元，该型号洗衣机零售价 3 390 元，当月销售该型号洗衣机 50 台。

财会部门根据 5 月的销售情况，编制会计分录如下：

借：库存现金　　154 500

　　原材料　　15 000

　　贷：主营业务收入——家电组　　169 500

同时，按售价结转销售成本：

借：主营业务成本——家电组　　169 500

　　贷：库存商品——家电组　　169 500

四、商品销售成本的计算和结转

（一）售价金额核算法商品销售成本的调整

零售企业采用售价金额核算法，平时商品销售成本随销售收入确认，按商品售价结转成本，这样“主营业务成本”账户反映的是已销商品的售价而不是商品的实际成本。“商品进销差价”账户没有随商品的销售而结转已销商品应分摊的进销差价。为了及时核算企业商品销售的经营成果，须定期将商品销售成本由售价调整为实际成本。因此，必须对“商品进销差价”账户中归集的全部商品进销差价，在已销商品和库存商品之间进行分摊，已销商品的售价成本扣除已销商品应分摊的商品进销差价后，即是已销商品的实际成本。

已销商品应分摊进销差价的计算方法有综合差价率推算法、分类（柜组）差价率推算法和实际进销差价计算法。

1. 综合差价率推算法

综合差价率推算法是按企业在一定会计期间经营的全部商品的存、销比例，分摊商品进销差价的一种方法。计算方法如下：

（1）根据本期全部库存商品，计算出本期商品的综合差价率。将期末结转前的“商品进销差价”账户余额，除以期末“库存商品”账户余额与本期商品销售收入之和。

售价金额核算法商品销售成本的调整——综合差价率推算法

$$综合差价率=\frac{结转前商品进销差价账户余额}{期末库存商品账户余额+本期商品销售收入}\times 100\%$$

如果企业采用视同买断商品所有权的方式代销商品，则上述公式“期末库存商品账户余额”还应包括“受托代销商品”账户余额。

（2）计算出已销商品和结存商品应分摊的进销差价。综合差价率乘以本期商品销售收入。

$$本期已销商品应摊进销差价=本期商品销售收入\times 综合差价率$$

【做中学 1－51】百盛商厦 2022 年 5 月 31 日有关账户资料如表 1－5 所示。采用综合差价率推算法计算并结转已销商品进销差价。

表 1－5　　各明细账户余额表　　单位：元

营业柜组	结转前商品进销差价账户余额	库存商品账户余额	受托代销商品账户余额	主营业务收入账户余额
百货组	152 350	235 600	56 000	295 320
服装组	124 320	259 800	43 000	274 200
食品组	102 580	224 580		253 660
合计	379 250	719 980	99 000	823 180

综合差价率 = 379 250 ÷ (719 980 + 99 000 + 823 180) × 100% ≈ 23.09%

本期已销商品应摊进销差价 = 823 180 × 23.09% = 190 072.26（元）

根据计算结果，结转已销商品进销差价，编制会计分录如下：

借：商品进销差价　　190 072.26

　　贷：主营业务成本　　190 072.26

综合差价率推算法以企业的全部商品作为一个计算整体，不分商品类别、品种，计算手续简便，但计算的结果准确性较差。因为，不同类别的商品进销差价率不完全相同，有的甚至相差很大。这种方法适用于所经营商品的差价率较为均衡的企业或企业规模小、分柜组计算差价率确有困难的企业。

2. 分类（柜组）差价率推算法

分类（柜组）差价率推算法是按各类商品或按各营业柜组在一定会计期间商品的存、销比例，计算本期销售商品应分摊进销差价的一种方法。这种方法与综合差价率推算法基本相同，只不过是缩小了计算差价率的范围。

【做中学 1－52】承【做中学 1－51】，百盛商厦 2022 年 5 月 31 日有关各明细账户资料如表 1－5 所示，已销商品进销差价计算表如表 1－6 所示，采用分类（柜组）差价率推算法计算并结转已销商品进销差价。

表 1－6　　**已销商品进销差价计算表**

2022 年 5 月 31 日　　单位：元

营业柜组	库存商品账户余额	受托代销商品账户余额	主营业务收入账户余额	本期存销商品合计数	结转前商品进销差价账户余额	差价率/%	已销商品进销差价	期末商品进销差价
1	2	3	4	5 = 2 + 3 + 4	6	7 = 6 ÷ 5	8 = 4 × 7	9 = 6 − 8
百货组	235 600	56 000	295 320	586 920	152 350	25.96	76 665.07	75 684.93
服装组	259 800	43 000	274 200	577 000	124 320	21.55	59 090.10	65 229.90
食品组	224 580		253 660	478 240	102 580	21.45	54 410.07	48 169.93
合计	719 980	99 000	823 180	1 642 160	379 250		190 165.24	189 084.76

财会部门根据“已销商品进销差价计算表”的计算结果，编制会计分录如下：

借：商品进销差价——百货组　　76 665.07

　　　　　　　　——服装组　　59 090.10

　　　　　　　　——食品组　　54 410.07

　　贷：主营业务成本——百货组　　76 665.07

　　　　　　　　　　——服装组　　59 090.10

　　　　　　　　　　——食品组　　54 410.07

分类（柜组）差价率推算法由于对商品进行了细分，计算结果相对于综合差价率推算法较为准确，但与实际结果仍有一定偏差。这种方法通常适用于经营商品种类差别较大、经营柜组间差价率较大的零售企业，或需分柜组计算其经营成果的零售企业。

3. 实际进销差价计算法

实际进销差价计算法是根据期末盘存商品实际进销差价，倒算出已销商品进销差价的一种方法。计算方法如下：

（1）期末由各营业柜组或门市部通过商品盘点，编制“库存商品盘存表”如表1－7所示和“受托代销商品盘存表”。

表1－7 库存商品盘存表

部门：百货组 2022年5月31日 单位：元

品名	单位	盘存数量	零售价（含税）		购进价（不含税）		备注
			单价	金额	单价	金额	
电吹风	个	25	300	7 500	150	3 750	
加湿器	台	20	550	11 000	280	5 600	
吸尘器	台	30	1 100	33 000	500	15 000	
……	…	…	…	…	…	…	
合计				235 600		172 350	

（2）根据各种商品的实存数量，分别乘以销售单价和购进单价，计算出期末库存商品的售价金额和进价金额及期末受托代销商品的售价金额和进价金额。

（3）财会部门根据审核无误的“库存商品盘存表”和“受托代销商品盘存表”，编制“商品盘存汇总表”如表1－8所示。计算期末盘存商品进销差价。

期末盘存商品进销差价计算公式：

期末盘存商品进销差价＝期末库存商品售价金额－期末库存商品进价金额
＋期末受托代销商品售价金额
－期末受托代销商品进价金额

（4）计算各柜组已销商品应分摊的进销差价。

已销商品应分摊的进销差价＝结账前商品进销差价账户余额
－期末盘存商品进销差价

表1－8 商品盘存汇总表

2022年5月31日 单位：元

部门	库存商品售价金额	库存商品进价金额	受托代销商品售价金额	受托代销商品进价金额	商品进销差价
百货组	235 600	172 350	56 000	36 000	83 250
服装组	259 800	194 860	43 000	28 000	79 940
食品组	224 580	183 650			40 930
合计	719 980	550 860	99 000	64 000	204 120

【做中学1－53】承【做中学1－52】，百盛商厦采用实际进销差价计算法，2022年5月31日根据各营业柜组的“库存商品盘存表”和“受托代销商品盘存表”，编制“商品盘存汇总表”如表1－8所示。各营业柜组结转前商品进销差价账户余额见【做中学1－52】，计算本期已销商品进销差价。

百货组已销商品应分摊的进销差价＝152 350－83 250＝69 100（元）

服装组已销商品应分摊的进销差价＝124 320－79 940＝44 380（元）

食品组已销商品应分摊的进销差价＝102 580－40 930＝61 650（元）

财会部门根据计算结果，结转已销商品进销差价，编制会计分录如下：

借：商品进销差价——百货组　　69 100
　　　　　　　　——服装组　　44 380
　　　　　　　　——食品组　　61 650
　贷：主营业务成本——百货组　　69 100
　　　　　　　　　——服装组　　44 380
　　　　　　　　　——食品组　　61 650

实际进销差价计算法计算结果准确，但手续繁杂，工作量大，适用于经营商品品种不多的零售企业。

已销商品应分摊进销差价的计算方法各有利弊。在实际工作中，为了做到既简化计算手续，又准确地计算已销商品进销差价，在平时采用分类（柜组）差价率推算法，到年末采用实际进销差价计算法，以保证整个会计年度核算资料的准确性。

（二）进价金额核算法商品销售成本的计算与结转

零售企业采用进价金额核算法，商品销售后，按实收销货款只反映“主营业务收入”，平时不计算结转已销商品成本、不注销库存。

月末或定期采用“盘存计销”方法，计算已销商品进价成本。首先实地盘点库存商品，按原进价或最后一次进价，计算出期末库存商品进价总金额，然后再倒挤出已销售商品进价成本。计算公式为：

本期已销商品成本＝期初库存商品进价成本＋本期购进商品进价成本
－期末库存商品进价成本

在实际工作中，一般可编制“商品销售成本计算表”进行计算。

【做中学1－54】百盛商厦水产柜组2022年5月初“库存商品”账户金额为15 000元，本月累计购进商品80 000元，本月累计实现商品销售收入120 000元（不含销项税额），月末，通过实地盘点库存商品，按最后一次进货单价，计算出期末结存商品进价总额为22 000元，计算水产组2022年5月的商品销售成本。

（1）编制“商品销售成本计算表”如表1－9所示，计算5月水产组已销商品进价成本。

本期已销商品成本＝15 000＋80 000－22 000＝73 000（元）

表 1－9　　商品销售成本计算表

2022 年 5 月 31 日　　单位：元

部门	项目				
	期初结存商品成本	本期购进商品进价成本	本期非销售发出商品成本	期末库存商品进价成本	本期已销商品成本
水产组	15 000	80 000	—	22 000	73 000
合　计	15 000	80 000	—	22 000	73 000

（2）财会部门根据审核无误的“商品销售成本计算表”，编制会计分录如下：

借：主营业务成本——水产组　　73 000

　　贷：库存商品——水产组　　73 000

任务三　商品储存业务的核算

课件

【任务描述】

分析零售企业商品在储存环节的业务特点，完成储存环节商品调价、商品削价、商品内部调拨、商品溢余或短缺的会计核算工作任务。

【任务实施】

一、商品调价的核算

商品调价是商品流通企业根据市场供需情况、国家物价政策、消费群体的变化、企业市场战略布局的要求等，对某些正常商品的价格进行适当调高或调低。

1. 进价调整的核算

零售企业采用售价金额核算法，凡库存商品发生进价变动，根据贯彻实际成本原则的要求，一般不再变动原购进该商品时的进货原价，因此，不影响企业的账簿记录，不必调整“库存商品”和“商品进销差价”账户的账面金额，无须进行账务处理，而在商品销售后，体现在企业当期经营损益中。

2. 售价调整的核算

零售企业采用售价金额核算法，凡库存商品发生售价变动，平时只按售价记账，不计算商品的数量。因此，企业在规定调价日期的前一天营业结束后，由核价人员、财会人员会同营业柜组对调价商品进行盘点，落实实际库存数量后，更换商品标签，由营业柜组填制“商品调价差额调整单”一式数联，其中一联送交财会部门据以进行会计处理。发生调高售价金额时，借记“库存商品”账户，贷记“商品进销差价”账户；发生调低售价金额时，借记“商品进销差价”账户，贷记“库存商品”账户。

【做中学 1－55】 百盛商厦鞋帽柜组根据市场情况，将雅士男皮鞋从 2022 年 5 月 10 日起调整零售价，鞋帽柜组经盘点后，编制“商品调价差额调整单”如表 1－10 所示。

表 1－10 **商品调价差额调整单**

填报部门：鞋帽柜组 2022 年 5 月 10 日 单位：元

品名	计量单位	库存数量	新零售单价	原零售单价	调整单价差额		调高金额	调低金额
					增加	减少		
雅士男皮鞋	双	50	800	680	120		6 000	
合计							6 000	

财会部门收到鞋帽柜组转来的“商品调价差额调整单”，审核无误后，编制会计分录如下：

借：库存商品——鞋帽柜组 6 000
　　贷：商品进销差价——鞋帽柜组 6 000

思考

【做中学 1－55】中，若雅士男皮鞋，新零售单价调至 650 元，又该如何进行会计处理？

二、商品削价的核算

商品削价是商品流通企业对库存中呆滞、冷背、残损、变质的商品所作的降价处理。

零售企业采用售价金额核算法，若商品削价后不含增值税的新售价仍高于成本时，这种削价只能使销售毛利减少，不会给企业带来损失，相当于调低售价，根据削价减值金额，借记“商品进销差价”账户，贷记“库存商品”账户，以调整其账面价值；若商品削价后不含增值税的新售价低于成本时，除了根据“商品削价报告单”上削价减值金额（新售价低于原售价的差额），借记“商品进销差价”账户，贷记“库存商品”账户，调整其账面价值外，还应计提存货跌价准备。按削价商品的可变现净值低于成本的差额，借记“资产减值损失”账户，贷记“存货跌价准备”账户。

商品零售小企业不进行减值测试，发生的商品削价损失，直接记入“营业外支出”账户。

【做中学 1－56】 百盛商厦服装组 2022 年 5 月 15 日，发现 100 件羊毛衫款式过时，其原零售价为 350 元，经批准削价为 226 元，原进价每件 220 元，增值税税率为 13%。

（1）财会部门根据审核无误的“商品削价报告单”如表 1－11 所示，编制会计分录如下：

借：商品进销差价——服装组 12 400
　　贷：库存商品——服装组 12 400

表 1-11　　商品削价报告单

柜组：服装组　　2022 年 5 月 15 日　　单位：元

编号	品名规格	单位	数量	进价	售价		损失	备注
					原售价	新售价		
1204	羊毛衫	件	100	220	350	226	2 000	
削价原因	款式过时				批复意见	同意削价处理 签字：		

会计：　　主管：　　保管：　　经办人：

（2）根据削价报告单，计提存货跌价准备如下：

羊毛衫的可变现净值 = 100 ×（226 ÷ 1.13）= 20 000（元）

羊毛衫的进价成本 = 100 × 220 = 22 000（元）

存货跌价准备 = 22 000 − 20 000 = 2 000（元）

借：资产减值损失——服装组　　2 000

　　贷：存货跌价准备——服装组　　2 000

（3）100 件羊毛衫全部销售后，确认销售收入，根据商品销售收入缴款单，编制会计分录如下：

借：库存现金　　22 600

　　贷：主营业务收入——服装组　　22 600

同时，结转销售成本：

借：主营业务成本——服装组　　22 600

　　贷：库存商品——服装组　　22 600

（4）转销羊毛衫计提的存货跌价准备，编制会计分录如下：

借：存货跌价准备——服装组　　2 000

　　贷：主营业务成本——服装组　　2 000

三、商品内部调拨的核算

商品内部调拨是商品零售企业内部各营业柜组或门市部之间为了调剂商品余缺所发生的商品转移，或设有专职仓库保管员，对在库商品单独进行会计处理和管理的企业，如营业柜组或门市部向仓库提取商品，或将商品退给仓库所发生的商品调拨转移。

商品内部调拨不作为商品销售处理，也不进行结算，只是转移各实物负责小组所承担的经济责任。发生商品内部调拨业务时，一般由调出部门填制一式数联的“商品内部调拨单”，调出部门在各联上签章后，连同商品一并转交调入部门。调入部门验收无误后，在调入部门处签章，表示商品已收讫，然后调入与调出部门各留一联，作为商品转移的凭证，另一联转交财会部门入账。商品内部调拨，在会计处理时，借记“库存商品——× ×调入部门”账户，贷记“库存商品——× ×调出部门”账户，“库存商品”账户的总额保持不变。

采取分类（柜组）差价率推算法分摊已销商品进销差价的企业，还要相应调整“商品进销差价”账户及其相应的明细账。

【做中学1－57】 百盛商厦新设便利服务部，2022年5月20日从百货柜组调入商品，百货柜填制“商品内部调拨单”如表1－12所示。

表1－12 **商品内部调拨单** 单位：元

调入部门：便利服务部 2022年5月20日 调出部门：百货柜组

品名	单位	数量	零售价（含税）		购进价（不含税）		商品进销差价
			单价	金额	单价	金额	
云南白药牙膏	只	100	20	2 000	12	1 200	800
奥妙洗衣粉	袋	50	15	750	10	500	250
潘婷洗发水	瓶	120	30	3 600	20	2 400	1 200
……	…	…	…	…	…	…	…
合计				6 350		4 100	2 250

调入部门签章： 调出部门签章： 经手人：

（1）5月20日，财会部门收到百货柜转来的“商品内部调拨单”，复核无误后，编制会计分录如下：

借：库存商品——便利服务部 6 350

贷：库存商品——百货柜组 6 350

（2）采用分类（柜组）差价率推算法分摊已销商品进销差价的企业，还要将商品进销差价转账，编制会计分录如下：

借：商品进销差价——百货柜组 2 250

贷：商品进销差价——便利服务部 2 250

四、商品清查的核算

财产清查是提高商品储存质量的必要手段，是保证商品库存结构合理、保护商品的安全完整、保证企业库存商品账实相符的重要手段。

零售企业采用售价金额核算法，发生商品盘点溢余或短缺后，应将溢余或短缺金额、数量填列“商品溢余（短缺）报告单”，及时办理盘盈、盘亏商品的入账手续，调整商品账面记录。

1. 商品盘点溢余的核算

发生盘点溢余，在原因未查明前，按商品售价，借记“库存商品”账户，按商品进价，贷记“待处理财产损溢”账户，按售价与进价之间的差额，贷记“商品进销差价”账户；及时查明原因后，与数量进价金额核算法的处理相同。

2. 商品盘点短缺的核算

发生盘点短缺，在原因未查明前，按商品进价，借记“待处理财产损溢”账户，按商品的售价，贷记“库存商品”账户，按售价与进价之间的差额，借记“商品进销差价”；及时查明原因后，明确责任，按管理权限报经批准后进行相应账务处理。其与前数量进价金额核算法下的原因处理相同。

根据《小企业会计准则》，商品零售小企业盘盈存货，记入“营业外收入”账户核算；盘亏存货，记入“营业外支出”账户核算。

【做中学1－58】 2022年5月31日，百盛商厦食品组进行盘点，实际库存金额大于账面结存金额300元，按上月末进销差价率20%计算，进销差价金额为60元，原因待查。

（1）财会部门根据“商品盘点溢余（或短缺）报告单”，编制会计分录如下：

借：库存商品——食品组　　300
　　贷：待处理财产损溢——待处理流动资产损溢　　240
　　　　商品进销差价——食品组　　60

（2）查明原因，系商品自然升溢，经批准作冲减管理费用处理，编制会计分录如下：

借：待处理财产损溢——待处理流动资产损溢　　240
　　贷：管理费用　　240

【做中学1－59】 2022年5月31日，百盛商厦文具组进行盘点，实际库存金额小于账面结存金额200元，按上月末进销差价率20%计算，进销差价金额为40元，增值税税率为13%，原因待查。

（1）财会部门根据“商品盘点溢余（或短缺）报告单”，编制会计分录如下：

借：待处理财产损溢——待处理流动资产损溢　　160
　　商品进销差价——食品组　　40
　　贷：库存商品——食品组　　200

（2）查明原因，系商品定额范围的自然损耗，经批准记入“管理费用”账户，编制会计分录如下：

借：管理费用　　160
　　贷：待处理财产损溢——待处理流动资产损溢　　160

任务四　网络营销商品业务的核算

课件

【任务描述】

按照网络营销商品业务流程特点，完成网络营销商品一般业务先付款后发货、先发货后付款及网购促销、网络团购的会计核算工作任务。

【任务实施】

一、网络营销业务流程

网络营销是指基于互联网、移动互联网平台，利用信息技术与软件工具，满足商家与客户之间交换、推广商品、提供服务的过程，通过在线活动创造、宣传和传递客户价值，并对客户关系进行管理，以达到一定营销目的的新型营销活动。

网络营销是电子商务的重要组成部分。网络营销主要有 B2B、B2C 和 C2C 三种形式。在最基本的网络营销流程中通常包括五个主要角色：供应方、需求方、网上银行、物流公司和 CA 认证中心。

供应方，主要业务是提供商品并发布相关信息，回复客户询问，处理客户订单，通知物流发货，订单处理回执。

需求方，主要业务是查找商品信息并提交购物单。检索商品信息，在线咨询，确认订单，在线付款，收货确认。

网上银行，在网络上完成买卖双方的资金结算业务，包括网上转账、收款通知、账目查询和管理、电子现金等基本内容。

物流公司，接受商家的送货要求，组织运送无法从网上直接得到的商品，跟踪商品的流向，提供在途信息查询，直至货物到达消费者手中。

CA 认证，认证中心提供交易双方的信用保障，是被法律承认的权威机构，负责发放和管理资金。

（一）B2B 电子商务交易流程

买方与卖方之间提出商品报价请求，说明想购买的商品信息；卖方向买方回答该商品的报价，说明该商品的价格信息；买方向卖方提出商品订购单，说明初步确定购买的商品信息；卖方对买方提出的商品订购单进行应答，说明有无此商品及规格、型号、质量等信息；买方根据应答提出是否对订购单有变更请求，说明最后确定购买商品的信息；买方向卖方提出商品运输说明，发出运输工具，交货地点等信息；卖方向买方发出发货通知，约定运输公司、交货地点、运输设备、包装等信息；买方向卖方发回收货通知，报告收货信息；买卖双方收发汇款通知，买方发出汇款通知，卖方报告收款信息。

（二）B2C 电子商务交易流程

1. 前台业务流程

消费者上网进入淘宝、天猫、唯品会等网络营销平台浏览网页，选择所需要的商品，放入购物车；选好商品，进行注册登录后，填写收货地址，选择送货方式，然后选择支付方式进行在线支付，购物完成后，等待收货，其间可查询物流运输状况，等货到后签收。

2. 后台业务流程

商家受理网上客户订单，根据订单查询商品库存情况，若库存无货，立即生成采购订单，进行采购备货；若库存有货，生成销售单，确认商品出库，联系物流发货，客户签收货物后办理货款结算。

（三）C2C 电子商务交易流程

卖方进入拍卖网站，上传拍卖物品，确定起拍价，竞价阶梯，截止日期；系统所填拍卖信息的正确性和认证用户的合法性。如果一切正确，显示上传成功，竞拍方选择所要拍卖的物品进入竞拍界面参与拍卖，填写竞拍的必需信息和可选信息，系统认证所竞拍的信息的正确性和用户的合法性。如果一切正确，显示竞拍成功，买卖双方成交，买方付款，卖方交货，交易完成。通过电子商务网站为买卖用户双方提供一个在线交易平台，使卖方可以在上面发布待出售物品的信息，而买方可以从中选择进行购买。同时，为便于买卖双方交易，提供交易所需的一系列配套服务，如协调市场信息汇集、建立信用评价制度、多种付款方式等。

二、网络营销商品业务的核算

（一）网络营销商品一般业务的核算

网络营销的交易模式主要分为两种：一是先付款后发货模式；二是先发货后付款模式。网络促销也是商家常用的营销手段。本任务主要介绍网络营销的会计处理和网络促销的会计处理。

1. 先付款后发货模式的核算

先付款后发货模式是指客户通过相关支付方式付款至第三方平台或直接支付给商家，第三方通知商家发货或商家收款后发货。其网购交易流程及会计处理如下：

（1）先付款后发货、有第三方担保交易的核算。交易流程：网店订单→在线付款至担保方→发货→确认收货→担保方清算货款。

①买家在网络平台选好商品，提交网店订单，卖家初次接收买方提交订单时，无须作会计处理。

②在线付款至第三方（担保方），该笔款项未能确定最终是否流入企业，此时不作会计处理。

③商家发货，对于一般的商品，若符合收入确认条件时，卖家应确认收入，同时结转成本。借记“应收账款”账户，贷记“主营业务收入”“应交税费——应交增值税（销项税额）”等账户，结转销售成本时，借记“主营业务成本”账户，贷记“库存商品”账户；对于特殊的商品（如贵重、易损坏等），发货仍未能确定能否成交，不能确认收入和成本，先从库存商品转为发出商品，借记“发出商品”账户，贷记“库存商品”账户。以上两种情况由物流公司送货时发生物流费用，借记“销售费用”账户，贷记“应付账款或库存现金”账户等。

④买家确认收货，对于一般的商品，买家确认收货和卖家收到货款几乎同时进行，此时货款将从第三方平台转至卖家账户。收到经第三方扣了手续费的货款，借记“银行存款或其他货币资金——支付宝账户”“财务费用”等账户，贷记“应收账款”账户；对于特殊的商品，买方确认收货时，交易成功可以确认收入和成本，确认收入时，借记“应收账款”账户，贷记“主营业务收入”“应交税费——应交增值税（销项税额）”等账户；结转销售成本时，借记“主营业务成本”账户，贷记“发出商品”账户，同时第三方清算货款，收到经第三方扣了手续费的货款，借记“银行存款或其他货币资金——支付宝账户”“财务费用”等账户，贷记“应收账款”账户。

⑤若客户收货时拒收退回，要求重新发货，要将退回的货品从发出商品转回库存商品，借记“库存商品”账户，贷记“发出商品”账户，重新发货按上述步骤③、步骤④进行。

⑥若客户收货时拒收退回并取消交易，担保方退款，因款项未流入企业，企业无须进行会计处理。

⑦若客户付款后即反悔而取消交易，因货款支付给担保方，由担保方退款即可，企业无须进行会计处理。

（2）先付款后发货、无第三方担保交易的核算。交易流程：网店订单→在线付款直接到账→发货→确认收货。

①买家在网络平台选定商品，提交网店订单，卖家初次接收买方提交订单时，无须作会计处理。

②在线付款到账，款项已经流入企业，企业先作预收处理，有结算手续费时作费用处理，借记“银行存款”“财务费用”等账户，贷记“预收账款”账户。

③发货，发货仍未能确定能否成交，不能确认收入和成本，先从库存商品转为发出商品，借记“发出商品”账户，贷记“库存商品”账户；由物流公司送货时发生物流费用，借记“销售费用”账户，贷记“应付账款或库存现金”等账户。

④确认收货，交易成功可以确认收入和成本，将预收账款转为收入，借记“预收账款”账户，贷记“主营业务收入”“应交税费——应交增值税（销项税额）”账户；结转销售成本时，借记“主营业务成本”账户，贷记“发出商品”账户。

⑤若客户收货时拒收退回，要求重新发货，要将退回的货品从发出商品转回库存商品，借记“库存商品”账户，贷记“发出商品”账户，重新发货按上述步骤③、步骤④进行。

⑥若客户收货时拒收退回并取消交易，要将退回的货品从发出商品转回库存商品，借记“库存商品”账户，贷记“发出商品”账户，退款时，借记“预收账款”账户，贷记“银行存款”等账户。

⑦若付款后即反悔而取消交易，取消交易退回货款，借记“预收账款”账户，贷记“银行存款”等账户。

【做中学1-60】某客户从天猫购物网站购A商品2件，价格为每件339元（含税），客户选定商品提交订单后，通过支付宝平台付款，天猫购物网站收到第三方平台要求发货的通知后配发货物，通过顺丰物流公司将货发出，发生物流费用30元。客户收货时，发现其中1件商品有问题，只收取了1件，另1件要求退货。第三方支付宝平台收取手续费0.1%，A商品每件成本为200元，增值税税率为13%。

（1）客户选定商品提交订单，通过支付宝付款，只涉及客户和支付宝平台，与卖家无关，不作会计处理。

（2）天猫网站发货时，仍未能确定能否成交，不能确认收入和成本，故发出商品时，编制会计处理如下：

借：发出商品——A商品	400	
贷：库存商品——A商品		400

（3）天猫购物网站收到第三方平台要求发货的通知后配发货物，通过顺丰物流公司将货发出，支付物流运输费用30元，以库存现金支付，编制会计处理如下：

借：销售费用	[30÷(1+9%)]27.52	
应交税费——应交增值税（进项税额）	2.48	
贷：库存现金		30

（4）商品运达，客户收货，根据客户对货物的接收情况，进行会计处理。客户接收的1件商品，确认销售收入，并结转销售成本；拒收的1件商品，作退货处理，并需进行退款处理，货款结清。

①确认收入时，编制会计分录如下：

借：应收账款　　339

　　贷：主营业务收入　　300

　　　　应交税费——应交增值税（销项税额）　　39

②结转销售成本时，编制会计分录如下：

借：主营业务成本　　200

　　贷：发出商品——A商品　　200

③拒收退货时，编制会计分录如下：

借：库存商品——A商品　　200

　　贷：发出商品——A商品　　200

④同时，第三方支付宝平台，清算货款，扣除手续费退款时，编制会计分录如下：

借：银行存款（其他货币资金——支付宝账户）　　338.66

　　财务费用　　0.34

　　贷：应收账款　　339

2. 先发货后付款模式的核算

先发货后付款模式是指商家根据订单先发货，客户收货后同时付款。业务流程：网店订单→发货→确认收货和收款。

（1）接收买家订单，此步骤不作会计处理。

（2）组织发货，其会计处理同有担保方的先付款后发货模式。

（3）买家确认收货并付款，标志交易成功，确认收入和结转成本。确认收入时，借记“银行存款”或“库存现金”账户，若为物流公司代收，则借记“应收账款”账户，贷记“主营业务收入”“应交税费——应交增值税（销项税额）”账户。结转销售成本时，借记“主营业务成本”账户，贷记“发出商品”账户。

（4）在交易过程中，若客户拒收货物并取消交易，则作退货处理，借记“库存商品”账户，贷记“发出商品”账户。

（二）网购促销的核算

网络促销的方式种类繁多，有折扣销售、买物赠物、优惠券、满额即送、积分抵现、发行红包等促销方式，这些促销方式极大地提高了网络购物平台销量，也增加了会计核算的复杂程度。折扣销售、买物赠物、优惠券、满额即送、积分抵现的核算可参考前零售企业特殊销售的核算内容，本任务中主要介绍商家发送红包的会计核算。

“红包”是支付宝等网络支付平台为卖家提供的一项增值服务，也是网络商家的一种促销方式，它是指由卖家批量发送给用户，用于支付宝等网络支付平台交易的虚拟优惠券。红包所抵用的金额，由发送红包的卖家承担。

1. 商家发行红包的核算

商家发行促销红包以支付宝等网络支付账户为平台，其发行方式有定向发行、红包按钮发行、获取码发行三种。为便于账务管理，将发行红包冻结的金额纳入专户管理，借记“其他货币资金——红包冻结款”账户，贷记“银行存款”账户。

【做中学1-61】某淘宝商家2022年5月1日发行50个50元的促销红包，用于回馈本月在店铺购物的买家。买家使用支付宝单笔消费满500元送50元的红包，买家可以使用红包购买本商家的任何一种商品，赠送的红包也可以合并使用。红包自发行之日起15天内有效，过期作废，编制会计处理如下：

借：其他货币资金——红包冻结款	2 500	
贷：银行存款		2 500

2. 商家赠送红包的核算

商家在销售商品或提供劳务的同时，按其金额授予买家一定数额的促销红包，商家红包销售所收取的款项包含两部分：一部分是该项交易所售出商品的价值；另一部分是促销红包的价值。商家将收到的与该项交易相关的那部分价款确认为收入，而赠送的红包是买家为下一次以优惠的价格购买商品或服务预先支付的款项，即商家收取红包款在先提供商品或服务之后。因此，与红包相关的部分收入应予以递延，待买家实际使用时再确认，借记“银行存款”账户，贷记“主营业务收入”“递延收益”等账户，同时结转售出商品的实际成本。

【做中学1-62】承【做中学1-61】的资料，2022年5月3日该商家销售各类商品共计10 000元，成本5 000元（不包括顾客使用红包购买的商品），送出的红包共计1 000元，不考虑增值税及其他因素，编制会计处理如下：

借：银行存款	10 000	
贷：主营业务收入		9 000
递延收益		1 000
借：主营业务成本	5 000	
贷：库存商品		5 000

3. 买家兑换红包的核算

持有促销红包的买家满足商家规定的兑付条件时，有权利取得授予商家的商品或服务。在买家兑换促销红包时，授予商家应将原记入递延收益，与所兑换红包相关的部分确认为收入，确认收入的金额为此次消耗的红包数额，借记“递延收益”账户，贷记“主营业务收入”等账户；同时，解冻与所兑换红包相关的部分金额，解冻金额为实际付出的红包数额，借记“销售费用”账户，贷记“其他货币资金——红包冻结款”账户。

4. 未兑换红包的核算

失效的红包结转计入当期损益，借记“递延收益”账户，贷记“主营业务收入”账户。同时，根据支付宝等网络支付平台红包的使用规则，发行红包时被冻结的资金如果交易失败（买家在有效期内未使用红包），则对应的红包金额将退还给红包发行者（商家），借记“银行存款”账户，贷记“其他货币资金——红包冻结款”账户。

（三）网络团购的核算

网络团购借助互联网，将具有相同购买意向的零散消费者集合起来，向商家大批量购买，以求得最优惠的价格。网络团购的交易一般涉及三方当事人，包括团购网站、商户和消费者。

网络团购根据团购标的物的不同，分为实物和电子券两种方式。

实物团购，即消费者以团购的方式购买实物，主要涉及有形商品的交易。在这一过程中，团购网站从商品的货款中获取一定比例的佣金收入。

电子券团购，主要涉及餐饮、娱乐等服务行业。在这一过程中，团购网站除了从商品的货款中获取一定比例的佣金收入外，还从消费者团购开始到实际消费的这一段时间内获取了资金沉淀的收益。

1. 实物方式的会计核算

实物团购收入本质上是商品的销售，可以商品销售收入确认条件为参考依据。对商户而言，实物团购方式与传统商品销售方式基本相同，都会经历合约—交货—收款—售后的过程。

【做中学1－63】某团购网站有一款团购旅行拉杆箱，原价每件400元，团购价每件200元。A公司提供拉杆箱1 000个，成本每件100元，A公司要求团购数量最少为100件，截至活动结束，已有700人参加了团购，有300人参与了评价返利活动，团购网站给予评价者每人5元的抵用券供下一次团购使用。团购网站收到消费者交付款项共计140 000元，商家与团购网站约定的佣金率为2%。

（1）团购网站的会计处理如下：

①收到消费者在线支付的购销款：

借：银行存款	140 000	
贷：应付账款——A公司		140 000

②消费者收到团购的拉杆箱，支付给A公司款项，同时向其收取2%的佣金，将佣金确认为收入：

借：应付账款——A公司	140 000	
贷：银行存款		137 200
主营业务收入		2 800

③团购活动结束，给予消费者返利：

借：销售费用	1 500	
贷：递延收益		1 500

（2）A公司的会计处理如下：

①A公司发出拉杆箱时，可视作委托代销，编制会计分录如下：

借：委托代销商品	100 000	
贷：库存商品		100 000

②消费者收到拉杆箱后，团购网站将款项支付给A公司，并确认销售收入：

借：银行存款	137 200	
销售费用	2 800	
贷：主营业务收入		140 000

③结转已销售拉杆箱的成本：

借：主营业务成本	70 000	
贷：委托代销商品		70 000

2. 电子券方式的会计核算

电子券团购可以提供劳务收入确认为参考依据。对于电子券团购方式，其经历的过程为合约—订单—提供服务—收款。

【做中学1－64】某团购网站推出一种自助餐团购，市场价格为每人150元，团购价为每人100元。C餐饮商限量供应300份。D公司开展活动，为其员工团购该自助餐300份。该团购网站收取2%的手续费。（假设不考虑相关税费）

（1）某团购网站的会计处理如下：

①D公司在线支付款项后：

借：银行存款	30 000	
贷：应付账款		30 000

②待D公司员工到C餐饮商消费后，将款项支付给C餐饮商，并收取手续费确认收入：

借：应付账款	30 000	
贷：银行存款		29 400
主营业务收入		600

（2）C餐饮商的会计处理如下：

①待D公司员工消费后，确认收入：

借：应收账款	30 000	
贷：主营业务收入		30 000

②收到某团购网站的扣除手续费后的款项：

借：银行存款	29 400	
销售费用	600	
贷：应收账款		30 000

单元小结

商品流通企业是国民经济的一个重要组成部分，是连接生产与消费之间的纽带。商品流通企业的会计核算以商品流通为核心，根据商品流通企业的经营特点和要求，其经营形式分为批发经营、零售经营和批零兼营等三种。无论是批发还是零售，其商品流转活动通常分为商品购进、销售和储存三个环节。其中商品购进是商品流转的起点，商品销售是商品流转的终点，商品储存是商品购进和商品销售的中间环节，也是商品流转的重要环节。

本单元主要围绕批发、零售企业的商品购进、销售、储存环节，分别介绍了数量进价金额核算法、数量售价金额核算法、售价金额核算法和进价金额核算法四种方法。其中，批发企业重点介绍了在采用数量进价金额核算法下商品购、销、存环节的具体核算；零售企业重点介绍了在采用售价金额核算法下商品购、销、存环节的具体核算。

网络营销作为一种新型现代营销模式，其业务形式多样。本单元主要介绍了网络营销的B2B、B2C和C2C三种业务交易流程及网络营销商品一般业务先付款后发货、先发货后付款和网购促销、网络团购的会计核算内容。

【业务训练】

答案

训练一

【资料】新星家用电器商场2022年第二季度进货、销货情况如下：

家用电器类商品有加湿器和吸尘器两种，2022年第一季度实际毛利率为12.5%。家用电器类商品第二季度初结存金额为125 680元。6月采用先进先出法计算出加湿器商品的期末库存金额为58 550元，吸尘器商品的期末库存金额为45 000元。第二季度家用电器类商品成本计算资料如下：

4月购进商品85 800元，实现销售收入100 800元；

5月购进商品76 580元，实现销售收入86 800元；

6月购进商品63 550元，实现销售收入62 360元。

要求：采用毛利率推算法计算4月、5月家用电器类商品销售成本，6月根据加湿器和吸尘器的期末库存，采用先进先出法计算家用电器类商品的销售成本。

训练二

【资料】百盛有限责任公司系一般纳税企业，根据受托代销合同，2022年5月20日接受华强针织厂（一般纳税企业）的委托，代销男士保暖内衣1 000套，每套单位成本120元，计12万元，代销价每套280元，计28万元，双方的增值税率均为13%。6月6日，百盛有限责任公司销售保暖内衣600套，每套售价350元，计价款21万元，增值税税款27 300元，价税款已收到存入银行，开出代销清单并交给华强针织厂。6月8日，收到华强开出的增值税专用发票，将代销商品款以电汇方式汇出。2022年5月25日又接受锦华毛纺厂（一般纳税企业）委托，代销女士羊毛衫500件，每件单位成本300元，按规定的25万元价格出售，手续费按不含税售价的10%收取。6月10日，该批羊毛衫全部售出，款项已收到存入银行，开出代销清单并交给锦华毛纺厂。6月11日，收到锦华毛纺厂开出的增值税专用发票，扣除代销手续费后将代销商品款汇出。锦华毛纺厂增值税税率为13%。

要求：编制百盛有限责任公司受托代销商品销售的有关会计分录。

训练三

【资料】汇源零售商店系小规模纳税企业，2022年5月31日对库存商品进行盘点，百货柜实存商品售价金额为25 800元，账存金额为25 500元，溢余300元；文具柜商品售价金额为32 500元，账存金额为32 600元，短缺100元。百货柜商品进销差价率为12%，文具柜商品进销差价率为16%。经查溢余部分系因计量不准造成，短缺部分系营业员责任造成，责其赔款。

2022年5月31日各类商品可变现净值如下（单位：元）：

百货类商品　　19 580

文具类商品　　26 210

各类商品存货跌价准备2022年5月初余额如下：

百货类商品　　1 420

文具类商品　　1 660

要求：编制商品清查及计提存货跌价准备的会计分录。

训练四

【资料】龙华贸易公司为增值税一般纳税人，增值税税率为13%，商品采用数量进价金额核算法。2022 年 5 月发生如下经济业务：

（1）2 日，从新茂公司购入 10 台打复印一体机，每台 1 100 元，货款为 11 000 元，增值税 1 430 元，开出转账支票支付。

（2）3 日，仓储部门转来收货单，上述商品已验收入库。

（3）5 日，根据购货合同，向青岛市服装公司预付货款 10 万元。

（4）8 日，收到新茂公司的更正专用发票，打复印一体机每台单价应为 1 010 元，应退货款 900 元，增值税 117 元。

（5）10 日，从三友公司购入豆浆机 500 台，收到银行转来的委托收款凭证和增值税专用发票等。其中，货物增值税专用发票列明：每台 160 元，货款为 80 000 元，增值税 10 400 元；运输增值税专用发票列明：运费为 500 元，增值税 45 元。价税款及运费均未支付，商品已收到验收入库。

（6）11 日，通知银行支付购买豆浆机的价税款及运费。

（7）12 日，以支付手续费的方式与佳特电器超市签订委托代销榨汁机的合同，手续费以不含税售价的 10% 收取，发出榨汁机 1 000 台，购进价格为每台 280 元，委托售价为 380 元。

（8）15 日，向利民商场销售电压力锅 100 个，每个 150 元，计货款 15 000 元，增值税 1 950 元，收到转账支票并存入银行。电压力锅每个成本为 80 元。

（9）18 日，收到美嘉公司金额为 11 300 元的转账支票一张，支付前欠货款。

（10）20 日，预收盛悦商厦货款 3 000 元。

（11）22 日，销售豆浆机 50 台，每台 260 元，货款为 13 000 元，增值税 1 690 元，已向银行办理委托收款手续。豆浆机每台购进成本为 160 元。

（12）23 日，利民商场发现购入的电压力锅有 10 个有质量问题，要求退货。商品已经退回并入库，应退货款 1 500 元，增值税 195 元。

（13）25 日，向通宝公司购入 100 台电熨斗，每台 260 元，货款为 26 000 元，增值税 3 380 元，价税款已支付。在验收时发现 10 台电熨斗不合格，其余的 90 台验收入库。

（14）28 日，收到佳特电器超市开来的商品代销清单，销售榨汁机 500 台。

（15）30 日，收到佳特电器超市代销商品款及增值税 194 560 元（已扣除 19 000 元代销手续费及增值税 1 140 元），并已向受托方开出增值税专用发票，货款 190 000 元，增值税 24 700 元。

要求：编制相关会计分录。

训练五

【资料】东方商厦为增值税一般纳税人，增值税税率为13%，库存商品核算采用售价金额核算法。2022 年 5 月发生如下经济业务：

（1）2 日，百货组从嘉仁公司购进计算器 1 000 个，每个购进价格 30 元，零售单价 50

元，已由百货柜验收入库。

（2）8 日，收到嘉仁公司的更正专用发票，计算器每个进价应为 28 元，应退货款 2 000 元，增值税 260 元。

（3）15 日，东方商厦采用视同买断商品所有权方式销售代销商品。根据受托代销商品合同，化妆品柜组收到润洁日化厂 1 000 瓶护肤液的代销业务，该护肤液的协议单价为 120 元，零售单价为 200 元。

（4）18 日，服装柜组根据供货情况及季节需要，决定调高一款杰奥羽绒服的售价，原售价为 288 元，新售价为 488 元，经盘点调价羽绒服数量为 120 件。

（5）23 日，服装柜组将 50 件衬衫削价处理，该批衬衫原零售单价为 200 元，现售价调为 140 元，进价为 145 元，估计销售费用为每件 5 元，增值税税率为 13%。

（6）25 日，销售上述削价衬衫 40 件，收入现金 5 600 元。

（7）31 日，东方商厦汇总商品销售收入如表 1－13 所示。

表 1－13　　商品销售收入缴款单汇总表

2022 年 5 月 31 日　　单位：元

部门	项　目				
	销售收入	现金收入	信用卡签购单	支票	应收账款
化妆品组	130 000	90 000	40 000		
百货组	88 000	78 500	9 500		
服装组	110 500	110 500			
合　计	328 500	279 000	49 500		

注：信用卡手续费率为 1%。

（8）31 日，调整销售收入和销项税额。

要求：编制相关会计分录。

单元二

施工企业会计

学习目标

- 了解施工企业经营特点和会计核算特点
- 掌握周转材料和临时设施的核算方法和技能
- 掌握成本项目的构成和成本核算程序
- 掌握要素费用的归集与分配方法和技能
- 掌握工程成本的计算方法和技能
- 掌握工程价款结算和收入的核算方法和技能
- 培养艰苦奋斗和坚韧不拔的顽强毅力
- 传承精益求精和一丝不苟的工匠精神

德技并修园地

横跨世界屋脊的铁路

2005 年 10 月 6 日，英国《卫报》长篇报道《横跨世界屋脊的铁路》中，有这样一串质疑："西藏根本没法修铁路。那里有 5 000 米高的山脉要攀越，12 千米宽的河谷要架桥，还有绵延上千千米、根本不可能支撑铁轨和火车的冰雪和软泥。怎么可能有人在零下 30 摄氏度的低温中开凿隧道，或者在这个稍一用力就需要氧气瓶的地方架桥铺轨呢?"

声声汽笛是最好的回应。2006 年 7 月 1 日，青藏铁路西宁至拉萨全线通车，铁路穿越海拔 4 000 米以上地段达 960 千米，最高点为海拔 5 072 米；海拔 5 068 米的唐古拉山车站，是世界海拔最高的铁路车站；海拔 4 905 米的风火山隧道，是世界海拔最高的冻土隧道……

这一串串"世界之最"的背后，是青藏铁路建设者和运营者在党中央的坚强领导下，始终坚持自主创新、勇创一流。

高寒，青藏铁路建设的"拦路虎"。在青藏铁路全线最高点——海拔 5 072 米的唐古拉越岭工地，中铁十七局青藏铁路唐古拉工地副总工程师兼工程部部长邵尧霞，是唯一的女性，也是共产党员。她曾在洪水中指挥突击队员抢修施工便桥，差点被洪峰卷走；她也解决了高寒环境下高原预制梁裂纹技术难题，取得 6 项技术革新成果，被同事称为"雪域高原的智多星"。

冻土，土木工程界的世界性难题。为了攻克 550 千米长的冻土层，中铁西北科学研究院耗时 45 年，测取了 1 200 多万个涵盖高原冻土地区各种气象条件和地温变化的数据，凝结成 29 项重大科技成果，奠定了中国冻土观测的世界领先地位。建设者又通过以桥代路、热棒降温等方式使冻土层"恒温"，确保了冻土区段最大沉降量控制在 50 毫米以内，96% 的路基年沉降量在 20 毫米以内。

缺氧，高原铁路建设维护的极限挑战。为了守护自然条件最差、灾害最多的 125 千米冻土线路，中国铁路青藏集团有限公司格尔木工务段望昆线路养护工人们，要在平均海拔 4 800 米的"无人区"里每日徒步测量近 10 千米、弯腰起身 500 余次。高寒缺氧常常让大家体力透支，可养护车间党支部书记于本蕃一句"咱党员就该多干点"，又让大家热血沸腾。

生态，贯穿青藏铁路全生命周期的关键词。青藏铁路建设和运营中，国内第一次实施铁路全线环保监理制度，第一次设置专门的野生动物迁徙通道，并开创了高寒草甸人造湿地的世界先河。目前，青藏铁路沿线绿化长度已达805千米，绿化面积775万平方米，相当于修建了1 085个标准足球绿茵场，是名副其实的“绿色天路”。

资料来源：陆娅楠，袁泉．光明网2021－11－30（原文：发扬青藏铁路精神 助推雪域高原快速发展）.

【启示】在党的领导下，十多万筑路大军在平均海拔超过4 000米的“生命禁区”，筑起了中国铁路建设的丰碑，铸就了“挑战极限、勇创一流”的青藏铁路精神。这一精神，是广大青藏铁路建设者崇高爱国情怀和自甘奉献品格的生动表现，是敢于挑战艰险的大无畏英雄气概的真实写照，是善于攻关克难的崇高科学精神的传承与发扬，具有鲜明的时代价值。青年一代要继续用青藏铁路精神托举梦想，发扬直面艰险、挑战极限的英雄气概，锤炼艰苦奋斗、坚韧不拔的顽强毅力，培育遵循规律、善于攻关克难的科学态度，修养尊重生命、珍爱自然的人文情操，鞭策攀登不止、勇创一流的卓越追求，使精神变成力量的源泉，化为行动的支撑，为实现第二个百年奋斗目标努力奋斗。

【单元导读】

一、施工企业经营特点

施工企业又称建筑安装企业，是从事各种建筑物、土木工程、设备安装和机械化施工等建筑安装工程生产的企业。它是自主经营、自负盈亏、独立核算、具有法人资格的经济实体，主要包括建筑公司、安装公司、装饰公司和工程公司等。其经营特点主要表现在以下四个方面。

（一）施工生产的流动性

施工生产的流动性是由建筑产品的固定性决定的，主要表现在：不同工种的工人都要在同一建筑物的不同部位进行流动施工；生产工人要在同一工地不同单位工程之间进行流动施工；施工队伍要在不同工地、不同地区承包工程，进行区域性流动施工，等等。

（二）施工生产的单件性

施工生产的单件性是由建筑产品的多样性决定的，主要表现在：每一项建筑产品都有其特定的用途和建设要求；施工条件千变万化，即使是同一张图纸，因地质、气象、水文等条件不同，其生产也会有很大的差别，很难实现标准化。

（三）施工生产的长期性

施工生产的长期性是由建筑产品的周期长所决定的，主要表现在：建筑产品规模都比较大，极少有当年施工当年交工的；施工作业要求有一定的保养期，如混凝土的操作必须保证一定时间的保养期，否则，将严重影响建筑产品的质量，等等。

（四）施工生产受自然气候影响

建筑产品由于位置固定，体积庞大，其生产一般是在露天进行，并且高空、地下、水下作业较多，直接承受着自然气候条件变化的制约，给施工生产、机械设备带来了不利的影响。

二、施工企业会计核算的特点

（一）采取分级管理、分级核算

施工生产的流动性，决定了企业的施工及管理人员、施工机具、材料物资等生产要素，以及施工管理、后勤服务等组织机构，都要随工程地点的转移而流动。因此，施工企业在组织会计核算时，要适应施工分散、流动性大等特点，采取分级管理、分级核算，使会计核算与施工生产有机地结合起来，充分调动各级施工单位搞好生产的积极性。同时要更加重视施工现场的施工机具、材料物资等的管理和核算，及时反映它们的保管和使用情况。以避免集中核算造成会计核算与施工生产脱节现象。

此外，施工生产流动性的特点，还决定了企业施工队伍每转移到一个新的施工现场，都要根据施工的需要搭建各种临时设施。因此，施工企业还须做好有关临时设施的搭建、施工过程中的价值摊销、维修、报废、拆除等方面的会计核算工作。

（二）单独计算每项工程成本

由于建筑产品的多样性和施工生产的单件性等特点，决定施工企业不能像制造企业那样根据一定时期内发生的全部施工生产费用和完成的工程数量来计算各项工程的单位成本，而必须按照承包的每项工程分别归集施工生产费用，单独计算每项工程成本。即建筑产品的多样性和施工生产的单件性，决定了施工企业的工程成本核算对象经常发生变化，施工生产费用的归集和分配必须紧紧围绕着确定的工程成本核算对象来进行，严格遵循收入与费用配比的会计原则。同时，由于不同建筑产品之间的差异大、可比性差，不同建筑产品之间的实际成本不便进行比较，因此，施工企业工程成本的分析、控制和考核不是以可比产品成本为依据，而是以预算成本为依据。此外，施工企业除了主要计算建筑安装工程成本之外，还需要计算其附属工业产品成本、机械施工及运输单位的机械作业成本以及企业内部非独立核算的辅助生产部门所生产的产品成本和提供劳务的成本等。

（三）定期进行工程价款结算

施工企业的建筑产品造价高、周期长等特点，决定了施工企业在施工过程中需垫支大量的资金。因此，对工程价款结算，不能等到工程全部竣工后才进行，这样势必会影响施工企业的资金周转，从而影响施工生产的正常进行。所以除工期较短、造价较低的工程采用竣工后一次结算价款外，大多采用按月结算、分段结算等方法。为了进一步解决施工企业垫支资金较多的问题，须向发包单位或建设单位预收工程款和备料款，待办理工程价款结算时，再予以扣还。

（四）成本开支受自然力影响

施工企业由于建筑产品体积庞大，决定了施工企业一般只能露天施工，有些施工机械和材料也只能露天堆放，受自然力侵蚀的影响很大。因此，成本核算应考虑风、霜、雨、雪等气候因素造成的停工损失和预防损失而增加的成本费用；施工机械除使用磨损外，受自然力侵蚀而造成的有形损耗也较为严重，其折旧率相对较高；在进行材料核算时，也要考虑因自然损耗造成的损失。

三、施工企业会计核算的主要内容和项目工作任务

（一）施工企业会计核算的主要内容

从会计业务方面比较施工企业与制造业的不同，总结施工企业会计核算内容如表 2 – 1 所示。

表 2 – 1　施工企业会计与制造企业会计的不同业务比较

项目	内容	施工企业会计	制造企业会计
资产	产品	已完工程、未完工程	产成品、在产品
	临时设施	临时设施	无
负债	价款结算	定期进行工程价款结算，设置“合同结算”账户，核算已结算工程价款	不单独进行价款结算的核算
	增值税	收到合同价款预交增值税	收到合同价款不预交增值税
收入	内容	提供劳务收入	销售产品收入
费用	成本组成及核算	工程成本包括人工费、材料费、机械使用费、其他直接费用和间接费用；工程成本在“合同履约成本”账户归集	生产成本包括直接材料、直接人工和制造费用；生产成本在“生产成本”账户归集
	期间费用	不设置“销售费用”账户	独立销售机构发生的费用在“销售费用”账户归集

（二）施工企业单元项目工作任务

施工企业单元项目和工作任务如图 2 – 1 所示。

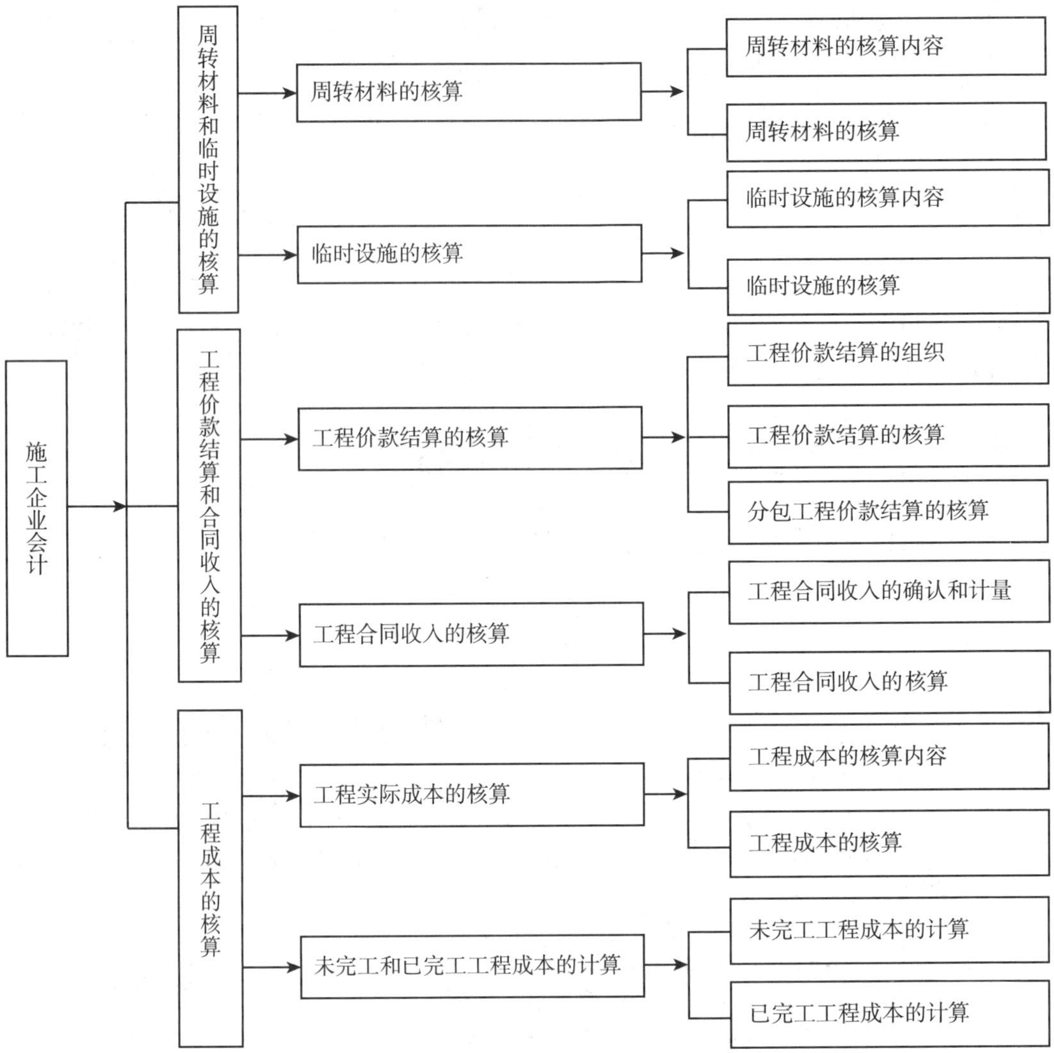

图 2－1　施工企业单元项目和工作任务

项目一　周转材料和临时设施的核算

任务一　周转材料的核算

课件

【任务描述】

按照周转材料的会计核算方法和业务处理流程完成周转材料的取得、摊销、报废等业务的会计核算工作任务。

【任务实施】

一、周转材料的核算内容

周转材料是指企业在施工过程中能够多次使用，并可基本保持原来的形态而逐渐转移其价值的材料，主要包括模板、挡板、脚手架以及管理用的管理用具、劳保用品等。周转材料在施工过程中可以多次使用，并不改变其原有的实物形态，其价值逐渐转移到工程成本中去。因此，企业应根据周转材料的具体使用情况，采取合适的摊销方法进行价值摊销。

周转材料的摊销方法有一次摊销法、五五摊销法和分次摊销法。其中分次摊销法是施工企业周转材料特有的摊销方法。

分次摊销法是根据周转材料的预计使用次数，将其价值分次计入工程成本、费用。这种方法一般适用于经常使用或使用次数较多且能分清使用次数的周转材料，如脚手架、跳板、塔吊轨及枕木等。其计算公式如下：

$$周转材料每次摊销额=\frac{周转材料实际成本\times(1-预计残值率)}{预计使用次数}$$

$$本月摊销额=每次摊销额\times本月实际使用次数$$

在每年年终或工程项目竣工时，需要对周转材料进行清查，当出现周转材料报废、短缺和成色降低时，需要对周转材料的摊销额进行调整。对于没有达到应摊销金额的要补提摊销额，对于多提摊销额的要冲回。

补提（冲回）的摊销额计算公式如下：

$$应补提摊销额=应提摊销额-已提摊销额$$

$$报废周转材料应提摊销额=该周转材料的实际成本-残值$$

$$短缺周转材料应提摊销额=该周转材料的实际成本$$

$$降低成色周转材料应提摊销额=该周转材料的实际成本\times(1-确定的成色百分比)$$

$$周转材料已提摊销额=该周转材料的实际成本\times\frac{该类周转材料已提摊销额}{该类周转材料实际成本总额}$$

二、周转材料的核算

设置“周转材料”账户，核算施工企业周转材料的取得、领用和摊销情况。采用五五摊销法和分次摊销法摊销周转材料时，分别设置“在库”“在用”“摊销”明细账核算。

周转材料取得的核算同制造企业原材料取得的核算一样。

周转材料领用和摊销时，根据领用部门及用途分别计入有关的成本、费用账户。借记“合同履约成本”“辅助生产”“机械施工”“管理费用”等账户，贷记“周转材料”账户。采用计划成本计价核算存货时，还需要分摊材料成本差异。

【做中学 2－1】2022 年 4 月 3 日，华强建筑工程公司的第一工程队领用购入的脚手架一批，取得增值税专用发票已认证，价款 9 800 元，增值税税额 1 274 元，款项已转账支付。该批脚手架预计使用 15 次，预计残值率为 10%，本月使用 2 次。

（1）2022 年 4 月 3 日购入脚手架时，根据审核无误的材料入库单、增值税专用发票记账联、转账支票等原始凭证，编制会计分录如下：

借：周转材料——在库　　9 800

　　应交税费——应交增值税（进项税额）　　1 274

　　贷：银行存款　　11 074

（2）2022 年 4 月，领用周转材料时，根据审核无误的材料出库单等原始凭证，编制会计分录，并在备查簿登记。

借：周转材料——在用　　9 800

　　贷：周转材料——在库　　9 800

（3）2022 年 4 月末摊销时，根据审核无误的周转材料摊销表，编制会计分录如下：

$$周转材料每次摊销额=\frac{9\ 800\times(1-10\%)}{15}=588（元）$$

本月摊销额 $=588\times2=1\ 176$（元）

借：合同履约成本　　1 176

　　贷：周转材料——摊销　　1 176

（4）2022 年 11 月，脚手架使用次数已满，应予报废。假定报废时以现金收回残值 400 元，该类脚手架已提摊销额 25 200 元，实际成本 42 000 元。

报废脚手架应提摊销额 $=9\ 800-400=9\ 400$（元）

报废脚手架已提摊销额 $=9\ 800\times(25\ 200\div42\ 000)=5\ 880$（元）

应补提摊销额 $=9\ 400-5\ 880=3\ 520$（元）

根据审核无误的周转材料摊销表，编制会计分录如下：

借：合同履约成本　　3 520

　　贷：周转材料——摊销　　3 520

根据审核无误的收款收据，编制会计分录如下，并注销备查簿中的周转材料脚手架。

借：库存现金　　400

　　周转材料——摊销　　9 400

　　贷：周转材料——在用　　9 800

【做中学 2-2】 华强建筑工程公司的第一工程队领用定型模板一批，其计划成本 8 000 元，预计残值率为 8%，预计使用 12 次，本月领用 2 次，假定该类材料的成本差异率为 -2%。

（1）领用周转材料时，根据审核无误的材料出库单等原始凭证，编制会计分录，并在备查簿登记。

借：周转材料——在用　　8 000

　　贷：周转材料——在库　　8 000

（2）月末分摊材料成本差异，编制会计分录如下：

借：材料成本差异　　160

　　贷：周转材料——在用　　160

（3）根据审核无误的周转材料摊销表，编制会计分录如下：

$$周转材料每次摊销额=\frac{8\,000\times(1-2\%)\times(1-8\%)}{12}=601.07（元）$$

本月摊销额 $=601.07\times2=1\,202.14$（元）

借：合同履约成本　　1 202.14

　　贷：周转材料——摊销　　1 202.14

任务二　临时设施的核算

课件

【任务描述】

按照临时设施的会计核算方法和业务处理流程完成临时设施的建造、摊销、清理等业务的会计核算工作任务。

【任务实施】

一、临时设施的核算内容

临时设施是指施工企业为了保证施工生产和管理工作的正常进行而在施工现场建造的生产和生活用的各种临时性的简易设施。其主要特征是使用期限较长，性质与固定资产相似，施工生产过程中发挥着劳动资料的作用，在使用过程中基本保持其原有的实物形态。因此，其价值也应逐渐地转移到受益的工程成本中去。其核算视同固定资产的核算。应将临时设施的价值参照固定资产计提折旧的方式采用一定的摊销方法分别计入受益的工程成本。

二、临时设施的核算

在“固定资产”账户下设置“临时设施”明细账，在“累计折旧”账户下设置“临时设施摊销”明细账，在“固定资产清理”账户下设置“临时设施清理”明细账，核算临时设施的成本、摊销及清理情况。也可以设置“临时设施”“临时设施摊销”“临时设施清理”账户，分别核算临时设施的成本、摊销及清理情况。

（一）购建临时设施的核算

施工企业用银行存款购入的临时设施，应按购入的实际支出，借记“固定资产——临时设施”账户，贷记“银行存款”账户。对于需要通过建筑安装才能完成的临时设施，需要通过“在建工程”账户核算。在搭建过程中发生的各项费用，借记“在建工程”账户，贷记“原材料”“应付职工薪酬”等账户；待到搭建完工，达到预定可使用状态时，按建造期间发生的实际成本，再从“在建工程”账户转入“固定资产——临时设施”账户，即借记“固定资产——临时设施”账户，贷记“在建工程”账户。

（二）临时设施摊销的核算

施工企业的各种临时设施，应根据其服务方式，合理确定摊销方法，在恰当的期限内将其价值摊入工程成本。当月增加的临时设施，当月不摊销，从下月起开始摊销；当月减少的临时设施，当月继续摊销，从下月起停止摊销。摊销时，应将按月计算的摊销额，借记“合同履约成本”等账户，贷记“累计折旧——临时设施摊销”账户。

提示

由于临时设施一般在工程完工后需要拆除，所以其摊销期限按照预计使用期限与工程的施工期限孰短原则确定。

（三）临时设施清理的核算

企业出售、拆除、报废的临时设施应转入清理。转入清理的临时设施，按临时设施账面净值，借记“固定资产清理——临时设施清理”账户，按已摊销金额，借记“累计折旧——临时设施摊销”账户，按其账面原值，贷记“固定资产——临时设施”账户。出售、拆除过程中发生的变价收入和残料价值，借记“银行存款”“原材料”等账户，贷记“固定资产清理——临时设施清理”账户，发生的清理费用，借记“固定资产清理——临时设施清理”账户，贷记“银行存款”等账户。清理结束后，若发生净损失，借记“营业外支出”“资产处置损益”账户，贷记“固定资产清理——临时设施清理”账户，若发生净收益，则借记“固定资产清理——临时设施清理”账户，贷记“营业外收入”“资产处置损益”账户。

【做中学2－3】华强建筑工程公司的第一工程队在施工现场搭建一栋临时工人宿舍，发生的实际搭建成本为：领用材料的计划成本为15 000元，应负担的材料成本差异率为2%，应付搭建人员的工资为30 000元，以银行存款支付其他费用24 000元，搭建完工后随即交付使用。

（1）根据各要素费用分配表，编制会计分录如下：

借：在建工程——临时宿舍	45 300	
贷：原材料		15 000
材料成本差异		300
应付职工薪酬		30 000
借：在建工程——临时宿舍	24 000	
贷：银行存款		24 000

（2）根据临时设施成本计算单和临时设施验收单，编制会计分录如下：

借：固定资产——临时设施（临时宿舍）	69 300	
贷：在建工程——临时宿舍		69 300

【做中学2－4】承【做中学2－3】如临时宿舍的预计残值率为4%，预计工期为30个月。

临时宿舍每月摊销额＝69 300×（1－4%）÷30＝2 217.6（元）

根据临时设施摊销计算表，编制会计分录如下：

借：合同履约成本　　2 217.6

　　贷：累计折旧——临时设施摊销　　2 217.6

【做中学 2－5】 华强建筑工程公司的第一工程队由于承包工程已竣工，不再需用临时宿舍，将其拆除，其账面原值为 72 000 元，累计已摊销额为 62 208 元，收回残料 1 800 元，已验收入库，清理工作结束。

根据临时设施清理单（格式同固定资产清理单），编制会计分录，注销该工程临时设施登记表中的临时宿舍。

（1）将拆除的临时设施转入清理：

借：固定资产清理——临时设施清理　　9 792

　　累计折旧——临时设施摊销　　62 208

　　贷：固定资产——临时设施　　72 000

（2）根据残料入库单：

借：原材料　　1 800

　　贷：固定资产清理——临时设施清理　　1 800

（3）结转清理后净损失：

借：营业外支出——处置临时设施净损失　　7 992

　　贷：固定资产清理——临时设施清理　　7 992

项目二　工程价款结算和合同收入的核算

任务一　工程价款结算的核算

课件

【任务描述】

按照合同约定的结算方式结算工程价款，按照企业会计准则规范完成工程结算价款会计核算工作任务；分包工程作为自行完成的工作量和分包工程不作为自行的工作量情况，完成分包工程价款结算的会计核算工作任务。

【任务实施】

一、工程价款结算的组织

施工企业在工程承包合同中规定的工程价款的结算，应根据国家有关工程价款结算办法，结合当地的有关规定具体确定。实际工作中采用的工程价款结算方式主要有按月结算、分段结算和竣工一次结算。

（一）按月结算

按月结算，即按照每月实际完成的分部分项工程进行结算。因为建筑安装工程等虽具有个体性的特点，但不同的工程，都是由一定的分部分项工程构成的。每一个分部分项工程，都有一定的施工内容、质量标准和统一的计量单位，并在短期内可以完成。

国家为了管理工程造价而制定的工程预算定额和地区预算造价规范，都是以分部分项工程为基础的。因此，根据验收合格的各月份的已完分部分项工程的数量和预算单价等计算的工程造价，就是各月份应结算和支付的工程款。

（二）分段结算

分段结算，即将一个单位工程按形象进度划分为几个阶段（部位），如基础、结构、装饰、竣工等；按照完成阶段，分段验收结算工程价款。分段结算也可按月预付工程款，即在月中按照当月施工计划工作量预付，于工程阶段完成验收后按分段工程预算造价或调整计算后的工程标价扣除预付款后进行结算。

（三）竣工一次结算

竣工一次结算，开发项目或单项工程施工工期在 12 个月以内，或者工程承包合同价值较小的可以实行工程价款每月月中预支、竣工后一次结算，即在工程开工后，每月按当月施工计划所列工作量预付工程款，于工程竣工验收后按工程承包合同价值扣除预付工程款后进行结算。

二、工程价款结算的核算

设置“合同结算”账户，核算同一合同下属于在某一时段内履行履约义务涉及与客户（发包单位）结算对价的合同资产或合同负债。本账户可设置“合同结算——价款结算”账户，反映定期与客户进行结算的金额；设置“合同结算——收入结转”账户，反映按履约进度结转的收入金额。期末贷方余额反映与客户结算对价的合同负债，期末借方余额反映与客户结算对价的合同资产。

企业按履约进度结转收入时，借记“合同结算——收入结转”账户，贷记“主营业务收入”账户；企业与客户办理工程价款结算，按应结算的金额，借记“应收账款”等账户，贷记“合同结算——价款结算”“应交税费——应交增值税（销项税额）”账户。收到结算价款，借记“银行存款”账户，贷记“应收账款”账户；同时预交增值税，借记“应交税费——预交增值税”账户，贷记“银行存款”账户；月末，借记“应交税费——未交增值税”账户，贷记“应交税费——预交增值税”账户。

【做中学 2－6】华强建筑工程公司的第一工程队同时承担汉江市钢铁厂的炼铁车间厂房和职工宿舍两项施工任务。2022 年 5 月末根据工程价款结算单（如表 2－2 所示，表中金额不含增值税），结算工程价款，增值税税率为 9%。

表 2-2　　工程价款结算单

2022 年 5 月 31 日　　单位：万元

工程名称	合同造价	本期应收工程款	应扣款项			本期实收工程款	累计已收工程款	备注
			合计	预收工程款	预收备料款			
车间厂房	1 000	240	100	60	40	120	620	
职工宿舍	1 200	300	115	70	45	160	740	
合计	2 200	540	215	130	85	280	1 360	

（1）施工企业按照合同约定的结算时间，根据专业技术人员提供的已完工工程数量、预算造价、实际成本，编制“工程价款结算单”，送发包单位，据以办理结算。

（2）根据“工程价款结算单”，本期应向发包单位结算工程价款 540 万元，增值税 48.6 万元。编制会计分录如下：

借：应收账款　　5 886 000
　贷：合同结算——价款结算（炼铁车间）　　2 400 000
　　　　　　——价款结算（职工宿舍）　　3 000 000
　　应交税费——应交增值税（销项税额）　　486 000

（3）根据合同、转账凭证和“工程价款结算单”，从应收工程价款中扣还预收的工程款 130 万元和预收的备料款 85 万元。编制会计分录如下：

借：合同负债——预收工程款　　1 300 000
　　　　　——预收备料款　　850 000
　贷：应收账款　　2 150 000

（4）根据银行进账单和“工程价款结算单”，核算发包单位实付工程价款 280 万元，增值税 25.2 万元。编制会计分录如下：

借：银行存款　　3 052 000
　贷：应收账款　　3 052 000

（5）按照税收管理规定，预交增值税，月末结算：

借：应交税费——预交增值税　　252 000
　贷：银行存款　　252 000

月末转入“未交增值税”明细账户：

借：应交税费——未交增值税　　252 000
　贷：应交税费——预交增值税　　252 000

三、分包工程价款结算的核算

分包工程价款结算的核算

工程项目的分包是指总承包人或者勘察、设计、施工承包人承包建设工程后，经过发包人同意，将其承包的某一非主要及专业较强的部分工程再另行发包给具备相应资质的其他承包人，并与其签订分包工程合同的业务。

根据国家对建设工程管理的要求，一个工程项目如果由两个或两个以上的施工企业承担施工时，建设单位（发包单位）和施工企业（承包单位）要实行承包责任制和总分包协作制。在这种情况下，要求一个施工企业作为总包单位向建设单位总承包，对建设单位负责，再由总包单位将专业工程分包给专业性施工企业施工，分包单位对总包单位负责。

总包单位向分包单位结算分包工程款的核算有两种方法：分包工程作为自行完成的工作量核算和分包工程不作为自行完成的工作量核算。

（一）分包工程作为自行完成的工作量核算

作为自行完成工作量的分包工程，总承包企业把分包工程施工当作自己的工程进行组织管理，对分包工程中发生的费用进行归集和分配，计算实际工程成本。将分包工程款记入“合同履约成本”账户。

【做中学2-7】华强建筑工程公司承包了汉江钢铁公司的职工宿舍建设，将其中的煤气管道建设与安装工程分包给煤气公司的专业建设公司。分包工程总价268万元（不含增值税），作为自行完成工作量的分包工程。

（1）根据分包合同规定，预付工程款30%予以备料。根据合同和转账支付凭证编制会计分录如下：

借：预付账款——预付分包单位款	804 000	
贷：银行存款		804 000

（2）分包工程验收后，根据审核无误的分包单位提交的“工程价款结算单”结算应付工程款268万元，收到分包单位开具增值税专用发票，增值税税额为24.12万元，编制会计分录如下：

借：合同履约成本——工程施工	2 680 000	
应交税费——应交增值税（进项税额）	241 200	
贷：应付账款——应付分包单位款		2 921 200

（3）结转预付备料款并支付余款，编制会计分录如下：

借：应付账款——预付分包单位款	2 921 200	
贷：预付账款——预付分包单位款		804 000
银行存款		2 117 200

（二）分包工程不作为自行完成工作量的核算

不作为自行完成工作量的分包工程，总承包企业以施工图预算或造价分包给分包单位后，企业在施工中只对分包单位承包的工程进行技术监督，结算已完分包工程价款，分包工程在施工中发生的费用由分包单位进行核算。工程验收结算时，借记“主营业务成本”账户，贷记“应付账款”账户。

【做中学2-8】承【做中学2-7】如果分包工程总价268万元，不作为自行完成工作量的分包工程，则分包工程验收后，根据分包单位提交的审核无误的“工程价款结算单”结算应付工程款268元，编制转账凭证，作会计分录如下：

借：主营业务成本	2 680 000	

应交税费——应交增值税（进项税额）　　241 200
贷：应付账款——应付分包单位款　　2 921 200

即问即答

工程分包与工程转包相同吗?

工程分包不同于工程转包。转包是指工程承包单位承包工程项目后，不履行合同约定的责任和义务，未获得发包方同意，以盈利为目的，将其承包的全部建设工程转给他人或者将其承包的全部建设工程截肢，以分包的名义转给其他单位承包，并且不对所承包工程的技术、管理、质量和经济承担责任的行为。转包与分包的根本区别在于：转包行为中，原承包人将其工程全部倒手转给他人，自己并不实际履行合同约定的义务；而在分包行为中，承包人只是将其承包工程的某一部分或某几部分再分包给其他责任人，承包人仍然要就承包合同约定的全部义务的履行向发包人负责。

在《建筑法》《合同法》等法律文件中，对于工程转包都作出了禁止性规定。

任务二　工程合同收入的核算

课件

【任务描述】

正确理解并运用“五步法”确认和计量工程合同收入，判断在某一时段内履行履约义务的合同履约进度，分别履约进度能合理确定和履约进度不能合理确定情况，进行合同收入和合同费用的确认和计量，完成工程合同收入的核算工作任务。

【任务实施】

一、工程合同收入的确认和计量

企业应当在履行了合同中的履约义务，即在客户取得相关商品控制权时确认收入。具体分五步进行，也称为“五步法”。

（一）识别与客户订立的合同

1. 合同识别

合同是指双方或多方之间订立有法律约束力的权利义务的协议。企业与客户之间的合同同时满足下列条件时，企业应当在履行了合同中的履约义务，即在客户取得相关商品控制权时确认收入：

（1）合同各方已批准该合同并承诺将履行各自义务；

（2）该合同明确了合同各方与所转让商品或提供劳务相关的权利和义务；

（3）该合同有明确的与所转让商品相关的支付条款；

（4）该合同具有商业实质，即履行该合同将改变企业未来现金流量的风险、时间分布或金额；

（5）企业因向客户转让商品而有权取得的对价很可能收回。

知识拓展

建造合同分为两类：一类是固定造价合同；另一类是成本加成合同。

固定造价合同是指按固定的合同价或固定单价确定工程价款的建造合同。

成本加成合同是指以合同允许或其他方式议定的成本为基础，加上该成本的一定比例或定额费用确定工程价款的建造合同。

固定造价合同与成本加成合同的主要区别在于风险的承担者不同。前者的主要风险由建造承包方承担，后者的风险主要由发包方承担。

2. 合同合并与变更

企业与同一客户（或该客户的关联方）同时订立或在相近时间内先后订立的两份或多份合同，在满足下列条件之一时，应当合并为一份合同进行会计处理：

（1）该两份或多份合同基于同一商业目的而订立并构成“一揽子交易”。

（2）该两份或多份合同中一份合同的对价金额取决于其他合同的定价或履行情况。

合同变更的处理方法

（3）该两份或多份合同中所承诺的商品（或每份合同中所承诺的部分商品）构成单项履约义务。

合同变更是指经合同各方批准对原有合同范围或价格作出的变更。企业应当区分三种情况对合同变更进行处理：

（1）变更部分作为单独的合同。合同变更增加了可明确区分的商品及合同价款，且新增合同价款反映了新增商品单独售价的（以下简称“合同变更的第1种情形”），应当将该合同变更部分作为一份单独的合同进行会计处理。

（2）视为终止原合同并签订新合同。合同变更不属于上述第（1）条规定的情形，且在合同变更日已转让的商品或已提供的服务与未转让的商品或未提供的服务（以下简称“合同变更的第2种情形”）之间可明确区分的，应当视为原合同终止，同时，将原合同未履约部分与合同变更部分合并为新合同进行会计处理。

（3）变更部分作为原合同的一部分。合同变更不属于上述第（1）条规定的情形，且在合同变更日已转让的商品与未转让的商品之间不可明确区分的，应当将该合同变更部分作为原合同的组成部分进行会计处理，由此产生的对已确认收入的影响，应当在合同变更日调整当期收入。

【做中学2－9】某建造承包商与客户签订了一项建造图书馆的合同，建设期为3年。第二年，客户要求在原设计的基础上增加图书馆的新风系统，并同意按市场价格增加合同造价30万元。这种合同变更增加了可明确区分的商品及合同价款，且新增合同价款反映了新增商品单独售价，应作为一份单独的合同处理。

【做中学 2－10】2021 年 5 月 1 日，甲建筑公司和客户签订了一项总金额是 2 200 万元的固定造价合同，在客户自有土地上建造一幢办公楼，预计合同总成本为 1 400 万元，合同建造期为 24 个月。2022 年初，双方同意更改办公楼屋顶设计，合同价格和合同总成本因此分别增加 250 万元和 180 万元。

在本例中，由于合同变更后拟提供的剩余服务与在合同变更日或之前已提供的服务不可明确区分（即该合同仍为单项履约义务），因此，甲公司应当将合同变更作为原合同的组成部分进行会计处理。合同该变更后的交易额为 2 450 万元，预计合同总成本为 1 580 万元。

（二）识别合同中的单项履约义务

单项履约义务的判断

合同开始日，企业应当对合同进行评估，识别该合同所包含的各单项履约义务，并确定各单项履约义务是在某一时段内履行，还是在某一时点履行，然后，在履行了各单项履约义务时分别确认收入。施工企业的业务主要是受托在客户的地盘上建造房子、提供装修工程等，属于在某一时段内履行履约义务。

满足下列条件之一的，属于在某一时段内履行履约义务；否则，属于在某一时点履行履约义务：

（1）客户在企业履约的同时即取得并消耗企业履约所带来的经济利益。

（2）客户能够控制企业履约过程中在建的商品。

（3）企业履约过程中所产出的商品具有不可替代用途，且该企业在整个合同期间内有权就累计至今已完成的履约部分收取款项。

提 示

企业为履行合同而应开展的初始活动，通常不构成履约义务，除非该活动向客户转让了承诺的商品。

（三）确定交易价格

存在可变对价交易价格的确定

交易价格是指企业因向客户转让商品而预期有权收取的对价金额。企业代第三方收取的款项以及企业预期将退还给客户的款项，应当作为负债处理，不计入交易价格。

合同约定的对价金额可能是固定的，也可能是可变的，如折扣、价格折让、激励措施、业绩奖励或其他类似条款，可能使合同承诺的对价发生变动。合同中存在可变对价的，企业应当按照期望值或最可能发生金额确定可变对价的最佳估计数。最可能发生金额是一系列可能发生的对价金额中最可能发生的单一金额。但包含可变对价的交易价格，应当不超过在相关不确定性消除时，累计已确认的收入极可能不会发生重大转回的金额。企业在评估已确认收入金额是否极可能不会发生重大转回时，应当同时考虑收入转回的可能性及其比重。极可能发生的概率远高于“很可能（可能性超过 50%）”，但不要求达到“基本确定（可能性超过 95%）”。每个资产负债表日，企业应当重新估计应计入交易价格的可变对价金额。

【做中学 2－11】某建造承包商与客户签订一项固定造价合同，为客户建造一座办公楼，合同价款为 1 000 万元。合同约定的建设期为 2021 年 1 月 1 日 ~2022 年 8 月 31 日。如果提前 2 个月竣工，客户同意向建造承包商支付提前竣工奖 10 万元。该公司对合同交易结果的估计为：提前竣工的概率为 95%，不能提前竣工的概率为 5%。

本例中，由于该合同涉及两种结果，该建筑公司认为按照最可能发生金额能够更好地预测其有权获取的对价金额。因此，合同交易价格包含可变对价 10 万元。即包含可变对价的交易价格为 1 010 万元是最可能发生的单一金额。

（四）将交易价格分摊至各单项履约义务

合同中包含两项或多项履约义务的，企业应当在合同开始日，按照单项履约义务所承诺商品的单独售价的相对比例，将交易价格分摊至各单项履约义务。企业不得因合同开始日之后单独售价的变动而重新分摊交易价格。

单独售价是指企业向客户单独销售商品的价格。单独售价应依次按下列方法确定：

（1）企业在类似环境下向类似客户单独销售商品的价格。

（2）单独售价无法直接观察的，企业应当综合考虑其能够合理取得的全部相关信息，采用市场调整法、成本加成法、余值法等方法合理估计单独售价。

（五）履行每一单项履约义务时确认收入

企业应当在履行了合同中的履约义务，即客户取得相关商品控制权时确认收入。施工企业的业务大多属于在某一时段内履行的履约义务，企业应当选取恰当的方法来确定履约进度，判断合同履约进度能否合理确定，分别采用不同的方法进行会计核算。

1. 履约进度能够合理确定

对于在某一时段内履行的履约义务，履约进度能够合理确定的，企业应当在该段时间内按照履约进度确认收入。企业应当考虑所提供商品的性质，采用产出法或投入法确定恰当的履约进度。在确定履约进度时，应当扣除那些控制权尚未转移给客户的商品或服务。

在某一时段内履行的履约义务收入的确认

通常应当在资产负债表日按照合同的交易价格总额乘以履约进度扣除以前会计期间累计已确认的收入后的金额，确认为当期收入，并按照履约进度结转合同成本。用公式表示为：

本期确认的收入 = 合同交易价格总额 × 履约进度 − 以前会计期间累计已确认的收入

本期确认的成本 = 合同总成本 × 履约进度 − 以前期间累计已确认的成本

实务中，通常按照累计实际发生的成本占预计总成本的比例（即成本法）确定履约进度，累计实际发生的成本包括企业向客户转移商品过程中所发生的直接成本和间接成本，如直接人工、直接材料、分包成本以及其他与合同相关的成本。

知识拓展

企业应当考虑所提供的商品的性质，采用产出法或投入法确定恰当的履约进度。

产出法是根据已转移给客户的商品对于客户的价值确定履约进度的方法，通常可采用实际测量的完工进度、评价已实现的结果、已达到的里程碑、时间进度、已完工或交付的产品等产出指标确定履约进度。

投入法是指根据企业履行履约义务的投入确定履约进度的方法，通常可采用投入的材料数量、花费的人工工时或机器工时、发生的成本和时间进度等投入指标确定履约进度。

2. 履约进度不能合理确定

对于在某一时段内履行的履约义务，履约进度不能合理确定的，企业应当按照已发生的并且预计能够得到补偿的成本金额确认收入，直到履约进度能够合理确定为止。

提 示

每一资产负债表日，企业应当对履约进度进行重新估计。如果履约进度发生变化，该变化应当作为会计估计变更进行会计处理。

二、工程合同收入的核算

设置“主营业务收入”账户，核算施工企业履行履约义务后确认的劳务收入。

设置“合同履约成本——工程施工”账户，核算企业为履行当前或预期取得的合同所发生的、可以确认为一项资产的成本。

（一）履约进度能合理确定

对于在某一时段内履行的履约义务，履约进度能合理确定，企业应当在该时段内按照履约进度确认收入。

【做中学 2 -12】某市第一建筑公司（机构所在地在太原市）与 ABC 公司（即服务地，在海口）签订一项工程造价为 2 400 万元（不含税）的建造合同，承建一座职工宿舍楼，每年末结算当年工程价款，工程已于 2021 年 5 月开工，预计 2023 年 5 月完工。合同约定如果工程提前 3 个月完工，则奖励 200 万元，第一建筑公司不能合理估计提前完工的可能性。假定该建造工程整体构成单项履约义务，第一建筑公司采用成本法确定履约进度，增值税税率为 9%，第一建筑公司与 ABC 公司结算时即发生增值税纳税义务，ABC 公司在实际支付工程价款的同时支付对应的增值税，不考虑其他因素。假定该项工程于 2023 年 2 月提前 3 个月完成了建造工程，客户同意支付奖励款 200 万元。建造该项工程的其他有关资料（所有款项中均不含增值税），如表 2 -3 所示。

表 2 -3　　合同成本及价款结算有关资料　　单位：万元

项　目	2021 年	2022 年	2023 年
累计实际发生	750	1 600	1 950
预计完成合同尚需发生成本	1 250	400	—
结算合同价款	800	900	900
实际收到价款	750	850	1 000

（1）2021 年会计处理。

①实际发生工程成本时，根据审核无误的原始凭证，编制记账凭证，会计分录如下：

借：合同履约成本——工程施工　　7 500 000

　　贷：原材料、应付职工薪酬、机械作业等　　7 500 000

②年末，确认当年的收入和费用，编制记账凭证，会计分录如下：

2021 年履约进度 = 750 ÷（750 + 1 250）×100% = 37.5%

2021 年确认的合同收入 = 2 400 ×37.5% = 900（万元）

2021 年确认的合同成本 =（750 + 1 250）×37.5% = 750（万元）

借：合同结算——收入结转　　9 000 000

　　贷：主营业务收入　　9 000 000

借：主营业务成本　　7 500 000

　　贷：合同履约成本——工程施工　　7 500 000

③年末，根据“工程价款结算单”，登记已结算的合同价款，编制记账凭证，会计分录如下：

借：应收账款　　8 720 000

　　贷：合同结算——价款结算　　8 000 000

　　　　应交税费——应交增值税（销项税额）　　720 000

④根据银行进账单，编制收款凭证，会计分录如下：

借：银行存款　　8 175 000

　　贷：应收账款　　8 175 000

预交增值税：一般纳税人按照 2% 预交增值税

预计增值税额 =［817.5 ÷（1 + 9%）］×2% = 15（万元）

借：应交税费——预交增值税　　150 000

　　贷：银行存款　　150 000

（2）2022 年会计处理。

①根据审核无误的原始凭证，编制记账凭证，会计分录如下：

2022 年的合同履约成本 = 1 600 − 750 = 850（万元）

借：合同履约成本——工程施工　　8 500 000

　　贷：原材料、应付职工薪酬、机械作业等　　8 500 000

②年末，确认当年的收入和费用，编制记账凭证，会计分录如下：

2022 年履约进度 = 1 600 ÷（1 600 + 400）×100% = 80%

2022 年确认的合同收入 = 2 400 ×80% − 900 = 1 020（万元）

2022 年确认的合同成本 =（1 600 + 400）×80% − 750 = 850（万元）

借：合同结算——收入结转　　10 200 000

　　贷：主营业务收入　　10 200 000

借：主营业务成本　　8 500 000

　　贷：合同履约成本——工程施工　　8 500 000

③年末，根据“工程价款结算单”，登记已结算的合同价款，编制记账凭证，会计分录如下：

借：应收账款　　9 810 000

　　贷：合同结算——价款结算　　9 000 000

　　　　应交税费——应交增值税（销项税额）　　810 000

④根据银行进账单，编制收款凭证，会计分录如下：

借：银行存款　　9 265 000

　　贷：应收账款　　9 265 000

预交增值税：

预计增值税额 =［926.5 ÷（1 +9%）］×2% =17（万元）

借：应交税费——预交增值税　　170 000

　　贷：银行存款　　170 000

（3）2023 年会计处理。

①根据审核无误的原始凭证，编制记账凭证，会计分录如下：

2023 年的合同履约成本 =1 950 －1 600 =350（万元）

借：合同履约成本——工程施工　　3 500 000

　　贷：原材料、应付职工薪酬、机械作业等　　3 500 000

②年末，确认当年的收入和费用，编制记账凭证，会计分录如下：

2023 年确认的合同收入 =（2 400 +200）－（900 +1 020）=680（万元）

2023 年确认的合同费用 =1 950 －（750 +850）=350（万元）

借：合同结算——收入结转　　6 800 000

　　贷：主营业务收入　　6 800 000

借：主营业务成本　　3 500 000

　　贷：合同履约成本——工程施工　　3 500 000

③年末，根据“工程价款结算单”，登记已结算的合同价款，编制记账凭证，会计分录如下：

借：应收账款　　9 810 000

　　贷：合同结算——价款结算　　9 000 000

　　　　应交税费——应交增值税（销项税额）　　810 000

④根据银行进账单，编制收款凭证，会计分录如下：

借：银行存款　　10 900 000

　　贷：应收账款　　10 900 000

预交增值税：

预计增值税额 =［1 090 ÷（1 +9%）］×2% =20（万元）

借：应交税费——预交增值税　　200 000

　　贷：银行存款　　200 000

（二）履约进度不能合理确定

对于在某一时段内履行的履约义务，履约进度不能合理确定的，企业应当按照已发生的并且预计能够得到补偿的成本金额确认收入，直到履约进度能够合理确定为止。分别进行以下会计处理：

（1）已发生的合同成本预计全部能够得到补偿的，应按已发生的合同成本金额确认合同收入，并结转已发生的合同成本。

（2）已发生的合同成本预计只能部分得到补偿的，应按已经发生的能够得到补偿的合同成本金额确认合同收入，并结转已经发生的合同成本。

（3）已经发生的合同成本预计全部不能得到补偿的，应将已发生的合同成本计入当期损益，不确认合同收入。

【做中学2－13】2021年6月，华强建筑工程公司与客户签订了一项总金额为260万元的建造合同。该工程建设期为2年。2021年实际发生工程成本60万元，双方均能履行合同规定的义务。年末，建筑公司在对该项合同的履约进度不能合理确定。

本例中，华强建筑工程公司不能按照履约进度确认合同收入。由于客户能够履行合同，当年发生的成本均能收回，所以2021年末，公司可将当年发生的成本金额同时确认为当年的合同收入和合同成本，当年不确认利润。

2021年末，根据审核无误的收入计算表，编制转账凭证，作会计分录如下：

借：合同结算——收入结转　　654 000

　　贷：主营业务收入　　600 000

　　　　应交税费——待转销项税额　　54 000

借：主营业务成本　　600 000

　　贷：合同履约成本——工程施工　　600 000

如果该公司当年实际发生的成本60万元不可能收回，2022年末，该公司应将60万元确认为当年的费用，不确认合同收入。编制转账凭证，作会计分录如下：

借：主营业务成本　　600 000

　　贷：合同履约成本——工程施工　　600 000

【做中学2－14】承【做中学2－13】2022年末，履约进度不能合理确定的因素消除。2022年实际发生的成本为90万元，预计为完成合同尚需发生的成本为50万元。按实际发生的成本占合同预计总成本的比例计算履约进度。

（1）年末，按照履约进度计算当年合同收入和合同成本。

2022年合同完工进度＝(60＋90)÷(60＋90＋50)＝75%

2022年确认的合同收入＝260×75%－60＝135（万元）

2022年确认的合同费用＝(60＋90＋50)×75%－60＝90（万元）

（2）年末，根据收入、费用计算表，编制转账凭证，作会计分录如下：

借：合同结算——收入结转　　1 471 500

　　贷：主营业务收入　　1 350 000

　　　　应交税费——待转销项税额　　121 500

借：主营业务成本　　900 000

　　贷：合同履约成本——工程施工　　900 000

小企业特别规定

小企业从事建筑、安装、装配工程业务或提供劳务，如果持续时间超过12个月，属于跨会计年度劳务的，应当采用完工百分比法确认提供劳务收入的金额和应结转的营业成本。

设置“工程施工”账户，核算小企业（建筑企业）发生的实际成本。

资料：华强建筑公司于2020年7月承建了平板玻璃厂办公楼的建造工程，合同总价款1 000万元（不含增值税），增值税税率为9%，预算工程总成本为800万元。工期为2年，2020年末累计发生工程成本300万元，2021年末累计发生工程成本640万元，2022年6月完工时累计发生工程成本802万元。按工程成本确定完工进度百分比。

1. 2020年账务处理。

2020年完工百分比 =300 ÷800 ×100% =37.5%

2020年应确认的收入 =（37.5% −0）×1 000 =375（万元）

2020年应确认的成本 =（37.5% −0）×800 =300（万元）

（1）2020年发生建造成本时：

借：工程施工——合同成本　　3 000 000

　　贷：原材料、应付职工薪酬等　　3 000 000

（2）2020年末确认收入、结转成本：

借：应收账款——平板玻璃厂　　3 750 000

　　贷：主营业务收入　　3 750 000

借：主营业务成本　　3 000 000

　　贷：工程施工——合同成本　　3 000 000

2. 2021年账务处理。

（1）2021年发生建造成本时：

借：工程施工——合同成本　　3 400 000

　　贷：原材料、应付职工薪酬等　　3 400 000

（2）2021年末确认收入、结转成本：

借：应收账款——平板玻璃厂　　4 250 000

　　贷：主营业务收入　　4 250 000

借：主营业务成本　　3 400 000

　　贷：工程施工——合同成本　　3 400 000

3. 2022年账务处理。

2022年应确认的收入 =1 000 −375 −425 =200（万元）

2022年应确认的成本 =802 −300 −340 =162（万元）

（1）2022年发生建造成本时：

借：工程施工——合同成本　　1 620 000

　　贷：原材料、应付职工薪酬等　　1 620 000

（2）2022年末确认收入、结转成本：

借：应收账款——平板玻璃厂　　2 000 000

　　贷：主营业务收入　　2 000 000

项目三　工程成本的核算

任务一　工程实际成本的核算

课件

【任务描述】

分析工程项目任务，确定工程成本核算对象和工程成本项目，按照工程成本核算程序，合理选择要素费用归集和分配方法，完成工程实际成本核算工作任务。

【任务实施】

一、工程成本的核算内容

（一）工程成本的核算对象

一般来说，施工企业应该以每一单位工程作为成本核算的对象，这是因为施工预算是按单位工程编制的。工程成本的核算对象包括以下几种情况：

（1）原则上，施工企业应该以每一单位工程作为成本核算的对象。

（2）两个或两个以上施工单位共同承担一项单位工程施工任务的，以单位工程作为成本核算的对象，各自核算其自行施工的部分。

（3）如果一项建造合同包括多项资产，如同时具备下列条件，应将每项资产确定为成本核算对象。

第一，每项资产均有独立建造计划，有独立的施工图预算；

第二，在签订合同时，施工企业与客户就每项资产单独进行谈判，双方能够接受或拒绝与每项资产有关的合同条款；

第三，每项资产的收入和成本可以单独辨认，有各自的预算成本和收入。

（4）一组合同无论对单个客户还是多个客户，如同时具备下列条件，应把一组合同作为一个成本核算对象，统一计算和确认该组合同的收入、费用和利润。

第一，该组合同按“一揽子交易”签订，由本企业同时施工，并根据整个项目施工进度办理价款结算；

第二，该组合同密切相关，建造工程由本企业统一管理，统一调配施工人员和集中用料；每项合同各自的完工进度直接关系到整个建设项目的完工进度和价款结算，构成该组综合利润率的组成部分。

第三，该组合同同时或依次履行。

（5）对于规模大、工期长的合同项目，或采用新结构、新技术、新工艺的分部位工程，为了取得单项资产的某一部位的核算资料，在施工企业内部可以将工程划分为若干部位，以分部位工程为成本核算对象，以便总结经验，但不作为和客户结算的依据。

（二）工程成本项目

工程成本是施工企业在生产经营过程中，为完成建筑施工合同而发生的费用总和。施工企业工程成本包括人工费、材料费、机械使用费、其他直接费用和间接费用。

（1）人工费，是指直接从事建筑安装工程施工的工人和在施工现场直接为工程制作构件的工人以及在现场运料、配料等辅助工人的薪酬，包括工资、职工福利费、社会保险费、住房公积金、工会经费、职工教育经费、非货币性福利等。

（2）材料费，是指在施工过程中所耗用的、构成工程实体的各种主要材料、结构件和有助于工程形成的其他材料的费用以及周转材料的摊销额。

（3）机械使用费，是指在施工中，使用自有施工机械所发生的机械使用费，使用外单位施工机械的租赁费，以及按规定支付的施工机械进出场费，包括人工费、燃料及动力费、折旧及修理费、其他直接费用和间接费用。

（4）其他直接费用，是指不包括在人工费、材料费、机械使用费项目内而在预算定额以外，在施工现场发生的材料二次搬运费、临时设施摊销费、生产工具用具使用费、检验试验费、工程定位复测费、工程点交费及场地清理费等。

（5）间接费用，是指企业下属的施工单位或生产单位为组织和管理施工生产活动所发生的费用，通常是指分公司或项目经理部为施工准备、组织施工生产和管理所需的费用，包括临时设施摊销费用，施工生产单位管理人员工资、奖金，职工福利费、劳动保护费、固定资产折旧费及修理费、物料消耗、低值易耗品摊销、取暖费、水电费、办公费、差旅费、财产保险费、工程保修费、排污费等。

上述第（1）~（4）项内容属于直接费用，在发生时应当直接计入合同成本；第（5）项内容属于间接费用，应当在期末按照系统、合理的方法分摊计入合同成本。与合同有关的零星收益，如合同完成后处置残余物资取得的收益，应当冲减合同成本。

施工企业为进行一定的工程施工所发生的材料费、人工费、机械使用费、其他直接费用和间接费用的总和，构成工程成本。施工企业在签订建造（施工）合同时发生的差旅费、投标费等相关费用应在发生时直接确认为当期的期间费用，不计入工程成本。

二、工程成本的核算

工程成本核算的账务处理程序

（一）工程成本核算的程序

工程成本核算程序，是施工企业及其所属施工单位有关部门的成本核算人员，根据成本核算体制和成本核算职责，在具体组织工程实际成本核算时所应遵循的程序和步骤，也就是对各种生产费用进行审核、控制，并将它们按照经济用途进行归类，计入各个成本核算对象、各个成本项目的过程所应遵循的步骤。

（1）审核、控制生产费用，确定费用是否计入工程成本。

（2）按照费用的用途和发生地点归集当期发生的各项生产费用，并按照成本项目归集应计入当期工程成本的各种要素费用。

（3）按各成本核算对象归集和分配当期应计入工程成本的各项要素费用，汇总计算各项工程成本。

（4）将各项工程成本费用在当期已完工工程和未完工工程之间进行分配，结转当期已完工工程或竣工工程的实际成本。

施工企业工程成本核算账务处理流程，如图 2－2 所示。

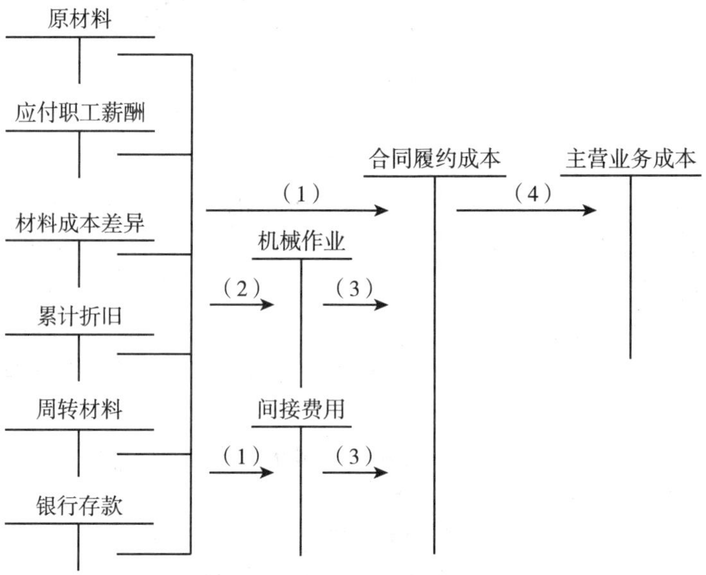

图 2－2　施工企业工程成本核算账务处理流程

注：（1）根据原始凭证，编制各要素费用分配表，分配要素费用；

（2）根据机械使用费用明细账，编制机械使用费分配表，分配机械使用费；

（3）根据间接费用明细账，编制间接费用分配表，分配间接费用；

（4）履行履约义务时确认收入，摊销工程合同履约成本。

（二）工程成本的核算方法

工程成本的核算，就是对施工企业在一定时期内费用支出的归集、分配、再归集、再分配和工程成本形成的核算，它是施工企业会计核算的主要内容。

知识链接

建筑施工企业工程成本核算的组织有三级核算体制和二级核算体制。

在实行总公司、分公司、项目经理部三级管理体制的企业一般可以把工程成本计算工作划归分公司，实行总公司汇总企业的生产成本，分公司计算工程成本，项目经理部计算本项目发生的工料等直接费用。

在实行公司、项目经理部两级管理体制的企业，一般可在项目经理部（或施工队）计算工程成本，公司进行全面的成本核算工作，汇总核算全部工程、产品、作业的实际生产成本。项目经理部核算工程、产品、作业的直接费用及现场管理费，及时向公司提供成本核算资料。

1. 人工费的核算

根据劳动工资部门提供的相关资料编制“人工费总表”，据此编制“人工费分配表”，将工程项目施工过程中发生的人工费按受益对象分别在“合同履约成本”“机械作业”“辅助生产”等账户中归集。对于计入工程成本的人工费的分配方法，应根据不同的工资支付形式而不同。如果是计件工资，属于直接费用，应直接计入各项工程成本的“人工费”项目。如果是计时工资，只有一个成本核算对象时，也是直接费用，也应直接计入该项工程成本；如果同时施工几项工程，则应按实际耗用的工日（工时）或定额工日（工时）分配计入各工程成本。人工费分配方法如下式：

$$人工费分配率=\frac{当月人工费}{各工程当月实际耗用工日(工时)总数}\times 100\%$$

$$某成本对象的人工费=各该对象实际耗用工日(工时)\times 人工费分配率$$

【做中学2-15】 华强建筑工程公司的第一工程队同时承担汉江市钢铁厂的炼铁车间厂房和职工宿舍两项施工任务。第一工程队2022年5月的计时工资总额为80 000元，实际耗用8 000个工日，其中厂房耗用4 500个工日、宿舍耗用3 500个工日。则：

第一工程队工人日平均计时工资＝80 000÷8 000 ＝10（元）

车间厂房应分配的计时工资＝4 500×10＝45 000（元）

职工宿舍应分配的计时工资＝3 500×10＝35 000（元）

（1）月末，劳动工资部门根据考勤表、施工任务书和承包结算书等，每月向财务部门提供“施工任务单”“用工记录”和工资计算单等资料，财务部门编制“工资结算汇总表”（略），根据“工资结算汇总表”据以编制“人工费分配表”，如表2-4所示。

表2-4　　人工费分配表（简表）

施工单位：第一工程队　　2022年5月　　单位：元

成本计算对象		计件工资		计时工资			工资性津贴	奖金	应分配工资合计
		工日	工资	工日	日平均工资	工资			
第一工程队	车间厂房	4 000	60 000	4 500	10	45 000	9 120	11 200	125 320
	职工宿舍	2 000	25 000	3 500	10	35 000	4 840	6 400	71 240

（2）根据“人工费分配表”，编制会计分录如下：

借：合同履约成本——工程施工（钢铁车间厂房）——人工费　　125 320

　　　　　　　　——工程施工（职工宿舍）——人工费　　71 240

　贷：应付职工薪酬——工资　　196 560

（第一工程队应提取的“五险一金”等略）

2. 材料费的核算

施工企业建筑安装活动中需要耗费大量的材料，材料品种非常多，大堆材料比重大，各工程往往在同一施工现场、同一时间进行施工。因此，材料费的分配应按照材料费的领用情况进行归集分配，并建立健全材料物资的管理制度。

（1）凡领用材料时能点清数量，分清对象，直接计入成本核算对象的材料费项目。

（2）凡领用材料时能点清数量，但需集中配料或需统一下料的，如油漆、玻璃等，根据用料情况，按照消耗定额分配计入各成本核算对象。

（3）凡领用材料时既不能点清数量，又难以分清成本核算对象的材料，如砖瓦、灰、沙、石等大堆材料，采用月末实地盘点，倒计本月耗用数量，结合材料耗用定额，分配计入各成本核算对象。

（4）竣工后剩余材料，应填写退料单或红字领料单，据以办理材料退库手续。

【做中学 2-16】华强建筑工程公司的第一工程队同时承担汉江市钢铁厂的炼铁车间厂房和职工宿舍两项施工任务。2022 年 5 月末编制“材料费分配表”分配材料费用。

根据审核无误的各种领料凭证、大堆材料耗用领用表、周转材料摊销分配表等汇总编制“材料费分配表”，如表 2-5 所示。

表 2-5　　材料费分配表（简表）

施工单位：第一工程队　　2022 年 5 月　　单位：元

成本计算对象		主要材料			结构件	其他材料	周转材料摊销	合计
		水泥	钢材	其他材料				
第一工程队	车间厂房	560 000	1 440 000	180 000	220 000	30 000	4 000	2 434 000
	职工宿舍	340 000	700 000	60 000	160 000	18 000	2 000	1 280 000
合计		900 000	2 140 000	240 000	380 000	48 000	6 000	3 714 000

根据审核无误的“材料费分配表”，编制会计分录如下：

借：合同履约成本——工程施工（钢铁车间厂房）——材料费　　2 434 000
　　　　　　　——工程施工（职工宿舍）——材料费　　1 280 000
　贷：原材料　　3 708 000
　　　周转材料　　6 000

3. 机械使用费的核算

设置“机械作业”账户，核算施工企业及其内部独立核算的施工单位、机械站和运输队使用自有施工机械和运输设备进行机械作业（包括机械化施工和运输作业等）所发生的各项费用。本账户在月份终了时，一般应无余额。

施工企业使用的施工机械可分为租赁机械和自有机械两种。

（1）租赁机械费用的核算。从外单位或企业内部独立核算单位租入的施工机械支付的租赁费，一般根据租赁机械费用结算单金额，直接计入成本计算对象的“机械使用费”成本项目。如果租入的施工机械是为两个以上的工程服务，应以租入机械所服务的各受益对象提供的作业台班数量为基础进行分配。

$$平均台班租赁费=\frac{租赁费总额}{租入机械作业总台班数}$$

$$某成本核算对象应负担的租赁费=该对象实际耗用台班数\times平均台班租赁费$$

对于施工企业各工程项目租赁施工机械而支出的租赁费和进出场费，借记“合同履约成本——工程施工××工程（机械使用费）”账户，贷记“银行存款”账户。不通过“机械作业”账户核算。

（2）自有机械费用的核算。对于自有施工机械，其使用过程中发生的费用应首先按机组或单机归集，计算每台班的实际成本，其次根据各个成本核算对象使用台班数，确定应计入各成本核算对象的机械使用费，也可以按照预算定额或实际作业量作为分配标准分配。进行机械作业所发生的各项费用的归集和分配，通过“机械作业”账户进行。

施工企业发生的机械作业支出，借记“机械作业”账户，贷记“原材料”“应付职工薪酬”“累计折旧”等账户。月份终了，分情况进行分配和结转：施工企业及其内部独立核算的施工单位、机械站和运输队为本单位承包的工程进行机械化施工和运输作业的成本，应转入承包工程的成本，借记“合同履约成本——工程施工”账户，贷记“机械作业”账户；对外单位、本企业其他内部独立核算单位以及专项工程等提供机械作业（包括运输设备）的成本，借记“其他业务成本”等账户，贷记“机械作业”账户。

【做中学 2－17】华强建筑工程公司的第一工程队同时承担汉江市钢铁厂的炼铁车间厂房和职工宿舍两项施工任务。2022 年 5 月，第一工程队使用自有的砂浆搅拌机进行施工，归集的机械使用费为 63 400 元。另外临时租赁塔吊一台，支付租赁费 44 000 元（不考虑增值税）。2022 年 5 月末财会部门分配机械使用费。

（1）根据审核无误的原始凭证“人工费分配表”“材料费分配表”“折旧费用分配表”“其他费用分配表”“辅助生产费用分配表”，登记“机械作业明细账”（略），归集的机械使用费为 63 400 元。其中，人工费 18 000 元，领用润滑油 2 400 元，机械配件 1 000 元，搅拌机折旧费 14 000 元，其他费用 28 000 元。编制会计分录如下：

借：机械作业——砂浆搅拌机	63 400	
贷：应付职工薪酬		18 000
原材料——润滑油		2 400
——机械配件		1 000
累计折旧		14 000
银行存款		28 000

（2）财会部门根据“机械作业明细账”和“机械使用月报”等资料，编制“机械使用费分配表”，如表 2－6 所示。

表 2－6　　机械使用费分配表

施工单位：第一工程队　　2022 年 5 月

成本计算对象		砂浆搅拌机（每立方米成本 10 元）		塔吊租赁费（每台班成本 200 元）		机械使用费合计（元）
		工程量（立方米）	金额（元）	台班	金额（元）	
第一工程队	车间厂房	3 800	38 000	120	24 000	62 000
	职工宿舍	2 540	25 400	100	20 000	45 400
合计		6 340	63 400	220	44 000	107 400

温馨提示

建筑施工企业及其内部独立核算的施工单位，从外单位或本企业其他内部独立核算的机械站租入施工机械发生的机械租赁费，在“合同履约成本”账户核算。建筑施工企业及其内部独立核算的施工单位、机械站和运输队使用自有施工机械和运输设备进行机械作业所发生的各项费用，在“机械作业”账户核算。

（3）根据审核无误的“机械使用费分配表”，编制会计分录如下：

借：合同履约成本——工程施工（钢铁车间厂房）——机械使用费　62 000

——工程施工（职工宿舍）——机械使用费　45 400

贷：机械作业——砂浆搅拌机　63 400

银行存款　44 000

4. 其他直接费用的归集和分配

施工企业发生的其他直接费用，凡是能分清成本对象的，应直接计入各受益的工程成本核算对象下的“其他直接费用”项目中。当由于某种原因（如几个工程共同发生），不能直接确定成本核算对象的其他直接费用，可以先行汇总在“其他直接费用”明细账中归集，并按照定额用量预算费用或工程的工料成本作为分配基数，月末或竣工时编制“其他直接费用分配表”分配计入各成本核算对象。

【做中学 2－18】华强建筑工程公司的第一工程队同时承担汉江市钢铁厂的炼铁车间厂房和职工宿舍两项施工任务。2022 年 5 月，根据审核无误的原始凭证“人工费分配表”“材料费分配表”“折旧费用分配表”“其他费用分配表”“辅助生产费用分配表”登记“其他费用明细账”（略），归集的其他直接费用为 16 000 元。

（1）编制“其他直接费用分配表”（略）分配直接费用，其中，车间厂房应承担 9 600 元，职工宿舍应承担 6 400 元。

（2）根据“其他直接费用分配表”，编制会计分录如下：

借：合同履约成本——工程施工（钢铁车间厂房）——其他直接费用　9 600

——工程施工（职工宿舍）——其他直接费用　6 400

贷：累计折旧等　16 000

5. 间接费用的核算

设置“间接费用”账户，核算难以分清受益对象的间接费用。期末按照受益对象分配后无余额。

间接费用的第一次分配是将发生的全部间接费用在不同类的工程、产品、劳务和作业间进行分配。一般以各类工程、产品、劳务和作业中的人工费为基础进行分配，其计算公式如下：

$$间接费用分配率=\frac{间接费用总额}{各类工程(产品、劳务、作业)成本中人工费总额}\times 100\%$$

$$某类工程应分配的间接费用=该类工程成本中的人工费\times 间接费用分配率$$

间接费用的第二次分配是将第一次分配到各类工程、产品的间接费用再分配到本类工程、产品、劳务和作业中去。第二次分配是按各类工程、产品、劳务和作业发生的直接费或人工费为基础进行分配的，其计算公式如下：

①土建工程。以工程的直接成本（即人工费、材料费、机械使用费、其他直接费用之和）实际发生数或已完工程直接费用预算数为标准进行分配。

$$间接费用分配率=\frac{建筑工程应分配的间接费用}{全部土建工程的直接费用总额}\times 100\%$$

$$某土建工程应分配的间接费用=该土建工程直接费用\times 间接费用分配率$$

②安装工程。以工程实际发生人工费或已完工工程人工费预算数作为标准进行分配。

$$间接费用分配率=\frac{安装应分配的间接费用}{各安装工程人工费总额}\times 100\%$$

$$某安装工程应分配的间接费用=该安装工程人工费\times 间接费用分配率$$

【做中学 2－19】华强建筑工程公司的第一工程队同时承担汉江市钢铁厂的炼铁车间厂房和职工宿舍两项施工任务，没有安装工程和其他产品、劳务作业等。2022 年 5 月，根据人工费分配表、材料费分配表、折旧费分配表、其他费用分配表和辅助生产费用分配表等登记“间接费用”明细账（略），归集间接费用为 403 396 元。

（1）根据上述审核无误的原始凭证，编制会计分录如下：

借：间接费用　　403 396

　　贷：应付职工薪酬等　　403 396

（2）月末，财会部门应根据工程成本明细账和各工程直接费用分配比例编制间接费用分配表，如表 2－7 所示。

表 2－7　　间接费用分配表

施工单位：第一工程队　　2022 年 5 月

成本计算对象		分配标准（元）	分配率（%）	分配金额（元）
第一工程队	车间厂房	2 630 920	10	263 092
	职工宿舍	1 403 040	10	140 304
合计		4 033 960		403 396

（3）根据审核无误的“间接费用分配表”，编制会计分录如下：

借：合同履约成本——工程施工（钢铁车间厂房）——间接费用　　263 092

　　　　　　　　——工程施工（职工宿舍）——间接费用　　140 304

　贷：间接费用　　403 396

任务二　已完工工程成本的计算

课件

【任务描述】

合理选择分配方法，将工程实际成本在未完工工程和已完工工程之间进行分配，完成已完工工程成本计算与结转工作任务。

【任务实施】

一、未完工工程成本的计算

未完工工程又称为未完施工，是指已投入人工、材料进行施工，但在期末尚未达到预算定额规定的工序和工程内容的分部分项工程。未完工工程不能据以收取工程价款。未完施工预算成本的计算方法，主要有约当产量法和估价法。

（一）约当产量法

采用约当产量法计算未完工工程成本，通常是由统计人员月末到施工现场实地丈量盘点未完施工实物量，并按其完成施工的程度折合为已完工程数量，根据预算单价计算未完工程预算成本。计算公式如下：

未完工程预算成本 = 未完施工实物量 × 完工程度 × 预算单价

【做中学 2－20】华强建筑工程公司的第一工程队同时承担汉江市钢铁厂的炼铁车间厂房和职工宿舍两项施工任务。2022 年 5 月末盘点未完施工，其中职工宿舍工程木门窗油漆 6 000 平方米，估计完成工序折合已完工程的 50%，预算单价为 25 元/平方米；车间厂房工程砖墙抹仿瓷涂料 1 800 平方米，估计完成工序折合已完工程的 40%，预算单价为 40 元/平方米。

职工宿舍工程未完工工程预算成本 = 6 000 × 50% × 25 = 75 000（元）

车间厂房工程未完工工程预算成本 = 1 800 × 40% × 40 = 28 800（元）

（二）估价法

估价法，是先确定分部分项工程内各个工序耗用的直接费用占整个预算单价的百分比，用以计算出每个工序的单价，然后乘以未完施工各工序的完成量，来确定未完工工程预算成本。其计算公式如下：

某工序单价 = 分部分项工程预算单价 × 该工序的费用占预算单价的百分比

$$未完工工程预算成本 = \sum(未完施工中某工序完成量 \times 该工序单价)$$

期末未完施工成本一般不负担管理费。如果未完施工工程量占当期全部工程量的比重很小，或期初、期末数量相差不大，可以不计算未完施工成本。

【做中学 2－21】假设某砖墙抹涂料工程，定额规定抹三遍，预算单价为 70 元/平方米，第一遍的费用占预算单价的 50%，第二遍占 30%，第三遍占 20%。月末盘点墙面抹涂料未完施工为 100 平方米，其中已抹第一遍 100 平方米、第二遍 70 平方米。

（1）墙面抹涂料工程各工序单价如下：

第一遍单价：70×50%＝35（元）

第二遍单价：70×30%＝21（元）

第三遍单价：70×20%＝14（元）

（2）计算未完施工预算成本：

未完施工预算成本＝(35×100)＋(21×70)＝4 970（元）

二、已完工工程成本的计算

月末未完施工成本确定后，即可根据下列公式确定当月各个成本核算对象已完工工程的实际成本。

本月已完工程实际成本＝月初未完施工成本＋本月施工费用－月末未完施工成本

【做中学 2－22】华强建筑工程公司的第一工程队同时承担汉江市钢铁厂的炼铁车间厂房和职工宿舍两项施工任务。2022 年 5 月末计算炼铁车间厂房和职工宿舍的已完工工程成本。

（1）月末，根据【做中学 2－20】计算结果填制“未完施工盘点单”。具体格式如表 2－8 所示。

表 2－8　　未完施工盘点单

2022 年 5 月 31 日　　单位：元

工程名称	分项工程		已做工序					其中		
	名称	预算单价	工程内容	占分项工程百分比	已完数量（平方米）	折合分项工程量	预算成本	人工费	材料费	机械使用费
炼铁车间	抹涂料	40	抹涂料一遍	40%	1 800	720	28 800	6 000	22 000	800

根据职工宿舍“未完施工盘点单”（略），计算职工宿舍未完工程成本为 75 000 元。其中，人工费 11 000 元，材料费 62 000 元，机械使用费 2 000 元。

（2）根据审核无误的材料费分配表、人工费分配表、机械使用费分配表、其他直接费用分配表、间接费用分配表和“工程成本计算单”，登记“工程施工合同成本明细账”，计算已完工工程实际成本如表 2－9 和表 2－10 所示。

表 2-9　　工程施工合同成本明细账

成本核算对象：车间厂房　　2022 年 5 月 31 日　　单位：元

2022 年 月	日	凭证号数	摘要	直接成本 人工费	材料费	机械使用费	其他直接费	间接成本 间接费用	工程成本合计
5	1		期初已完工工程实际成本	83 420	1 270 000	21 000	3 200	23 462	1 401 082
5	1		期初未完施工	11 280	313 000	5 800			330 080
5	×		分配人工费 分配材料费 分配机械使用费 分配其他直接费用 分配间接费用	125 320	2 434 000	62 000	9 600	263 092	
5			本期施工费用发生额	125 320	2 434 000	62 000	9 600	263 092	2 894 012
			减；期末未完工工程成本	6 000	22 000	800			28 800
			本期已完工工程实际成本	130 600	2 725 000	67 000	9 600	263 092	3 195 292
			自开工起累计已完工工程实际成本	214 020	3 995 000	88 000	12 800	286 554	4 596 374

表 2-10　　工程施工合同成本明细账

成本核算对象：职工宿舍　　2022 年 5 月 31 日　　单位：元

2018 年 月	日	凭证号数	摘要	直接成本 人工费	材料费	机械使用费	其他直接费用	间接成本 间接费用	工程成本合计
5	1		期初已完工工程实际成本	32 400	487 000	21 000	1 800	54 220	596 420
5	1		期初未完施工	9 200	24 500	900			34 600
5	×		分配人工费 分配材料费 分配机械使用费 分配其他直接费用 分配间接费用	71 240	1 280 000	45 400	6 400	140 304	
5			本期施工费用发生额	71 240	1 280 000	45 400	6 400	140 304	1 543 344
			减：期末未完工工程成本	11 000	62 000	2 000			75 000
			自开工起累计已完工工程实际成本	101 840	1 729 500	65 300	8 200	194 524	2 099 364

提 示

已完工工程成本和未完工工程成本都已在“合同履约成本——工程施工”账户予以归集，月末计算已完工工程成本和未完工工程成本时，不需要单独进行会计处理。待确认工程合同收入后，结转相应的合同成本。

单元小结

施工企业又称建筑安装企业，是从事各种建筑物、土木工程、设备安装和机械化施工等建筑安装工程生产的企业。本单元的主要任务是施工企业会计与其他行业会计比较不同会计业务的核算。包括周转材料、临时设施、工程成本、工程价款结算和工程合同收入的核算。周转材料的摊销采用一次摊销法、五五摊销法和分次摊销法。临时设施按照固定资产核算方法进行核算。工程合同收入及合同成本的确认和计量，应当根据合同履约进度能否合理确定，分别采用不同的方法进行会计处理。合同履约进度能合理确定的，按照履约进度确认合同收入和合同成本；合同履约进度不能合理确定的，按照收回的成本确认合同收入，实际发生的费用确认合同成本。工程成本包括人工费、材料费、机械使用费、其他直接费用和间接费用。一般情况下，施工企业应该以每一单位工程作为成本核算的对象核算工程成本，按期计算未完工工程和已完工工程的实际成本，工程竣工时还应计算竣工工程的实际成本，并根据工程合同确定的工程价款结算办法，按时结算已完工程成本，向建设单位收取工程价款。

【业务训练】

答案

训练一

【资料】2022 年 6 月，某市建筑公司第一项目部 B 工程为施工现场搭建临时作业棚等临时设施。发生如下业务：

（1）用银行存款支付机械租赁费 12 000 元；

（2）领用原材料 86 000 元、辅助材料 7 200 元；

（3）支付建筑工人工资 12 400 元；

（4）临时作业棚交付使用，假定上项临时作业棚预计使用 2 年，预计净残值率为 2%。

要求：

（1）假定不考虑增值税，分别编制上述业务 1 ~4 的会计分录；

（2）计算每月的摊销额和该公司 2022 年的摊销额；

（3）假定 2023 年 6 月该临时作业棚报废时，支付拆除费用 1 500 元，收回残料 1 300 元，编制报废临时作业棚的会计分录。

训练二

【资料】某施工企业为增值税一般纳税人，某一项目部 2022 年 6 月发生下列有关经济业务：

（1）以银行存款支付工地燃料费价款 2 600 元、增值税额 338 元，支付劳保用品修理费 500 元、增值税 65 元，都取得增值税专用发票并已认证；

（2）计提工地现场固定资产折旧费 5 000 元；

（3）根据“工资费用分配表”，应付项目部管理人员工资 55 000 元；

（4）报销工人探亲路费 3 000 元，以现金支付；

（5）领用一次性摊销的工具 300 元，劳保用品 100 元；

（6）交通车领用油料 1 300 元；

（7）本月该施工单位工程项目资料如表 2－11 所示。

表 2－11　　工程项目资料　　单位：元

工程类别	工程项目	直接成本	其中：人工费成本
铁路施工	101 隧道	1 000 000	94 000
	102 路基	800 000	50 000
	103 大桥	600 000	46 000
	104 线路	500 000	32 000

要求：

（1）根据上述资料，编制间接费用发生的会计分录；

（2）根据上述资料分配施工间接费用，编制相关会计分录。

训练三

【资料】2021 年 5 月，某市第一建筑公司与客户签订了一项 5 000 万元（不含增值税）的房屋建造合同，合同规定建设期 30 个月，工程预计总成本 4 000 万元。该工程于 2022 年 6 月 1 日开工，2021 年实际发生合同成本 600 万元，结算合同价款 900 万元，实际收到 800 万元；2022 年末累计实际发生合同成本 2 400 万元，结算合同价款 1 800 万元，实际收到 1 600 万元；2023 年完成合同累计发生成本 4 050 万元，结算合同价款 1 940 万元，实际收到 2 600 万元。

假定上述价款均不含增值税，增值税税率为 9%；假定每年末进行工程价款结算，价款结算时即发生增值税纳税义务，客户在实际支付工程价款的同时支付对应的增值税款；假定履约进度能合理确定。

要求：计算各年履约进度和确认的合同收入，并编制相关的会计分录。

训练四

【资料】2022 年 6 月，第一建筑公司第三项目部 A、B 两工程发生下列有关工程成本的业务：

（1）领用一次摊销的周转材料一批，价值 2 000 元。

（2）领用模板一批，价值 25 000 元，预计使用 20 次，本月使用 4 次 。

（3）本月应付职工薪酬 180 000 元。其中，A 工程施工工人 80 000 元，B 工程施工工人

40 000 元，自有施工机械操作工人 5 000 元，施工管理人员 55 000 元。

（4）本月应计提固定资产折旧 16 800 元。其中，自有施工机械折旧 8 000 元，施工管理部门固定资产折旧 8 800 元。

（5）本月以银行存款支付电费 4 200 元、增值税 546 元。其中，自有施工机械电费 2 400 元，施工管理部门电费 1 800 元。

（6）本月以银行存款支付工程用水费 4 600 元、增值税 598 元。

（7）本月材料发出汇总，如表 2－12 所示。

表 2－12 材料发出汇总表 单位：元

受益对象	主要材料		其他材料		机械配件	
	计划成本	成本差异	计划成本	成本差异	计划成本	成本差异
A 工程	500 000	8 000	12 000	－200		
B 工程	250 000	5 000	10 000	－100		
自有施工机械					600	30
合计	750 000	13 000	22 000	－300	600	30

（8）本月以银行存款支付租赁施工机械费 3 000 元、增值税 390 元。其中，A 工程 2 000 元，B 工程 1 000 元。

（9）按工程使用台班分配本月自有施工机械使用费，A 工程使用 80 台班，B 工程使用 40 台班。

（10）按各工程的直接成本分配本月施工间接费用。

要求：

（1）根据以上业务编制相关会计分录；

（2）计算 A、B 工程本月发生的工程成本。

单元三

房地产开发企业会计

学习目标

- 了解房地产开发企业经营特点和会计核算特点
- 熟悉开发产品的内容
- 掌握开发产品和周转房的核算方法和技能
- 掌握开发成本的计算方法和技能
- 掌握营业收入的核算方法和技能
- 培养遵纪守法和诚实守信的职业素养
- 树立正确的人生观和价值观

德技并修园地

努力实现全体人民住有所居

住房和城乡建设事业事关经济社会发展大局，事关人民群众切身利益。在8月31日举行的国新办新闻发布会上，住房和城乡建设部有关负责人介绍了住房和城乡建设事业为全面建成小康社会作出的重要贡献。

帮助2亿多困难群众改善住房条件。近年来，我国加快建立以公租房、保障性租赁住房和共有产权住房为主体的住房保障体系，并且建立了一套较为完整的住房保障政策和管理制度。其中，保障性租赁住房以人口净流入城市为重点，着力做好新市民和青年人的住房保障；共有产权住房则由城市政府因地制宜，主要帮助有一定经济实力、买不起房子的居民能够尽快改善居住条件。“十四五”时期，将以发展保障性租赁住房为重点，进一步完善住房保障体系，增加保障性住房供给，努力实现全体人民住有所居。与此同时，城镇老旧小区改造全面推进。2019～2020年，全国累计新开工改造城镇老旧小区5.9万个，惠及1 088万户居民。2021年计划新开工改造5.3万个老旧小区，涉及居民900多万户；截至7月底，已开工建设4.22万个小区，占年度目标的78.2%。“从实际效果看，实施城镇老旧小区改造，完善了水电路气信等配套基础设施，因地制宜增加了养老、托育、便利店等公共服务设施，消除了大量安全隐患，改善了老旧小区居民的居住条件和生活环境。”住房和城乡建设部副部长黄艳介绍，“十四五”时期，我国将基本完成2000年底前建成的21.9万个城镇老旧小区改造。

城市建设取得历史性成就，乡村面貌发生巨变。近年来，城市建设取得历史性成就，创造了世界城市发展史上的奇迹。2020年我国常住人口城镇化率达63.89%、城市数量达687个、城市建成区面积达6.1万平方千米。2019年，我国城镇生产总值、固定资产投资占全国比重均接近90%。城市基础设施建设步伐加快。2020年，全国城市道路长度是49.3万千米，城市轨道交通建成里程7 597.9千米，位居全球前列。市政公用设施水平显著提升。2020年，我国的供水普及率和燃气普及率分别达到了99%和97.9%，基本达到发达国家水平。此外，城市人居环境明显改善，历史文化保护力度不断加强。

乡村面貌发生巨变，历史性解决了农村贫困群众的住房安全问题。全面实施脱贫攻坚农村危房改造以来，790万户、2 568万贫困群众的危房得到改造；同步支持1 075万户农村低保户、分散供养特困人员、贫困残疾人家庭等贫困群体改造危房；全国 2 341.6 万户建档立卡贫困户实现住房安全有保障。住房和城乡建设部副部长倪虹说，将把农村危房改造作为一项长期性、基础性、系统性的工作持续推进，逐步建立起农村低保和低收入家庭的人口和家庭住房安全保障长效机制。

资料来源：丁怡婷．人民日报．2021 -09 -01（原文：我国建成世界上最大住房保障体系——努力实现全体人民住有所居）.

【启示】《中共中央关于制定国民经济和社会发展第十四个五年规划和二〇三五年远景目标的建议》提出：“促进住房消费健康发展”“坚持房子是用来住的、不是用来炒的定位，租购并举、因城施策，促进房地产市场平稳健康发展”“有效增加保障性住房供给，完善土地出让收入分配机制，探索支持利用集体建设用地按照规划建设租赁住房，完善长租房政策，扩大保障性租赁住房供给”。可以看出，坚持以人民为中心，心怀人民群众、心系人民情怀，不断增进人民福祉、实现人民幸福，是党的初心使命的集中体现与现实反映。同学们，作为中国人，要努力学党史，感党恩，听党话，跟党走！努力成为社会主义现代化建设的优秀接班人。

【单元导读】

一、房地产开发企业生产经营特点

房地产开发企业主要从事土地的开发建设、房屋开发建设、配套设施的开发建设和代建工程的开发建设。开发产品的成本和收入的核算是房地产开发企业会计核算的核心内容。其生产经营特点主要表现在以下五个方面。

（一）开发经营的计划性

企业征用的土地、建设的房屋、基础设施以及其他设施都应严格控制在国家计划范围之内，按照规划、征地、设计、施工、配套、管理“六统一”原则和企业的建设计划、销售计划进行开发经营。

（二）开发产品的商品性

房地产开发企业的产品全部都作为商品进入市场，按照供需双方合同协议规定的价格或市场价格作价转让或销售。

（三）开发经营业务的复杂性

所谓复杂性包括两个方面：一是经营业务内容复杂。企业除了土地和房屋开发外，还要建设相应的基础设施和公共配套设施。经营业务囊括了从征地、拆迁、勘察、设计、施工、销售到售后服务全过程。二是涉及面广，经济往来对象多。企业不仅因购销关系与设备、材料物资供应单位等发生经济往来，而且因工程的发包和招标与勘察设计单位、施工单位发生经济往来，还会因受托代建开发产品、出租开发产品等与委托单位和承租单位发生经济往来。

（四）开发建设周期长，投资金额大

开发产品要从规划设计开始，经过可行性研究、征地拆迁、安置补偿、七通一平、建筑安装、配套工程、绿化环卫工程等几个开发阶段，少则一年，多则数年才能全部完成。另外，上述每一个开发阶段都需要投入大量资金，加上开发产品本身的造价很高，需要不断地投入大量的资金。

（五）经营风险大

开发产品单位价值高、建设周期长、负债经营程度高、不确定因素多，一旦决策失误，销路不畅，将造成大量开发产品积压，使企业资金周转不灵，导致企业陷入困境。

二、房地产开发企业会计核算特点

（一）会计核算周期具有长期性

由于房地产企业的产品开发周期长，从而会计核算周期具有长期性。因此，正确处理跨年度的各项收入和费用，以合理确定各会计期间的损益，是房地产行业的会计核算特点之一。

（二）资金筹集渠道多源性

房地产开发企业资金筹集渠道包括预收购房定金或建设资金、预收代建工程款、土地开发及商品房贷款、发行公司债券和股票、与其他单位联合开发吸收其他单位投资等。

（三）资金占用多元性

房地产开发企业的多种经营业务特点，决定其资金占用表现为多元化状态，具体体现为储备资金、在建资金和结算资金等。其中，在建资金包括土地开发项目在建资金、商品房项目在建资金、配套设施在建资金和代建工程在建资金等。

（四）成本核算特殊性

房地产开发企业的成本是指开发现场发生的各项耗费，包括土地出让金、土地征用及拆迁补偿费、前期工程费、建筑安装工程费、基础设施建设费、公共配套设施费及为进行现场管理发生的各项开发间接费用。按开发项目成本又可分为土地开发成本、房屋开发成本、配套设施开发成本、代建工程开发成本等。

（五）收入确认复杂性

房地产开发企业确认收入的条件除了符合收入准则规定的确认条件外，还应根据具体内容分别确认。

三、房地产开发企业会计核算的主要内容和项目工作任务

（一）房地产开发企业会计核算的主要内容

从会计业务方面比较房地产开发企业与制造企业的不同，总结房地产开发企业会计核算的主要内容，如表 3 - 1 所示。

表 3－1　房地产开发企业会计与制造企业会计的不同业务比较

项目	内容	房地产开发企业会计	制造企业会计
资产	产品	开发产品	库存商品、在产品
		周转房	
收入	主营业务	销售开发产品	销售商品
费用	成本组成	土地征用及拆迁补偿费、前期工程费、建筑安装工程费、基础设施建设费、公共配套设施费和开发间接费用	直接材料、直接人工和制造费用
	成本核算	为进行现场管理发生的各项开发在“开发成本”“开发间接费用”账户归集	生产成本在“生产成本”“制造费用”账户归集

（二）房地产开发企业单元项目和工作任务

房地产开发企业单元项目和工作任务如图 3－1 所示。

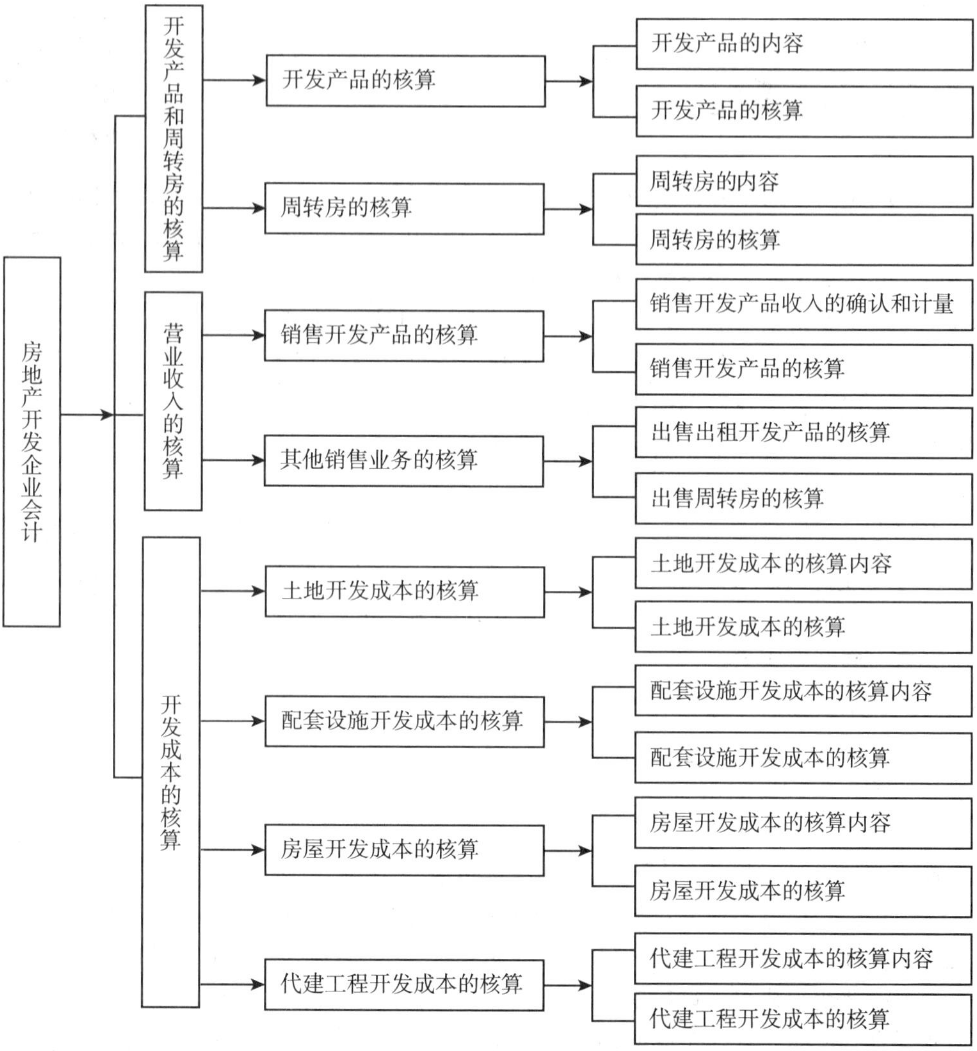

图 3－1　房地产开发企业单元项目和工作任务

项目一　开发产品和周转房的核算

任务一　开发产品的核算

课件

【任务描述】

熟悉开发产品的内容，结合库存商品的核算方法，完成开发产品的取得和减少等业务的会计核算工作任务。

开发产品的核算

【任务实施】

一、开发产品的内容

开发产品是指房地产开发企业已完成全部开发过程并验收合格，达到设计标准可以按照合同规定的条件移交购货单位，或者可以按照预定用途使用的产品。主要有开发土地、开发建设房屋、开发建设的配套设施和代建工程。

开发土地主要包括：为有偿转让或出租而开发的商品性建设场地，属于企业的最终产品；为建商品房、经营房和周转房而开发的自用建设场地，它属于企业的中间产品，若近期不使用，已完成的自用建设场地也视为最终产品。

开发建设房屋主要包括：为销售而开发建设的商品房；为出租经营而开发的出租房；为安置被拆迁居民周转使用而开发建设的周转房；代为开发建设的房屋。

开发建设的配套设施主要包括：开发小区内能有偿转让的公共配套设施，如商店、邮局、银行用房等，该类配套设施开发完成后，作为企业的开发产品；开发小区内不能有偿转让的公共配套设施，如居委会用房、幼儿园用房、水塔等，该类配套设施开发完成后，计入开发小区内房屋开发成本。

代建工程主要包括：建设场地、房屋和其他工程。

二、开发产品的核算

设置“开发产品”账户，核算其增减变动情况。该账户借方登记竣工验收开发产品的实际成本，贷方登记已结转的对外转让、销售和结算开发产品的实际成本。期末借方余额反映的是尚未转让、销售和结算的开发产品的实际成本。该账户应按土地、房屋、配套设施、代建工程等设置明细账户，进行明细核算。

企业开发的产品，在竣工验收时按其实际成本借记“开发产品——土地（或房屋、配套设施、代建工程）”账户，贷记“开发成本——土地开发（或房屋开发、配套设施开发、代建工程开发）”账户。

对外销售、转让开发产品时，期末按其实际成本借记“主营业务成本”账户，贷记“开发产品”账户。

将开发的土地和房屋用于出租经营，或将开发的房屋用于拆迁居民周转使用的，在移交使用时，按土地和房屋的实际成本，借记“投资性房地产”或“周转房”账户，贷记“开发产品——土地（房屋）”账户。

将开发的营业性配套设施，用于本企业从事第三产业用房，应视同自用固定资产进行处理，按配套设施的实际成本，借记“固定资产”账户，贷记“开发产品——配套设施”账户。

对于已交付使用或已办理销售和结转手续，而产权尚未移交出去的开发产品，如商品房和配套设施等，应设置“代管房产备查簿”进行实物管理。企业不得将这部分财产入账，也不得计提折旧和摊销；企业在代管房产过程中取得的收入和发生的支出，应记入“其他业务收入”账户和“其他业务成本”账户。

【做中学3－1】2022年5月，华泰房地产开发公司商品房开发项目竣工，实际成本为2 500万元。

根据成本计算单等原始凭证，编制会计分录如下：

借：开发产品——商品房　　25 000 000

　　贷：开发成本——商品房开发　　25 000 000

【做中学3－2】2022年5月，华泰房地产开发公司对外销售商品房一栋，实际成本为800万元；将一座商店转作企业第三产业经营用房，实际成本50万元。

（1）销售商品房根据销售合同等原始凭证，编制会计分录如下：

借：主营业务成本　　8 000 000

　　贷：开发产品——商品房　　8 000 000

（2）转作第三产业的商店，根据公司会议决议文件等原始凭证，编制会计分录如下：

借：固定资产　　500 000

　　贷：开发产品——配套设施　　500 000

任务二　周转房的核算

课件

【任务描述】

了解周转房的性质，结合低值易耗品和固定资产的核算方法，完成周转房的会计核算工作任务。

【任务实施】

周转房的核算

一、周转房的内容

周转房是指房地产开发企业用于安置拆迁居民周转使用、产权归本企业所有的房屋。主要包括：开发专门为安置拆迁居民周转使用的房屋；开发完成尚未销售以前用于安置拆迁居民周转使用的房屋；搭建的用于安置拆迁居民周转使用的临时简易房屋。

周转房的主要特征是使用期限较长，周转房的性质与固定资产相似，但其用途类同低值易耗品。因此应将周转房的价值参照固定资产计提折旧的方式，采用一定的摊销方法分别计入受益的开发产品成本。

二、周转房的核算

设置“周转房”账户，核算周转房的增减、摊销及结存情况，并设置“在用周转房”和“周转房摊销”两个明细账户。

设置“在用周转房”明细账户，核算周转房的增减变动，借方登记转作周转房的实际成本；贷方登记改变周转房用途对外销售周转房的原值；期末借方余额表示尚在用周转房的实际成本。对于在用周转房，企业还应根据其具体使用情况，建立“周转房使用卡片”，按每一套周转房的栋号（或楼层、房间号）进行明细核算，详细记录周转房的坐落地点、结构、层次、面积、安置居民姓名等情况。

设置“周转房摊销”明细账户，核算周转房的摊销，借方登记改变周转房用途对外销售周转房而冲销的累计摊销额；贷方登记各月计提的周转房摊销额；期末贷方余额表示尚在周转中房屋的累计摊销额。

（一）周转房的日常核算

（1）企业开发完成用于安置拆迁居民周转使用的周转房，商品房尚未销售前用于安置拆迁居民周转使用，以及建造完成的用于拆迁居民周转使用的临时性简易房屋，在交付使用时按其实际成本，借记“周转房——在用周转房”账户，贷记“开发产品——房屋”或“开发成本”账户。

（2）周转房按月计提摊销额时，若能确定其为某项房屋开发项目负担的，应借记“开发成本——房屋开发”账户；若不能确定其为某项房屋开发项目负担的，借记“开发间接费用”账户，按摊销额贷记“周转房——周转房摊销”账户。

知识链接

周转房损耗价值的摊销计算公式如下：

$$周转房年摊销率 = (1 - 预计净残值率) / 预计摊销年限 \times 100\%$$

$$周转房月摊销率 = 年摊销率/12$$

$$周转房月摊销额 = 周转房原值 \times 月摊销率$$

（3）周转房在周转过程中发生的修理费用，应计入当期的开发产品成本，借记“开发成本——房屋开发”“开发间接费用”等账户，贷记“银行存款”“应付职工薪酬”等账户。

【做中学 3－3】远东房地产公司于 2022 年 6 月末将一批商品房暂作安置拆迁居民周转房使用，该周转房的实际成本为 100 万元，预计净残值率为 4%，预计工期的受益期限为 20 个月。2022 年 12 月转账支付修理费用 5 万元，取得增值税普通发票。

（1）2022 年 6 月，根据成本计算单等原始凭证，编制会计分录如下：

借：周转房——在用周转房　　1 000 000

　　贷：开发产品——房屋　　1 000 000

（2）每月月末，编制周转房摊销计算表，计算每月周转房的摊销额并据以编制转账凭证，作会计分录如下：

周转房月摊销额 = 1 000 000 ×（1 − 4%）÷ 20 = 48 000（元）

借：开发成本——房屋开发　　48 000

　　贷：周转房——周转房摊销　　48 000

（3）2022 年 12 月，根据周转房维修费用明细表和转账支票等付款凭单，编制付款凭证，作会计分录如下：

借：开发成本——房屋开发　　50 000

　　贷：银行存款　　50 000

（二）周转房处置的核算

【做中学 3 – 4】 远东房地产公司为增值税一般纳税人，销售商品房适用的增值税税率为 9%。2022 年 4 月，远东房地产公司有一地段的周转房不需使用，将其对外出售，不含税售价为 120 万元，全部款项已收存银行。该周转房账面原值 180 万元，累计摊销额为 80 万元。

根据审核无误的销售合同、销售发票和银行进账单等原始凭证，编制会计分录如下：

借：银行存款　　1 308 000

　　贷：主营业务收入　　1 200 000

　　　　应交税费——应交增值税（销项税额）　　108 000

借：主营业务成本　　1 000 000

　　周转房——周转房摊销　　800 000

　　贷：周转房——在用周转房　　1 800 000

关于周转房改变用途出售时，确认销售商品收入的具体核算见本项目任务二。

项目二　营业收入的核算

任务一　销售开发产品的核算

课件

【任务描述】

掌握销售开发产品的收入确认和计量，完成销售开发产品营业收入的会计核算工作任务。

【任务实施】

一、销售开发产品收入的确认和计量

（一）销售开发产品收入的确认

当企业与客户之间的合同同时满足下列条件时，企业应当在客户取得开发产品控制权时确认收入：

（1）合同各方已批准该合同并承诺将履行各自义务；

（2）该合同明确了合同各方与所转让商品或提供劳务相关的权利和义务；

（3）该合同有明确的与所转让商品相关的支付条款；

（4）该合同具有商业实质，即履行该合同将改变企业未来现金流量的风险、时间分布或金额；

（5）企业因向客户转让商品而有权取得的对价很可能收回。

在合同开始日即满足前款条件的合同，企业在后续期间无须对其进行重新评估，除非有迹象表明相关事实和情况发生重大变化。合同开始日通常是指合同生效日。

根据上述收入确认的一般标准，结合房地产开发企业经营的特点，房地产开发企业营业收入的确认可分为以下几种情况：

（1）房地产开发企业转让、销售土地和商品房，应在土地和商品房已经移交，已将发票和结算账单交给买主时，确认收入的实现。

（2）房地产开发企业代建的房屋和工程，应在房屋和工程竣工验收，办妥财产交接手续，并已将代建的房屋和工程价款结算账单提交委托单位时，确认收入的实现。

（3）房地产开发企业采取赊销或分期收款销售的办法销售土地和商品房的，可以按合同规定的收款时间分次确认为收入，但必须以土地和商品房已经移交给买主作为销售实现的前提条件。

（4）房地产开发企业跨年度的代建工程，在年末可按工程完工的百分比确认收入和费用。

（二）销售收入的计量

企业应当按照分摊至各单项履约义务的交易价格计量收入。交易价格，是指企业因向客户转让商品而预期有权收取的对价金额。企业代第三方收取的款项以及企业预期将退还给客户的款项，应当作为负债进行会计处理，不计入交易价格。

二、销售开发产品的核算

房地产开发企业应根据收入与费用配比的原则，在确认收入的同时或同一会计期间结转相关的成本。

设置“主营业务收入”账户，核算销售开发产品取得的收入。

设置“主营业务成本”账户，核算销售开发产品结转的成本。

设置“税金及附加”账户，核算销售开发产品结转的城建税、教育费附加等。

1. 一般销售业务核算

【做中学3－5】 远东房地产公司为增值税一般纳税人，销售土地使用权适用的增值税税率为9%。2022年6月对外转让已开发完成的土地一块，实际开发成本560万元，不含税售价为800万元。已办理交接手续，开具增值税专用发票，全部款项已收讫并存入开户银行。

（1）确认已实现的收入时，根据增值税专用发票、进账单等原始凭证，编制会计分录如下：

借：银行存款	8 720 000	
贷：主营业务收入——土地转让收入		8 000 000
应交税费——应交增值税（销项税额）		720 000

（2）结转转让土地的实际成本时，根据成本结算单等原始凭证，编制会计分录如下：

借：主营业务成本——土地转让成本	5 600 000	
贷：开发产品——土地		5 600 000

（3）按照规定计算城市维护建设税5.04万元、教育费附加2.16万元、土地增值税72万元，根据税费计算表等，编制转账凭证，作会计分录如下：

借：税金及附加	792 000	
贷：应交税费——应交城市维护建设税		50 400
——应交教育费附加		21 600
——应交土地增值税		720 000

2. 预收款销售的核算

【做中学3－6】 远东房地产公司为增值税一般纳税人，销售商品房适用的增值税税率为9%。2022年6月销售乐居小区住宅共计2 000平方米，每平方米不含税售价2 500元。按照合同规定，已预收定金206万元，现房屋已竣工并办理决算，实际总成本400万元，并向买方办理了交接手续，余款已全部收讫并存入银行。

（1）预收款时，根据进账单合同等，编制收款凭证，作会计分录如下：

借：银行存款	2 060 000	
贷：合同负债		2 000 000
应交税费——预交增值税		（2 000 000×3%）60 000

按照规定计算应预交城市维护建设税4 200元、教育费附加1 800元、土地增值税3 000元。根据税费计算表等，编制转账凭证，作会计分录如下：

借：税金及附加	9 000	
贷：应交税费——应交城市维护建设税		4 200
——应交教育费附加		1 800
——应交土地增值税		3 000

（2）向税务机关预交增值税、所得税、城市维护建设税、教育费附加、土地增值税，根据交款回单等，编制付款凭证，作会计分录如下：

借：应交税费——预交增值税 60 000
——应交城市维护建设税 4 200
——应交教育费附加 1 800
——应交土地增值税 3 000
——应交所得税 （2 000 000×15%×25%） 75 000
贷：银行存款 144 000

（3）房屋竣工决算时，根据竣工决算单编制会计分录如下：

借：开发产品——房屋（乐居小区） 4 000 000
贷：开发成本——房屋开发（乐居小区） 4 000 000

（4）向买方办理了交接手续，确认已实现的收入时，根据销售发票编制会计分录如下：

借：合同负债 2 000 000
银行存款 3 390 000
贷：主营业务收入——商品房销售收入 5 000 000
应交税费——应交增值税（销项税额） 390 000

（5）结转已售商品房的营业成本400万元。根据销售合同、销售发票，编制会计分录如下：

借：主营业务成本——商品房销售成本 4 000 000
贷：开发产品——房屋（乐居小区） 4 000 000

3. 代建工程的核算

【做中学3-7】远东房地产公司为增值税一般纳税人，代建工程适用的增值税税率为9%。2022年5月，该公司接受市政工程局的委托代建某项工程，按合同规定，期限为5个月，工程合同不含税价款为300万元，有关经济业务如下：

5月12日，收到市政工程局第一个月预付款50万元。

6月、7月、8月各收到市政工程局预付款50万元。

9月26日，工程已全部竣工，验收合格。按合同规定将工程结算账单交给市政工程局。工程全部价税款为327万元。

9月30日收到市政工程局补付的工程款127万元，已存入银行。

根据上述业务，编制记账凭证，作出相关会计分录。

（1）5月、6月、7月、8月收到款项时，根据银行进账单等原始凭证，编制会计分录如下：

借：银行存款 500 000
贷：合同负债——市政工程局 500 000

到8月末，“合同负债”账户已有贷方余额200万元。

（2）9月末，进行结算、确认收入，结转成本。

①进行工程价款结算，确认代建工程结算收入和应收账款，根据合同等原始凭证，编制会计分录如下：

借：合同结算——收入结转 3 000 000
贷：主营业务收入——代建工程结算收入 3 000 000

借：应收账款——市政工程局　　3 270 000

　　贷：合同结算——价款结算　　3 000 000

　　　　应交税费——应交增值税（销项税额）　　270 000

②转销原来的预收账款，编制会计分录如下：

借：合同负债——市政工程局　　2 000 000

　　贷：应收账款——市政工程局　　2 000 000

③结转代建工程的销售成本。假定该项工程已经结转了完工工程成本。即已将“开发成本——代建工程开发”账户结转到“开发产品——代建工程”账户。该项工程的实际成本为260万元。那么，当确认销售收入的同时，要结转代建工程的销售成本，编制会计分录如下：

借：主营业务成本——代建工程成本　　2 600 000

　　贷：开发产品——代建工程　　2 600 000

（3）根据进账单等原始凭证，编制会计分录如下：

借：银行存款　　1 270 000

　　贷：应收账款——市政工程局　　1 270 000

【做中学3-8】远东房地产公司为增值税一般纳税人，收取代建管理费适用的增值税税率6%。2022年3月1日，该公司接受市政府的委托代管某项工程的建设，合同约定收取的管理费按造价的6%收取。2022年10月，该项工程建设完毕，建设成本为1 500万元，远东房地产公司收到代建管理费90万元，并开具了增值税普通发票。

远东房地产公司根据代建合同、进账单、增值税专用发票等，编制转账凭证，作会计分录如下：

借：银行存款——市政府　　900 000

　　贷：主营业务收入　　[900 000÷(1+6%)] 849 056.6

　　　　应交税费——应交增值税（销项税额）　　50 943.4

任务二　其他销售业务的核算

课件

【任务描述】

完成出售出租开发产品、出售周转房等其他销售业务的会计核算工作任务。

【任务实施】

一、出售出租开发产品的核算

企业将出租开发产品改变用途，将其作为商品对外出售时，按其销售价款，借记“银行存款”“应收账款”等账户，贷记“主营业务收入”“应交税费——应交增值税（销项税额）”账户；同时，按其摊余价值，借记“主营业务成本”账户，按其累计折旧额，借记

“投资性房地产累计折旧”账户，按其原值，贷记“投资性房地产”账户。

二、出售周转房的核算

企业将周转房改变用途，将其作为商品房对外出售时，按其销售价款，借记“银行存款”“应收账款”等账户，贷记“主营业务收入”“应交税费——应交增值税（销项税额）”账户；同时结转销售成本，按其摊余价值，借记“主营业务成本”账户，按累计已提摊销额，借记“周转房——周转房摊销”账户，按其原值贷记“周转房——在用周转房”账户。

1. 出售出租开发产品的核算

【做中学3－9】 远东房地产公司为增值税一般纳税人，出售商品房适用的增值税税率为9%。2021年12月远东房地产公司将开发完成的一栋写字楼出租给兴华贸易公司使用。租赁合同规定租期10年，租赁开始日为2022年1月1日。该写字楼的实际成本为5 000万元，预计使用年限为50年，预计净残值率为2%。合同期满，远东房地产公司将该写字楼出售给兴华贸易公司，不含税售价4 200万元。

（1）租赁期满，销售成立时，根据审核无误的销售合同、销售发票、银行进账单等原始凭证，编制会计分录如下：

借：银行存款	45 780 000	
贷：主营业务收入——商品房销售收入		42 000 000
应交税费——应交增值税（销项税额）		3 780 000

（2）计算写字楼的摊余价值，结转销售成本，编制转账凭证，作会计分录如下：

累计折旧为50 000 000×（1－2%）÷50＝980 000（元）

摊余价值＝50 000 000－980 000×10＝40 200 000（元）

借：主营业务成本——商品房销售成本	40 200 000	
投资性房地产累计折旧	9 800 000	
贷：投资性房地产		50 000 000

2. 出售周转房的核算

【做中学3－10】 远东房地产公司为增值税一般纳税人，出售商品房适用的增值税税率为9%。该公司将一幢不需用的周转房对外出售，该周转房账面原值780万元，累计已摊销额为450万元。开具增值税专用发票，价税款545万元已收存银行。

根据审核无误的销售合同、销售发票和银行进账单等原始凭证，编制会计分录如下：

借：银行存款	5 450 000	
贷：主营业务收入		5 000 000
应交税费——应交增值税（销项税额）		450 000
借：主营业务成本	3 300 000	
周转房——周转房摊销	4 500 000	
贷：周转房——在用周转房		7 800 000

项目三 开发成本的核算

任务一 土地开发成本的核算

课件

【任务描述】

合理判断成本核算对象，正确确定土地开发成本项目，掌握各要素费用的归集和分配方法，完成土地开发成本的会计核算工作任务。

【任务实施】

土地开发成本的核算

一、土地开发成本的核算内容

（一）土地开发成本核算对象

土地开发成本核算首先要确定成本核算对象。确定成本核算对象，就是为了按成本核算对象归集各项费用，并按一定的成本核算对象计算和结转成本。对单独核算土地开发成本的开发项目，应按下列原则确定成本核算对象。

（1）对开发面积不大、开发工期较短的土地，以每一块独立的开发土地作为成本核算对象。

（2）对开发面积较大、开发工期较长、分区域开发的土地，以一定区域作为土地开发成本的核算对象。

（二）土地开发成本项目

土地开发成本是指因开发土地所发生的各项费用，通常划分为以下成本项目。

（1）土地征用及拆迁补偿费，包括为开发房地产而取得土地使用权所支付的土地出让金、土地征用费、耕地占用税、劳动力安置费及地上、地下拆迁补偿的净支出、安置动迁用房支出等。

（2）前期工程费，包括设计规划费、项目可行性研究费、水文地质及工程地质勘察费、测绘费以及“三通一平”支出等。

（3）基础设施费，包括开发小区内道路、供水、供气、排污、排洪、通信、照明、环卫、绿化等工程发生的支出。

（4）公共配套设施费，指不能有偿转让的开发小区内建设公共配套设施发生的支出，如开发小区内消防、锅炉房、水塔等设施的支出。

（5）开发间接费用，是指企业直接组织、管理开发项目发生的各项费用，包括现场管理人员的薪酬、现场房屋设备的折旧费、现场办公费、水电费、劳动保护费、工程借款利息支出和周转房摊销等。

上述（1）~（4）项属于直接费用。直接费用是指为完成土地开发所发生的、可以直接计入土地开发成本核算对象的各项费用支出，主要包括土地开发过程中耗费的各项支出。第（5）项属于间接开发费用。间接开发费用是指企业内部独立核算单位及开发现场为开发房地产而发生的各项间接费用，包括人员工资、福利费、折旧费、修理费、办公费、水电费、劳动保护费、周转房摊销等。

二、土地开发成本的核算

设置“开发成本”账户，核算企业在土地、房屋、配套设施和代建工程的开发过程中所发生的各项费用。企业对出租房进行装修及增补室内设施而发生的出租房工程支出，也在本账户核算。借方登记各成本核算对象所发生的各项开发费用，贷方登记结转已开发完成并验收合格的开发项目的实际成本；期末借方余额反映企业在建开发项目的实际成本。本账户按开发项目种类，设置“土地开发”“房屋开发”“配套设施开发”“代建工程开发”等明细账户，并在二级明细账户下，按成本核算对象和成本项目进行明细核算。

设置“开发间接费用”账户，核算企业内部独立核算单位为开发产品而发生的各项间接费用。该账户的借方登记发生的各项间接费用，贷方登记分配结转的开发间接费用；期末无余额。

土地开发的开发产品为建设场地，按其用途分为两类：一类是为了销售或有偿转让的商品性建设用地；另一类是为本企业建设商品房和其他经营性房屋而开发的自用建设用地。

用于商品性建设场地开发所发生的各项费用，属于直接费用的，直接记入“开发成本——土地开发”账户；属于间接开发费用发生时，先在“开发间接费用”账户归集，期末，通过一定的分配标准，按照各成本计算对象记入“开发成本——土地开发”账户。

用于自用建设场地开发所发生的各项费用，具体分为两种情况：一是不能直接确定土地使用对象时，对于发生的各项直接费用，应借记“开发成本——土地开发”账户，贷记“银行存款”“应付账款”等账户。对于发生的各项间接费用与商品性建设场地的核算相同。二是能够直接确定土地使用对象时，发生的各项直接费用，记入“开发成本——房屋开发”账户，发生的各项间接费用，先在“开发间接费用”账户归集，期末经过分配以后，记入“开发成本——房屋开发”账户。

提 示

开发企业内部如未设二级管理机构，由公司直接组织管理房地产开发项目，所发生的开发间接费用，列入管理费用，不设间接开发费用。

【做中学 3－11】 远东房地产开发公司 2022 年 3 月对两块土地进行开发，其中甲土地为商品性土地开发，乙土地为自用土地开发。乙土地开发完工后供建设商品房 1 号楼和 2 号楼

使用，1 号楼与 2 号楼标准和规格不同，需要单独核算成本。(假定不考虑增值税)

(1) 2 日，用银行存款支付甲土地征用费 50 万元，支付乙土地拆迁补偿费 48 万元。根据审核无误的原始凭证，编制会计分录，登记成本明细账。

借：开发成本——土地开发（甲土地） 500 000
　　　　　　——土地开发（乙土地） 480 000
　　贷：银行存款 980 000

(2) 4 日，用银行存款支付项目可行性研究费，其中甲土地 1.5 万元，乙土地 2 万元。根据审核无误的原始凭证，编制会计分录，登记成本明细账。

借：开发成本——土地开发（甲土地） 15 000
　　　　　　——土地开发（乙土地） 20 000
　　贷：银行存款 35 000

(3) 15 日，由省一建公司承包的基础设施工程已经竣工，甲土地应付工程款 28 万元，乙土地应付工程款 20 万元。款未付。根据审核无误的原始凭证，编制会计分录，登记成本明细账。

借：开发成本——土地开发（甲土地） 280 000
　　　　　　——土地开发（乙土地） 200 000
　　贷：应付账款——省一建公司 480 000

(4) 20 日，由市一建筑公司承建的甲土地不能有偿转让的公共配套设施水塔已竣工，实际成本 22 万元，款项尚未支付。根据审核无误的原始凭证，编制会计分录，登记成本明细账。

借：开发成本——土地开发（甲土地） 220 000
　　贷：应付账款——市一建筑公司 220 000

(5) 30 日分配土地开发应负担的开发间接费用 8 万元，其中甲土地承担 5 万元，乙土地承担 3 万元。根据审核无误的原始凭证，编制会计分录，登记成本明细账。

借：开发成本——土地开发（甲土地） 50 000
　　　　　　——土地开发（乙土地） 30 000
　　贷：开发间接费用 80 000

(6) 30 日，甲土地已开发完工，共开发建设场地 10 000 平方米，总成本 1 065 000 元。根据审核无误的原始凭证，编制会计分录，登记成本明细账。

借：开发产品——土地（甲土地） 1 065 000
　　贷：开发成本——土地开发（甲土地） 1 065 000

(7) 30 日，乙土地已开发完工并交付 1 号楼和 2 号楼开发使用，实际总成本 73 万元，按各楼实际占用面积进行分配，1 号楼应负担土地开发成本 28 万元，2 号楼应负担土地开发成本 45 万元。根据审核无误的原始凭证，编制会计分录，登记成本明细账。

借：开发成本——房屋开发（1 号楼） 280 000
　　　　　　——房屋开发（2 号楼） 450 000
　　贷：开发成本——土地开发（乙土地） 730 000

(8) 登记“开发成本——土地开发”明细账如表 3－2 和表 3－3 所示，计算土地开发成本。

表 3－2　　　　**土地开发明细账**

成本核算对象：甲土地　　　　2022 年 3 月　　　　单位：元

2022 年		凭证号数	摘要	借方					贷方	余额
月	日			土地征用及拆迁补偿费	前期工程费	基础设施费	公共配套设施费	开发间接费用		
3	2	1	支付土地征用费	500 000						
	4	2	支付可行性研究费		15 000					
	15	3	应付基础设施费			280 000				
	20	4	公共配套设施费				220 000			
	30	5	分配开发间接费用					50 000		
	30	6	结转已完工建设场地实际成本						1 065 000	
			本月合计						1 065 000	0

表 3－3　　　　**土地开发明细账**

成本核算对象：乙土地　　　　2022 年 3 月　　　　单位：元

2022 年		凭证号数	摘要	借方					贷方	余额
月	日			土地征用及拆迁补偿费	前期工程费	基础设施费	公共配套设施费	开发间接费用		
3	2	1	支付土地征用费	480 000						
	4	2	支付可行性研究费		20 000					
	15	3	应付基础设施费			200 000				
	30	5	分配开发间接费用					30 000		
	30	7	结转已完工建设场地实际成本						730 000	
			本月合计	480 000	20 000	200 000		30 000	730 000	0

任务二　配套设施开发成本的核算

课件

【任务描述】

合理判断成本核算对象，正确确定配套设施成本项目，掌握各要素费用的归集和分配方法，完成配套设施成本的会计核算工作任务。

【任务实施】

配套设施开发
成本的核算

一、配套设施开发成本的核算内容

（一）配套设施开发成本核算对象

配套设施开发是指房地产开发企业根据城市建设规划或项目建设设计规划的要求，为满足居住的需要而与开发项目配套的各种服务性设施建设。主要有两类：一类是开发区内可以有偿转让的城市规划中规定的大型配套设施项目，如银行、邮局、商店、学校、医院等；另一类是不能有偿转让的公共配套设施项目，如水塔、锅炉房、居委会用房、排水、供水、供电、供暖、供气的增容、增压设施、交通道路等。

（1）可以有偿转让的大型配套设施项目，应以各配套设施项目作为成本核算对象，以便正确计算各项设施的开发成本。

（2）不能有偿转让、不能直接计入各成本核算对象的各项公共配套设施。若工程规模较大，可以将该配套设施作为成本核算对象；如果工程规模不大，与其他项目建设地点较近，开竣工时间相差不多，且由同一施工单位施工的，可将其合并为一个成本核算对象，待工程完工核算出开发总成本后，按照各该项目的预算成本或计划成本的比例，确定各配套设施的开发成本，再按一定标准，将各配套设施开发成本分配计入有关房屋等开发成本。

（二）配套设施开发成本项目

配套设施开发成本是指因开发配套设施所发生的各项费用。其成本项目主要包括土地征用及拆迁补偿费、前期工程费、基础设施费、建筑安装工程费、公共配套设施费和开发间接费用。

二、配套设施开发成本的核算

设置“开发成本——配套设施开发”二级账户核算各项配套设施的开发成本。该账户借方登记配套设施所发生的各项费用，贷方登记完工后转入“开发产品”账户或分配结转到“房屋开发成本”等账户的配套设施成本。期末借方余额反映的是尚未完工的配套设施已发生的成本。该二级账户下设置“配套设施开发明细账”（三级账），账内按每一开发项目开设账户，以记录和反映不同开发项目的实际开发成本，如“开发成本——配套设施开发——某设施”。

1. 可以有偿转让配套设施的各项支出

该支出如果属于直接费用，直接记入“开发成本——配套设施开发”账户的借方，贷记“银行存款”“应付账款”等账户；如果属于各项间接费用，借记“开发间接费用”账户，贷记“银行存款”“应付账款”等账户，然后按一定的标准分配，借记“开发成本——配套设施开发”等账户，贷记“开发间接费用”账户。

2. 不能有偿转让的配套设施所发生的各项支出

当配套设施与商品房（或土地）同步建设且只有一个成本核算对象的，则直接计入房屋（或土地）的开发成本，借记“开发成本——房屋（或土地）开发”账户，贷记“银行存款”“应付账款”等账户；若有两个或两个以上的成本核算对象时，在各项费用发生时，先借记“开发成本——配套设施开发”账户，贷记“银行存款”“应付账款”等账户；待配套设施完工后，再将其分配计入有关房屋（或土地）开发成本，借记“开发成本——房屋（或土地）开发”账户，贷记“开发成本——配套设施开发”账户；当配套设施与房屋等开发产品不同步建设，或房屋等开发产品已完成等待销售或出租，而配套设施尚未全部完成的，为了及时结转已完商品房成本，经批准后，对应负担配套设施费可按配套设施的预算成本或计划成本，采用预提方法确定商品房应负担的配套设施费，先计入商品房开发成本相关成本项目中，借记“开发成本——房屋（或土地）开发”账户，贷记“预提费用”账户。

开发产品预提配套设施费，可按下列公式予以确定：

$$\text{配套设施费预提率}=\text{该配套设施预算成本（或计划成本）}\Big/\text{应负担该配套设施各开发产品的预算成本（或计划成本）的合计数}\times 100\%$$

$$\text{某项开发产品负担的配套设施费}=\text{该项开发产品预算成本（或计划成本）}\times\text{配套设施费预提率}$$

3. 已完成全部开发并经验收的配套设施

该配套设施按下列不同情况和用途结转其开发成本：

一是可以有偿转让的配套设施的开发成本，计入开发产品的成本，借记“开发产品——配套设施”账户，贷记“开发成本——配套设施开发”账户。

二是不能有偿转让的配套设施，按规定应将其开发成本分配计入商品房等开发产品的成本，在完工验收后，将其发生的实际开发成本按一定的标准，分配计入有关房屋等开发产品的成本，借记“开发成本——房屋开发”等账户，贷记“开发成本——配套设施开发”账户。

三是采用预提方式将配套设施支出计入有关开发产品成本的配套设施，将其实际发生的开发成本冲减预提的配套设施费，借记“预提费用——预提配套设施费”账户，贷记“开发成本——配套设施开发”账户。

将实际支出数与预提数的差额，增加或减少有关在建项目的成本，数额小可直接计入管理费用。

【做中学3－12】 远东房地产开发公司2022年5月开发建设住宅小区，根据设计规划需建设A、B、C三幢住宅楼，一个商场、一座锅炉房和一座水塔。其中，商场建成后转让给商业部门，锅炉房和水塔不能有偿转让，锅炉房与商品房同步建设，而水塔与商品房不同步建设。(假定不考虑增值税)

根据上月末建设场地开发成本的结转情况，本月初配套设施开发明细账的余额情况如表3－4、表3－5和表3－6所示。

表 3－4

配套设施开发明细账

成本计算对象：商场　　2022 年 5 月　　单位：元

2022 年		凭证号	摘要	借方						贷方	余额
月	日			土地征用及拆迁补偿费	前期工程费	基础设施费	建筑安装工程费	公共配套设施费	开发间接费用		
5	1		期初余额	52 000	19 500	32 500					104 000

表 3－5

配套设施开发明细账

成本计算对象：锅炉房　　2022 年 5 月　　单位：元

2022 年		凭证号	摘要	借方						贷方	余额
月	日			土地征用及拆迁补偿费	前期工程费	基础设施费	建筑安装工程费	公共配套设施费	开发间接费用		
5	1		期初余额	12 000	4 500	7 500					24 000

表 3－6

配套设施开发明细账

成本计算对象：水塔　　2022 年 5 月　　单位：元

2022 年		凭证号	摘要	借方						贷方	余额
月	日			土地征用及拆迁补偿费	前期工程费	基础设施费	建筑安装工程费	公共配套设施费	开发间接费用		
5	1		期初余额	4 000	1 500	2 500					8 000

（1）上月月末，结转自行开发完工的建设场地开发总成本 80 万元。其中，土地征用及拆迁费 40 万元，前期工程费 15 万元，基础设施费 25 万元。按各建筑物实际占地面积进行分配，分配结果如表 3－7 所示。

表 3－7

建设场地成本分配表

2022 年 4 月 30 日

分配对象	占地面积（平方米）	分配比例（%）	土地征用及拆迁补偿费（元）	前期工程费（元）	基础设施费（元）	合计（元）
商品房 A	1 500	25	100 000	37 500	62 500	200 000
商品房 B	1 800	30	120 000	45 000	75 000	240 000
商品房 C	1 680	28	112 000	42 000	70 000	224 000

续表

分配对象	占地面积（平方米）	分配比例（%）	土地征用及拆迁补偿费（元）	前期工程费（元）	基础设施费（元）	合计（元）
商场	780	13	52 000	19 500	32 500	104 000
锅炉房	180	3	12 000	4 500	7 500	24 000
水塔	60	1	4 000	1 500	2 500	8 000
合计	6 000	100	400 000	150 000	250 000	800 000

根据建设场地成本分配表，编制会计分录如下：

借：开发成本——房屋开发（A）　200 000
　　　　　——房屋开发（B）　240 000
　　　　　——房屋开发（C）　224 000
　　　　　——配套设施开发（商场）　104 000
　　　　　——配套设施开发（锅炉房）　24 000
　　　　　——配套设施开发（水塔）　8 000
　贷：开发成本——土地开发　800 000

（2）5 日，锅炉房领用一台锅炉进行安装，锅炉的实际成本 8 万元，支付安装费 5 000 元，根据设备出库单、付款凭证存根，编制会计分录如下：

借：开发成本——配套设施开发（锅炉房）　85 000
　贷：库存材料——设备　80 000
　　　银行存款　5 000

（3）15 日，承付华北建设施工企业工程进度款共计 63 万元，其中商场 53 万元，锅炉房 10 万元。根据结算凭证，编制会计分录如下：

借：开发成本——配套设施开发（商场）　530 000
　　　　　——配套设施开发（锅炉房）　100 000
　贷：应付账款——华北建设　630 000

（4）20 日，锅炉房已竣工，将其实际成本 20.9 万元按计划成本进行分配，如表 3－8 所示。

表 3－8　　锅炉房成本分配表

2022 年 5 月 31 日

受益对象	计划成本（元）	分配比例（%）	分配金额（元）
商品房 A	10 000 000	25.0	52 250
商品房 B	12 000 000	30.0	62 700
商品房 C	11 000 000	27.5	57 475
商场	7 000 000	17.5	36 575
合计	40 000 000	100	209 000

根据锅炉房成本分配表，编制会计分录如下：

借：开发成本——房屋开发（A）　　52 250
　　　　　　——房屋开发（B）　　62 700
　　　　　　——房屋开发（C）　　57 475
　　　　　　——配套设施开发（商场）　　36 575
　贷：开发成本——配套设施开发（锅炉房）　　209 000

（5）22 日，商品房 A、B 已竣工，应结转其实际成本，但水塔尚未开工建设，报经批准按水塔的预算成本 10 万元分配计入各受益对象。分配结果如表 3－9 所示。

表 3－9　　预提水塔工程费用分配表

2022 年 5 月 31 日

受益对象	计划成本（元）	预提率（%）	分配金额（元）
商品房 A	10 000 000	0.25	25 000
商品房 B	12 000 000		30 000
商品房 C	11 000 000		27 500
商场	7 000 000		17 500
合计	40 000 000		100 000

根据上述预提水塔工程费用分配表，编制转账凭证，作会计分录如下：

借：开发成本——房屋开发（A）　　25 000
　　　　　　——房屋开发（B）　　30 000
　　　　　　——房屋开发（C）　　27 500
　　　　　　——配套设施开发（商场）　　17 500
　贷：预提费用——预提配套设施费（水塔）　　100 000

预提水塔建设费后，预提费用明细账如表 3－10 所示。

表 3－10　　预提费用明细账——预提配套设施费（水塔）

2022 年 5 月 31 日　　单位：元

2022 年		凭证号数	摘要	借方	贷方	借或贷	余额
月	日						
5	22		预提水塔建设费用		100 000	贷	100 000

（6）26 日，用银行存款支付水塔建筑安装工程费 11 万元。根据转账支付凭证，编制会计分录如下：

借：开发成本——配套设施开发（水塔）　　110 000
　贷：银行存款　　110 000

（7）31 日，分配开发间接费用，商场应负担 1 000 元。根据开发间接费用分配表，编制会计分录如下：

借：开发成本——配套设施开发（商场）　　1 000

　　贷：开发间接费用　　1 000

（8）31 日，水塔已完工，结转其实际成本 11.8 万元。根据预提费用分配表，编制会计分录如下：

借：预提费用——预提配套设施费（水塔）　　118 000

　　贷：开发成本——配套设施开发（水塔）　　118 000

结转水塔实际成本后，预提费用（水塔）明细账记录如表 3－11 所示。

表 3－11　　**预提配套设施费（水塔）**

2022 年 5 月 31 日　　单位：元

2022 年		凭证号数	摘要	借方	贷方	借或贷	余额
月	日						
5	22		预提水塔建设费用		100 000	贷	100 000
5	31		结转水塔完工实际成本	118 000		借	18 000

（9）31 日，将水塔实际成本大于预提建设费用的差额分配计入有关在建项目成本（未完工的在建项目有商品房 C 和商场）。分配结果如表 3－12 所示。

表 3－12　　**预提水塔成本差额分配表**

2022 年 5 月 31 日　　单位：元

受益对象	计划成本	分配率	分配金额
商品房 C	11 000 000		11 000
商场	7 000 000		7 000
合计	18 000 000	0.001	18 000

分配率＝18 000÷18 000 000＝0.001

根据预提水塔成本差额分配表，编制会计分录如下：

借：开发成本——房屋开发（C）　　11 000

　　　　　　——配套设施开发（商场）　　7 000

　　贷：预提费用——预提配套设施费（水塔）　　18 000

将水塔实际成本大于预提建设费用的差额分配计入有关在建项目成本，并补提水塔建设费。预提配套设施费（水塔）明细账户记录如表 3－13 所示。

表 3－13 **预提配套设施费（水塔）**

2022 年 5 月 31 日　　单位：元

2022 年 月	日	凭证号数	摘要	借方	贷方	借或贷	余额
5	22		预提水塔建设费用		100 000	贷	100 000
	31		结转水塔完工实际成本	118 000		借	18 000
	31		补提水塔建设费		18 000		
	31		合计	118 000	118 000	平	0

（10）31 日，商场已竣工，结转其实际成本 696 075 元。根据商场成本计算单，编制会计分录如下：

借：开发产品——配套设施（商场）　　696 075

　贷：开发成本——配套设施开发（商场）　　696 075

（11）分别登记配套设施——商场、水塔、锅炉房明细账如表 3－14、表 3－15 和表 3－16 所示。

表 3－14 **配套设施开发明细账**

成本计算对象：商场　　2022 年 5 月　　单位：元

2022 年 月	日	凭证号	摘要	借方 土地征用及拆迁补偿费	前期工程费	基础设施费	建筑安装工程费	公共配套设施费	开发间接费用	贷方	余额
5	1		期初余额	52 000	19 500	32 500					104 000
	15		承付工程进度款				530 000				
	20		分配锅炉房建设费用					36 575			
	22		预提水塔建设费用					17 500			
	31		分配开发间接费用						1 000		
	31		分摊水塔预提建设费用差额					7 000			
	31		结转完工实际成本							696 075	
	31		本月合计	52 000	19 500	32 500	530 000	61 075	1 000	696 075	0

表 3－15　　配套设施开发明细账

成本计算对象：水塔　　2022 年 5 月　　单位：元

2022 年		凭证号	摘要	借方						贷方	余额
月	日			土地征用及拆迁补偿费	前期工程费	基础设施费	建筑安装工程费	公共配套设施费	开发间接费用		
5	1		期初余额	4 000	1 500	2 500					8 000
	26		支付建筑安装费				110 000				
	31		结转完工实际成本							118 000	
	31		本月合计	4 000	1 500	2 500	110 000			118 000	0

表 3－16　　配套设施开发明细账

成本计算对象：锅炉房　　2022 年 5 月　　单位：元

2022 年		凭证号	摘要	借方						贷方	余额
月	日			土地征用及拆迁补偿费	前期工程费	基础设施费	建筑安装工程费	公共配套设施费	开发间接费用		
5	1		期初余额	12 000	4 500	7 500					24 000
	5		领用锅炉进行安装				85 000				
	15		承付工程进度款				100 000				
	20		结转完工实际成本							209 000	
	31		本月合计	12 000	4 500	7 500	185 000			209 000	0

任务三　房屋开发成本的核算

课件

【任务描述】

合理判断成本核算对象，正确确定房屋开发成本项目，掌握各要素费用的归集和分配方法，完成房屋开发成本的会计核算工作任务。

【任务实施】

一、房屋开发成本的核算内容

（一）房屋开发成本的核算对象

房屋开发是房地产开发企业的主要经济业务，按其用途可分为以下四类：一是为销售而开发的商品房；二是为出租经营而开发的出租房；三是为安置被拆迁居民周转使用而开发的周转房；四是接受其他单位委托而代为开发建设的代建房。

房屋开发的成本核算对象，应结合开发地点、用途、结构、装修、层高、施工队伍等因素予以确定。

（1）一般的房屋开发项目，应以每一独立编制的设计概算，或每一独立的施工图预算所列的单项工程为成本核算对象。

（2）对于同一开发地点、结构类型相同的群体开发项目、开竣工时间相近，由同一施工队伍施工的，可以合并为一个成本核算对象。

（3）对于规模较大、工期较长的房屋开发项目，可以将工程划分为若干区域，以分区域的工程作为成本核算对象。

（二）房屋开发成本项目

房屋开发成本是指因开发房屋所发生的各项费用。其中，成本项目主要包括土地征用及拆迁补偿费、前期工程费、基础设施费、建筑安装工程费、公共配套设施费和开发间接费用。

二、房屋开发成本的核算

设置“开发成本——房屋开发”二级账户反映房屋开发费用的支出情况。该账户借方登记各项房屋开发发生的成本，贷方登记房屋开发完成结转到“开发产品”账户的房屋开发成本。

知识链接

如果企业实施大型建筑安装工程，应设置“合同履约成本——工程施工”“施工间接费用”等账户，以核算和归集各项工程支出，企业结转建筑安装工程成本，工程项目完工时，转入房屋开发成本，借记“开发成本——房屋开发”账户，贷记“合同履约成本——工程施工”账户。

1. 开发房屋使用的建设场地所发生的土地开发成本应计入房屋开发成本

将土地开发成本计入房屋开发成本有两种情况：一是原来已将土地作为成本核算对象，单独核算了土地的开发成本。这种情况下，在开始进行房屋开发的时候，要将土地开发成本分项目转入房屋开发成本，借记“开发成本——房屋开发（某房屋）”账户，贷记“开发成本——土地开发（某土地）”。二是已将土地的开发成本转入了开发产品，在开始建设房屋时，则应借记“开发成本——房屋开发（某房屋）”账户，贷记“开发产品——土地（某土地）”账户。

2. 建筑安装工程费分为自营方式和出包方式核算

（1）自营方式所发生的各项建筑按照工程支出，可直接计入有关房屋开发成本核算对象中的“建筑安装工程费”成本项目，借记“开发成本——房屋开发”账户，贷记“库存材料”“应付职工薪酬”“银行存款”等账户。如果企业实施大型建筑安装工程，应设置“合同履约成本”“施工间接费用”等账户核算建筑安装工程成本，企业结转建筑安装工程成本时，借记“开发成本——房屋开发”账户，贷记“合同履约成本”账户。

（2）发包方式所发生的各项建筑安装工程支出，根据承包单位的“已完工工程月报”和“工程价款结算单”等凭证，借记“开发成本——房屋开发”账户，贷记“银行存款”“应付账款”等账户。

3. 配套设施费会计处理见任务二配套设施相关内容

【做中学3－13】远东房地产公司，2022年6月开始开发一幢小商品房D。（假定不考虑增值税）

（1）2日，用银行存款支付商品房D拆迁补偿费25万元，设计费5万元（前期工程费）。根据银行付款凭证，编制会计分录如下：

借：开发成本——房屋开发（商品房D）　　300 000
　　贷：银行存款　　300 000

（2）8日，商品房D领用需要安装设备一台进行安装，实际成本为12万元。根据出库单，编制会计分录如下：

借：开发成本——房屋开发（商品房D）　　120 000
　　贷：库存材料——设备　　120 000

（3）12日，收到大康公司承包单位工程价款结算单，应付商品房D工程进度款30万元（建筑安装费）。根据工程价款结算单，编制会计分录如下：

借：开发成本——房屋开发（商品房D）　　300 000
　　贷：应付账款——应付工程款（大康公司）　　300 000

（4）月末分配开发间接费用，商品房D应分配8 000元，1号楼分配12 000元。根据间接费用分配表，编制会计分录如下：

借：开发成本——房屋开发（商品房D）　　8 000
　　　　　　——房屋开发（1号楼）　　12 000
　　贷：开发间接费用　　20 000

（5）月末，商品房D已完工，但配套设施尚未完工，报经主管部门批准，同意用其预算成本9万元，预提计入成本。根据预提费用分配表，编制会计分录如下：

借：开发成本——房屋开发（商品房D）　　90 000
　　贷：预提费用——预提配套设施费　　90 000

（6）商品房D完工，结转其实际成本。编制会计分录如下：

借：开发产品——商品房D　　818 000
　　贷：开发成本——房屋开发（商品房D）　　818 000

（7）登记商品房D开发成本明细账，如表3－17所示。

表 3－17 房屋开发明细账

成本核算对象：商品房 D　　2022 年 6 月　　单位：元

2022 年		凭证号	摘要	借方						贷方	余额
月	日			土地征用及拆迁补偿费	前期工程费	基础设施费	建筑安装工程费	公共配套设施费	开发间接费用		
6	2		支付拆迁补偿费及设计费	250 000	50 000						
	8		领用设备进行安装				120 000				
	12		承付工程进度款				300 000				
	30		分配开发间接费用						8 000		
	30		预提配套设施费					90 000			
	30		结转完工实际成本							818 000	
			本月合计	250 000	50 000		420 000	90 000	8 000	818 000	0

任务四　代建工程开发成本的核算

课件

【任务描述】

合理判断成本核算对象，正确确定代建工程成本项目，掌握各要素费用的归集和分配方法，完成代建工程成本的会计核算工作任务。

【任务实施】

一、代建工程开发成本的核算内容

（一）代建工程开发成本的核算对象

代建工程是指房地产开发企业接受委托单位的委托，代为开发的各项工程，或参加委托单位招标，经过投标、中标后承建的开发项目，主要包括建设场地、各种房屋和市政工程。

例如，城市道路、园林绿化、基础设施等。

代建工程的成本核算对象，通常以有单独的施工图设计、能单独编制施工图预算、在技术上可以单独施工的单位工程或单项工程作为一个成本核算对象。若代建工程规模大、工期较长，也可按分部分项工程作为成本核算对象。

（二）代建工程开发成本项目

代建工程开发成本是指因开发房屋所发生的各项费用。代建工程开发成本项目与前述商品房开发成本项目相同，主要包括土地征用及拆迁补偿费、前期工程费、基础设施费、建筑安装工程费、公共配套设施费和开发间接费用。

二、代建工程开发成本的核算

“开发成本——代建工程开发”账户核算企业代委托单位开发除建设场地和各种房屋外的其他工程所发生的各项支出。该账户借方登记发生的各项代建工程费用，贷方登记代建工程竣工后，转入“开发产品——代建工程”账户的代建工程的实际成本。企业代委托单位开发的建设场地和各种房屋所发生的各项支出，应分别通过“开发成本——土地开发”账户和“开发成本——房屋开发”账户进行核算。由于代建土地、房屋开发成本的内容和特点与前述商品性建设场地、商品房开发的成本相同，在此不再赘述。

企业发生的各项代建工程的支出，按成本核算对象和成本项目进行归集，借记“开发成本——代建工程开发”账户，贷记“银行存款”“应付账款”“库存设备”“开发间接费用”等账户。

代建工程竣工验收后，按其实际成本，借记“开发产品——代建工程”账户，贷记“开发成本——代建工程开发”账户；移交委托单位接收后，借记“主营业务成本——代建工程开发”账户，贷记“开发产品——代建工程”账户。

【做中学 3－14】远东房地产公司 2022 年 6 月接受市政府委托兴建街心花园。（假定不考虑增值税）

（1）2 日，用银行存款支付拆迁补偿费 30 万元，设计勘察等费用 4 万元。根据付款凭单等原始凭证，编制会计分录如下：

借：开发成本——代建工程开发（街心花园）　　340 000
　　贷：银行存款　　340 000

（2）15 日，承付飞达施工企业工程进度款 40 万元。

①承付工程款时，根据工程结算单，编制会计分录如下：

借：开发成本——代建工程开发（街心花园）　　400 000
　　贷：应付账款——飞达企业　　400 000

②支付工程进度款时，根据付款凭单等原始凭证，编制会计分录如下：

借：应付账款——飞达企业　　400 000
　　贷：银行存款　　400 000

（3）20 日，支付街心花园绿化费 2 万元。根据付款凭单等原始凭证，编制会计分录如下：

借：开发成本——代建工程开发（街心花园）　　　　20 000
　　贷：银行存款　　　　20 000

（4）30 日，分配街心花园应负担的开发间接费用 3 万元。根据开发间接费用分配表，编制会计分录如下：

借：开发成本——代建工程开发（街心花园）　　　　30 000
　　贷：开发间接费用　　　　30 000

（5）30 日，街心花园竣工，结转其实际成本 790 000 元。根据成本计算单，编制会计分录如下：

借：开发产品——代建工程（街心花园）　　　　790 000
　　贷：开发成本——代建工程开发（街心花园）　　　　790 000

（6）开发成本——代建工程（街心花园）明细账如表 3－18 所示。

表 3－18　　代建工程开发明细账

成本核算对象：街心花园　　2022 年 6 月　　单位：元

2022 年		凭证号	摘要	借方						贷方	余额
月	日			土地征用及拆迁补偿费	前期工程费	基础设施费	建筑安装工程费	公共配套设施费	开发间接费用		
6	2		支付拆迁补偿费、勘察设计费等	300 000	40 000						
	15		支付工程进度款				400 000				
	20		支付绿化费			20 000					
	30		分配开发间接费用						30 000		
	30		结转完工实际成本							790 000	

单元小结

房地产开发企业会计是一门独具特色的专业会计，其主要运用价值形式对房地产开发经营工程进行综合的核算和监督。房地产开发企业其收入主要来源于销售开发产品，根据收入费用配比原则，企业在确认收入时，应在同期结转已销开发产品成本。房地产开发企业的开发产品成本可分为土地开发成本、房屋开发成本、配套设施开发成本、代建工程成本。各类开发产品成本在核算上将其费用分为：土地征用及拆迁补偿费、前期工程费、基础设施费、公共配套设施费、建筑安装工程费和开发间接费用六个成本项目。企业在核算时，对于发生的各项直接费用应直接计入或分配计入各开发产品成本；对于发生的各项间接费用，先在“开发间接费用”账户进行归集，期末，采用一定的分配方法计入各开发产品的成本。开发产品完成后，通过“开发产品”账户核算，对于出租经营和周转使用的产品，单独设置“出租开发产品”和“周转房”账户核算。

【业务训练】

答案

训练一

【资料】绿新房地产公司为增值税一般纳税人，销售商品房适用的增值税税率为9%。2022年5月该公司将一幢开发完工的商品房采用分期收款方式出售给南方造纸厂作为职工宿舍，销售商品房4 000平方米，售价5 000元/平方米，开发成本3 500元/平方米。销售合同约定交房时支付价款的50%；在2022年10月10日支付价款的30%；在2023年2月1日将价款全部付清。

要求：不考虑其他因素，对分期收款销售业务进行会计处理。

训练二

【资料】永康房地产公司于2022年6月接受某小学委托，代建教学楼，签订合同造价为1 100万元。发生以下事项：

（1）收到学校预付的代建工程款600万元；

（2）用银行存款支付土地征用费70万元；

（3）用银行存款支付前期工程费30万元；

（4）与施工单位结算建筑安装工程费950万元，款暂欠；

（5）结转应负担的开发间接费用18万元；

（6）教学楼竣工，按合同结清款项，委托方学校将500万元余款划拨到房地产开发企业账下。结账代建教学楼项目成本和收入。

要求：假定不考虑增值税，编制以上代建工程开发项目的会计分录。

训练三

【资料】安居房地产开发公司在一块已开发完成的自用土地上，开发商品房A、经营用房B。商品房占地面积80%，经营用房占地面积20%。本期在商品房等开发过程中发生下列经济业务：

（1）结转完工土地的实际成本300万元。其中，商品房A负担240万元，经营用房B负担60万元。

（2）以银行存款支付商品房A的设计费30万元，经营用房B的设计费20万元。

（3）开发过程中商品房A领用库存设备35万元，经营用房B领用库存设备25万元。

（4）应付承包施工单位基础设施费200万元。其中，商品房A负担160万元，经营用房B负担40万元。

（5）结转开发间接费用 50 万元。其中，商品房 A 负担 40 万元，经营用房 B 负担 10 万元。

（6）房屋开发全部完成，但与其配套实施中的水塔尚未完工，经批准，按水塔的预算成本 60 万元预提计入房屋开发成本。其中，商品房 A 负担 48 万元，经营用房 B 负担 12 万元。

（7）期末，结转完工商品房 A、经营用房 B 的实际开发成本。

要求：假定不考虑增值税，根据上述业务事项编制会计分录。

单元四

运输企业会计

学习目标

- 了解公路运输、铁路运输和航空运输经营特点和会计核算特点
- 掌握运输企业特殊资产的核算方法和技能
- 掌握公路运输企业基层站、运输企业运输收入的核算方法和技能
- 掌握公路运输企业之间营运收入结算的核算方法和技能
- 掌握公路运输企业运输成本的核算方法和技能
- 掌握国铁集团公司、铁路运输企业、基层站段运输收入的核算方法和技能
- 掌握铁路运输企业运输收入进款的核算原理和方法
- 掌握铁路运输企业运输成本的核算方法和技能
- 掌握航空运输企业运输票证结算和运输收入的核算方法和技能
- 掌握航空运输企业运输成本的核算方法和技能
- 培养开拓进取和因难而上的奋斗精神
- 传承自甘奉献和服务人民的优秀品格

德技并修园地

从交通大国到交通强国（中国这十年）

回望这十年，在党中央、国务院的坚强领导下，交通运输事业取得了历史性成就、发生了历史性变革，迎来了由交通大国向交通强国的历史性跨越，有力服务保障了第一个百年奋斗目标的实现。

十年来，我国综合立体交通网加速成型，有力保障了国内国际经济循环畅通。我们建成了全球最大的高速铁路网、高速公路网、世界级港口群，航空航海通达全球，综合交通网络总里程突破600万千米，中国高铁、中国路、中国桥、中国港、中国快递成为亮丽的“中国名片”。规模巨大、内畅外联的综合交通运输体系有力服务支撑了我国作为世界第二大经济体和世界第一大货物贸易国的运转。交通运输缩短了人们的时空距离，深刻改变了城乡面貌，加速了物流和经济流，不仅有力支撑保障了国内经济循环畅通，也为世界经济发展作出了重要贡献。

十年来，我国综合运输服务能力大幅提高，人民群众获得感明显增强。铁路、公路、水运、民航客货周转量，港口货物吞吐量，邮政快递业务量等指标连续多年居世界前列，我国已成为世界上运输最繁忙的国家之一。从2021年数据来看，全国平均每天有超过6.9万艘次船舶进出港，飞机起降2.68万架次，快件处理量近3亿件，高峰时，平均每天铁路开行旅客列车超过1万列、高速公路车流量超过6 000万辆次，“人享其行、物畅其流”初步实现，交通运输成为人民群众获得感最强的领域之一。

十年来，交通运输基础性、先导性、战略性作用充分发挥，为国家战略实施提供了坚强保障。完成了“具备条件的乡镇和建制村通硬化路、通客车”兜底性目标任务，实现了“小康路上不让任何一地因交通而掉队”的庄严承诺，有效服务打赢脱贫攻坚战和乡村振兴战略实施。京津冀、粤港澳大湾区、长三角等区域交通连片成网，促进区域协调发展水平不

断提升。交通固定资产投资持续高位运行，2021 年创 3.6 万亿元的历史新高，在服务稳定经济大盘，做好“六稳”“六保”中发挥了重要作用。坚持“与世界相交、与时代相通”，加快推进交通互联互通，更好服务“一带一路”高质量发展。新冠肺炎疫情期间，在统筹做好疫情防控基础上，全力确保物流保通保畅，中欧班列、远洋货轮昼夜穿梭，保障了产业链供应链稳定畅通。

资料来源：海外网［《人民日报海外版》（2022 年6 月13 日第2 版）］2022－06－13（原文：从交通大国到交通强国，中国这十年交通运输事业取得巨大成就）.

【启示】从交通变迁看中国 回望一个国家的历史，抑或是展望她的未来，交通出行始终是一项重要的指标，它如同一面镜子，时时映射出社会与时代的变迁与进步。回望我国1949年以来的交通变迁历史，我们为祖国发展如此之迅速而震撼，为祖国的繁荣昌盛而自豪。几十年来，中国的交通发展令人瞩目，交通工具的变化除了源于科技的变革，还因无数中华儿女迎难而上、开拓进取、甘于奉献。同学们，我们要大力弘扬迎难而上、艰苦奋斗的精神，在不懈奋斗中砥砺前行，为建设交通强国添砖加瓦，为新中国的美好出行贡献自己的智慧和力量。

【单元导读】

一、运输企业经营特点

运输企业是指利用运输工具专门从事运输生产或直接为运输企业服务的企业。运输企业的主要业务就是提供客货运输。运输生产活动的结果是使得劳动对象发生空间位置上的转移，从而使旅客到达目的地、货物到达经营商或消费者手中。按照运输方式的不同，常见的客货运输企业一般可分为公路、水路、铁路、航空运输和管道运输企业等。而从广义上讲，从事特殊物品运输的邮电企业也属于运输企业。其经营特点主要表现在以下四个方面。

（一）运输企业不会生产出有形产品

运输企业的生产经营活动使得劳动对象发生空间位置上的转移，即将旅客、货物送到预定目的地，从事的是提供劳务活动，因而，运输企业不会生产出有形产品。

（二）运输企业的生产经营过程具有流动性和分散性

一般工业企业的生产经营都是集中在某一个固定地点进行，而运输企业的生产经营地点不固定，生产经营过程具有流动性和分散性。一方面，运输企业的生产要通过各沿线单位、各工种的分工协作持续不停地进行来完成。另一方面，运输企业对于同一运输对象，从出发地到目的地的运输往往需要一种或多种运输方式才能完成，因此，在运输生产过程中，需要与其他运输企业进行协作，从而形成企业间复杂的往来结算关系。

（三）运输企业生产过程和消费过程的同一性

运输企业的运输过程既是生产过程，同时也是消费过程。运输业务的开始意味着收入赚取过程和消费过程的开始，运输业务的结束也意味着营业收入的实现和消费过程的结束。

（四）资产构成比例的特殊性

在运输企业的资产中，运输工具占很大比重，即固定资产比重大，如公路运输的汽车、铁路运输的火车、航空运输的飞机等都构成运输企业的固定资产。相比较而言，流动资产所占比重较小，在流动资产中，原材料比重小，燃料和修理用的备件、配件占的比重较大。

二、运输企业会计核算特点

（一）基本经济业务核算的特殊性

运输企业不像一般工业企业的供、产、销三个过程是相互分离的，其供应过程与一般工商企业相同，但生产过程与销售过程是统一的，不相分离，也就是说，完成运输生产过程的同时也完成了运输企业的销售过程。因而运输企业会计在基本业务中不需要进行产品组织生产核算，发生的运输支出计入当期损益，通过“主营业务成本”账户核算。

（二）计量单位的特殊

运输企业运输活动的结果是使劳动对象发生空间位置上的转移，这决定了运输生产计量单位的特殊性。运输生产计量单位是货物和旅客的周转量。影响周转量的因素有两个：一是数量，即货物的重量或旅客的人次；二是距离，即位移的千米（公里）或海里等。因此，运输生产单位的计量单位为人千米（公里）、人海里和吨千米（公里）、吨海里等复合计量单位。

（三）成本费用构成的特殊性

运输企业为了完成运输生产也需发生各项运输支出，形成运输成本。在运输企业营运成本的构成中，没有像工业产品成本那样具有构成产品实体并占相当高比重的原材料和主要材料，而多是与运输工具使用有关的费用，如公路运输企业的燃料、修理、折旧等，航空运输企业的器材物资消耗、维修、折旧等。

（四）运输企业收入结算的复杂性

运输企业通过提供各种运输服务而获得营运收入。由于公路、海域、水系、航道的区域性，货物流向要求运输的连续性，从而产生了各种运输方式，如直达运输、江海河联运、水陆联运等。此外，运输货物的种类较多，比较复杂，运量大小不等，运输距离有长途、短途，还有省内、省外、国内与国外之分。而运输收入通常却一次性在发运地或目的地核收，由此而产生在参与运输的各部门、各企业、各地区，以至于各个国家之间进行结算与清算的大量工作。在运输企业的内部，各部门和单位之间因进行相互协作提供服务，也会产生各种内部结算工作，这些运输企业内、外的结算工作量大，发生频繁，涉及环节多，内容也复杂，这就形成了运输企业会计的一大特殊性。

三、运输企业会计核算的主要内容和单元项目工作任务

（一）运输企业会计核算的主要内容

从会计业务方面比较运输企业与制造企业的不同，总结运输企业会计核算主要内容，如表4－1所示。

表4－1　运输企业会计与制造企业会计的不同业务比较

会计要素	项目	运输企业会计	制造企业会计
资产	材料	公路运输：燃料、轮胎 铁路运输：材料、燃料 航空运输：器材物资	原料及主要材料、辅助材料、包装材料等
负债	内部往来	公路运输：设置“应收内部单位款”和“应付内部单位款”核算 铁路运输：设置“内部往来”账户核算内部往来；设置“运输收入进款”账户核算运输收入进款 航空运输：设置“国内票证结算”和“国际票证结算”核算运输票证	一般不单独设置内部结算账户
收入	劳务收入	公路运输：在运输企业内部、运输企业之间进行结算与清算后确认劳务收入 铁路运输：在国铁集团公司和铁路运输企业、基层站段之间进行清算后确认劳务收入 航空运输：在承运后确认劳务收入	商品控制权转移确认商品销售收入
费用	成本	运输企业生产和销售过程合一，运输成本通过“主营业务成本——运输成本”账户归集与核算	生产成本通过“生产成本”“制造费用”账户归集；销售实现时，通过“主营业务成本”结转已销商品成本

（二）运输企业会计核算的主要内容和单元项目工作任务

运输企业单元项目工作任务如图4－1所示。

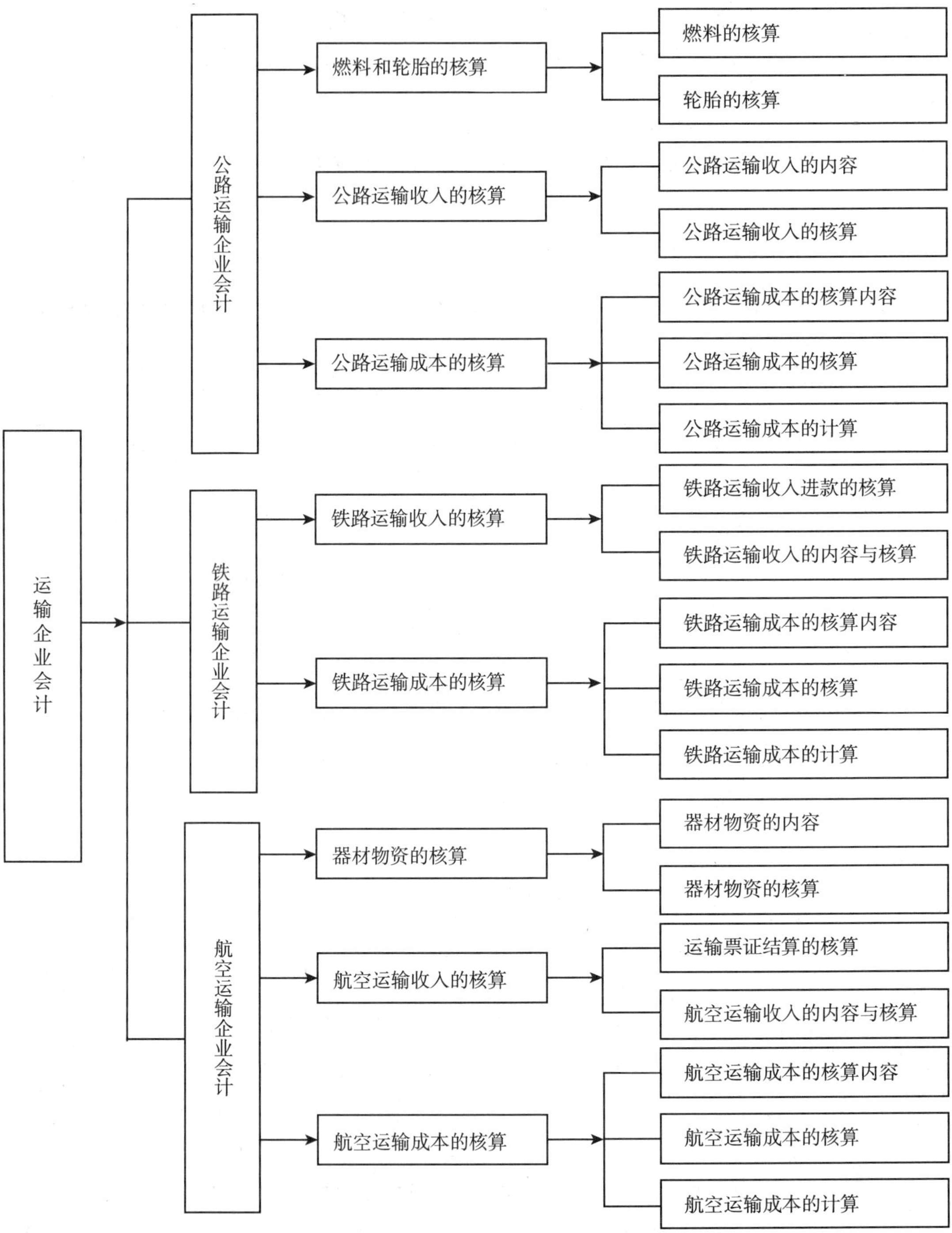

图 4－1　运输企业单元项目工作任务

项目一　公路运输企业会计

任务一　燃料和轮胎的核算

课件

【任务描述】

了解燃料管理制度，分别按照车存燃料管理制度和车耗燃料管理制度完成燃料存货会计核算工作任务；分析轮胎存货的性质，分别按照一次摊销法和行驶公里预提法完成轮胎摊销会计核算工作任务。

【任务实施】

一、燃料的核算

（一）燃料管理制度

燃料管理制度主要有车存管理制度和车耗管理制度。

1. 车存燃料管理制度

车存燃料是营运车辆投产后，接受任务出车前储存于车辆油箱内的燃料。在实际工作中，对车存燃料有满油箱制和盘存制两种管理方法。

在满油箱制下，投入营运的车辆在每次加油时必须充满油箱，月末也必须加满油箱，这样车存燃料的数量就由车辆油箱的大小决定，月末根据领油凭证就可以计算出车辆油耗的数量，从而考核车辆的耗油情况。

在盘存制下，每一投入运营的车辆根据实际需要领料加油，月末经过盘存油箱内燃油的数量，计算出当月实际耗油数量。

2. 车耗燃料管理制度

车耗燃料管理制度，是采用路单领油记录和行车燃料颁发记录表、路单套写领油收据、定额油票等方法确定运营车辆实际耗用油料的一种燃料管理制度。

（二）燃料的核算方法

燃料入库的核算与一般企业相同，而其发出的核算特点鲜明，本业务活动以燃料领用、发出为例。

1. 车存燃料管理制度下燃料的核算

（1）在满油箱管理制度下，企业设置“燃料”总账，不设二级账。月末，根据各部门全月领油的累计数，作为各部门本月耗油总数。当领用燃料时，按照领用部门与用途的不同，借记“主营业务成本”“其他业务成本”“管理费用”等账户，贷记“燃料”账户。

【做中学4－1】第一汽车运输公司的生产营运部门有客车队、货车队、营运管理部门和维修部门。该公司采用满油箱管理制度，按实际成本计价进行燃料的核算。2022年5月购入油料20 000升，取得增值税专用发票，价款16万元，增值税2.08万元，已转账支付。12个月份共领用油料19 360升，根据燃料领用凭证编制燃料发出汇总表，如表4－2所示。

表4－2

燃料发出汇总表

2022年5月

领用单位和用途	领用数量/升	实际成本/元
客运一队	2 800	21 000
客运二队	4 400	33 000
货运一队	5 600	42 000
货运二队	6 000	45 000
公司交通车队	560	4 000
合　计	19 360	145 000

①购入油料时，根据燃料入库单、转账支付凭证、增值税专用发票，编制会计分录如下：

借：燃料　　160 000
　　应交税费——应交增值税（进项税额）　　20 800
　　贷：银行存款　　180 800

②根据审核无误的燃料出库单、燃料发出汇总表，编制会计分录如下：

借：主营业务成本——运输支出（客车）　　54 000
　　　　　　　　——运输支出（货车）　　87 000
　　管理费用　　4 000
　　贷：燃料　　145 000

（2）在盘存管理制度下，企业应在“燃料”总账下设置“库存”和“车存”两个二级账。“库存”二级明细账核算企业油库存储的各种燃料的增减结存情况；“车存”二级明细账核算企业车辆油箱中储存的各种燃料的增减结存情况。每次领油时，将燃料由库存转为车存，由于月末车存实有数量是一个变量而不是一个固定数，所以需经过盘存加以确定，然后按下列公式计算当月实际耗用燃料的数量。

当月实际耗用数＝月初库存油料数＋本月领用油料数－月末车存油料数

【做中学4－2】第二汽车运输公司采用盘存法管理制度，按实际成本计价进行燃料核算。2022年5月末，根据燃料领用凭证及车存燃料盘点表等有关资料，编制燃料发出汇总表，如表4－3所示。

表4－3 燃料发出汇总表

2022年5月

领用单位	本月领用/升	期初存油/升	期末存油/升	本期耗用	
				数量/升	实际成本/元
客车	50 000	4 500	1 200	53 300	38 3760
货车	80 000	2 400	2 800	79 600	573 120
交通车	1 800			1 800	12 960
合计	131 800	6 900	4 000	134 700	969 840

（1）油库向客车和货车车队发出燃料时，将“库存”转为“车存”，根据审核无误的燃料出库单，编制会计分录如下：

借：燃料——车存　　（131 800×7.2）948 960

　贷：燃料——库存　　948 960

（2）月末，根据燃料发出汇总表，编制会计分录如下：

借：主营业务成本——运输支出（客车）　　383 760

　　　　　　　　——运输支出（货车）　　573 120

　管理费用　　12 960

　贷：燃料——车存　　969 840

2. 车耗燃料管理制度下燃料的核算

在车耗燃料管理制度下，燃料的核算方法同满油箱制的核算方法相同。

二、轮胎的核算

（一）轮胎的核算内容

轮胎是公路运输企业的重要存货。一般而言，轮胎包括外胎、内胎和垫片。内胎和垫片因价值低视同为一般性材料，在“原材料”账户核算。外胎由于库存量大，更换频繁，故单独设置“轮胎”账户进行核算。

设置“轮胎”账户，核算公路运输企业在库和在用轮胎外胎的计划成本和实际成本。该账户可按照轮胎外胎的保管地点、类别、规格、品牌等进行明细核算。

与燃料一样，公路运输企业轮胎的购入业务与一般企业的材料核算相同，不同之处在于领用与发出业务。由于轮胎的损耗和运输里程有密切联系，因而，轮胎耗费采用一次摊销法和按行驶公里预提法摊销计入相关成本费用。

（二）轮胎的核算方法

1. 一次摊销法

一次摊销法，是第一次领用轮胎时，将其成本一次计入当期运输成本的方法。

【做中学 4－3】第一汽车运输公司采用一次摊销法摊销轮胎费用。2022 年 5 月领用新轮胎，实际成本为 9 000 元，其中客车 4 800 元，货车 4 200 元。

根据轮胎领用单，编制会计分录如下：

借：主营业务成本——运输支出（客车） 4 800

——运输支出（货车） 4 200

贷：轮胎 9 000

2. 行驶公里预提法

轮胎的价值损耗与其行驶里程具有密切关系，因此可以将领用轮胎的价值按各月行驶里程计算预提额，分月计入各月的运输成本。其计算公式为：

千公里轮胎费用＝(外胎实际成本－预计残值)×1 000/外胎使用里程定额

每月预提轮胎费用＝该月行驶里程×千公里轮胎费用

由于千公里轮胎费用是按照外胎使用里程计算的，因此当报废轮胎实际行驶里程与定额行驶里程出现差异时，应调整运输成本。其计算公式为：

超驶或亏驶里程应调整的运输成本＝该月超驶或亏驶里程×千公里轮胎费用

【做中学 4－4】第二汽车运输公司采用行驶公里预提法摊销轮胎费用。2022 年 5 月有关资料为：当月领用汽车外胎一条，实际成本为 1 200 元，外胎使用里程定额为 10 万公里，预计残值为 100 元；当月行驶 12 000 公里。当月车队报废轮胎一批，回收残值 180 元，每千公里预提摊销轮胎费用 11 元。报废汽车共计行驶 55 万公里，共计亏驶里程 2 万公里。

（1）编制预提费用计算表。计算结果如下：

千公里轮胎费用＝(1 200－100)×1 000÷100 000＝11（元）

本月预提轮胎摊销费用＝12 000×11÷1 000＝132（元）

（2）根据轮胎出库单，编制会计分录如下：

借：预提费用——预提轮胎费 1 200

贷：轮胎 1 200

（3）根据轮胎摊销费用计算表，编制会计分录如下：

借：主营业务成本 132

贷：预提费用 132

（4）报废轮胎残料回收时，根据残料入库单，编制会计分录如下：

借：原材料——其他材料 180

贷：主营业务成本 180

（5）补提亏驶的轮胎费用时，根据轮胎摊销费用计算表，编制会计分录如下：

因亏驶而补提的轮胎摊销费用＝20 000×11÷1 000＝220（元）

借：主营业务成本 220

贷：预提费用 220

任务二 公路运输收入的核算

课件

【任务描述】

熟悉公路运输企业运输收入的内容和运输收入核算的组织，分别按照客运收入和货运收入，完成公路运输企业运输收入、基层站（所）运输收入和运输企业相互之间运输收入款结算业务的会计核算工作任务。

【任务描述】

一、公路运输收入的内容

公路运输企业的营运收入是公路运输企业在提供与运输有关的各种劳务后按规定取得的收入。

公路运输企业的收入一般包括运输收入、装卸收入、堆存收入、代理业务收入等。其中，运输收入是指企业营运客货运业务所发生的各项收入；装卸收入是指企业经营装卸业务所发生的收入；堆存收入是指企业经营仓库、堆砌业务所发生的收入；代理业务收入是指企业经营代理业务所发生的收入。除此之外，企业从事营运业务以外诸如客运服务、车辆修理、材料销售、技术转让等所发生的收入，一般确认为其他业务收入。

本任务主要完成公路运输收入的核算。

二、公路运输收入的核算

公路运输收入的账务处理

设置“主营业务收入——运输收入”账户，核算公路运输企业经营客货运输业务取得的各项收入。

对企业内部单位之间应收、应付营运收入款项的解缴和结算情况，应设置“应收内部单位款”和“应付内部单位款”两个账户核算。

知识链接

公路运输企业的组织设置，一般是在公司下设置基层车站和基层营业所。有的基层车站或基层营业所在辖区内设有若干分站和车队。一般来讲，基层车站和基层营业所是内部独立核算的单位，其营业收入定期上报公司，并要求及时将收入款向上级解缴。基层分站或营业所是内部核算单位，所实现的营业收入应向上级报账而不是独立核算。

（一）基层站和车队运输收入的核算

基层车站和车队根据本站（所）或分站（所）上报的营业收入日报表确认收入，借记“应收账款”“银行存款”“应收内部单位款”等账户，贷记“主营业务收入”“应交税费——应交增值税（销项税额）”账户；月末基层车站和车队根据本站及分站（所）营业收入月报，编制营业收入月报表上报公司转账，借记“主营业务收入”“应交税费——应交增值税（销项税额）”账户，贷记“应付内部单位款”账户。

如果总公司只对各基层站（所）上报收入汇总，不单独确认收入，则基层站（所）不需要转销收入和增值税。

【做中学4－5】通达汽车运输公司为增值税一般纳税人，增值税税率为9%。设有第一、第二两个中心站，第一、第二中心站是内部独立核算的基层站。第一中心站有南寒、北寒两个分站；第二中心站有东山、西山两个分站。分站属于内部核算单位，不独立核算，营业收入上报中心站。

第一中心站2022年5月发生有关营运收入的业务如下：

（1）8日，第一中心站的营业收入表（略）显示：客运含税收入19 620元，货运收入22 000元、增值税1 980元。

根据银行存款进账单、营业收入日报表、增值税计算表，编制会计分录如下：

借：银行存款	43 600	
贷：主营业务收入——运输收入（客运）		18 000
——运输收入（货运）		22 000
应交税费——应交增值税（销项税额）		3 600

（2）10日，第一中心站收到各分站交来的上月运输收入290 000元，其中南寒分站156 000元，北寒分站133 000元。

根据“银行存款进账单”，编制会计分录如下：

借：银行存款	290 000	
贷：应收内部单位款——南寒分站		156 000
——北寒分站		134 000

（3）根据分站编制的营业收入日报表，定期汇总确认营业收入。5月1～15日，南寒分站为170 040元，其中含税客运收入69 760元，货运收入为92 000元、增值税8 280元；北寒分站为146 060元，其中含税客运收入57 770元，货运收入为81 000元、增值税7 290元。

根据审核无误的“营业收入日报表”（分站编制）、增值税计算表，编制会计分录如下：

借：应收内部单位款——南寒分站	170 040	
——北寒分站	146 060	
贷：主营业务收入——运输收入（客运）		117 000
——运输收入（货运）		173 000
应交税费——应交增值税（销项税额）		26 100

（4）将上月第一中心站欠缴公司营业收入520 000元上交。

根据转账支票存根，编制会计分录如下：

借：应付内部单位款	520 000	
贷：银行存款		520 000

（5）月末，第一中心站汇总本站及各分所营业收入月报，编制营业收入月报表（略）上报公司转账。本月客运收入1 200 000元，货运收入1 100 000元、增值税207 000元。

根据审核无误的“营业收入月报表”（第一中心站编制），编制会计分录如下：

借：主营业务收入——运输收入（客运 ）	1 200 000	

——运输收入（货运） 1 100 000
应交税费——应交增值税（销项税额） 207 000
贷：应付内部单位款——总公司 2 507 000

提 示

如果通达汽车运输公司只对各中心站上报的收入编制汇总报表，不确认收入，则第一中心站汇总本站及各分所营业收入月报，编制营业收入月报表（略）上报公司，不作会计分录。

（二）企业运输收入的核算

运输企业根据“营业收入汇总表”，借记“应收账款”“银行存款”“应收内部单位款”等账户，贷记“主营业务收入”“应交税费——应交增值税（销项税额）”账户。

如果总公司只对各基层站（所）上报收入汇总，不单独确认收入，则总公司不需要对各基层站（所）的收入单独处理。

【做中学4－6】 通达汽车运输公司为增值税一般纳税人，增值税税率为9%。设有第一、第二两个中心站，都是两个独立核算的基层站。第一中心站有南寒、北寒两个分站；第二中心站有东山、西山两个分站。2022年5月，通达汽车运输公司发生有关营运收入的业务如下：

（1）公司总部本月实现运输收入421万元，增值税37.89万元；含税客运收入223.45万元。

根据营业收入汇总表（略）、银行进账单、货运增值税专用发票、客运增值税计算表，编制会计分录如下：

借：银行存款 6 823 400
　贷：主营业务收入——运输收入（客运） 2 050 000
　　——运输收入（货运） 4 210 000
　　应交税费——应交增值税（销项税额） 563 400

（2）收到各中心站上交上月客运收入241万元，其中第一中心站132万元，第二中心站109万元。

借：银行存款 2 410 000
　贷：应收内部单位款——第一中心站 1 320 000
　　——第二中心站 1 090 000

（3）月末，收到各中心站、分所收入月报表（见表4－4）、增值税计算表（略）。

表4－4 **营业收入汇总表**

2022年5月　　单位：元

站　名	客运		货运		合　计	
	收入	增值税	收入	增值税	收入	增值税
第一中心站						
本站	500 000	45 000	600 000	54 000	1 100 000	99 000
南寒分站	400 000	36 000	300 000	27 000	700 000	63 000
北寒分站	300 000	27 000	200 000	18 000	500 000	45 000
小　计	1 200 000	108 000	1 100 000	99 000	2 300 000	207 000

续表

站名	客运		货运		合计	
	收入	增值税	收入	增值税	收入	增值税
第二中心站						
本站	450 000	40 500	300 000	27 000	750 000	67 500
东山分站	320 000	28 800	24 0000	21 600	560 000	50 400
西山分站	280 000	25 200	230 000	20 700	510 000	45 900
小计	1 050 000	94 550	770 000	69 300	1 820 000	163 800
合计	2 250 000	202 500	1 870 000	168 300	4 120 000	370 800

根据审核无误的“营业收入汇总表”，货运增值税专用发票、客运增值税计算表，编制会计分录如下：

借：应收内部单位款——第一中心站　　2 507 000
　　　　　　　　——第二中心站　　1 983 800
　贷：主营业务收入——运输收入（客运）　　2 250 000
　　　　　　　　——运输收入（货运）　　1 870 000
　　应交税费——应交增值税（销项税额）　　370 800

提 示

如果通达汽车运输公司只对各中心站上报的收入编制汇总报表，则通达汽车运输公司收到各中心站、分所收入月报表时，不作会计分录。

（三）企业之间运输收入的相互结算

运输公司在对方路段取得的收入款，扣除手续费后，借记“应收账款”账户，贷记“主营业务收入”“应交税费——应交增值税（销项税额）”账户；运输公司收入款中属于对方收入的，按照实际收到的收入款，借记“银行存款”账户，将属于对方的款项贷记“应付账款”账户，将属于本公司的手续费收入，贷记“主营业务收入”“应交税费——应交增值税（销项税额）”账户。

【做中学 4－7】第一汽车运输公司和第二汽车运输公司属于长运汽车运输集团公司的两个独立核算公司，都为增值税一般纳税人，增值税税率为 9%。第一汽车运输公司与第二汽车运输公司在所在市之间 100 公里线上对开客运班车，双方按客运价款的 10% 收取手续费。2022 年 5 月，根据本月行车路单汇总计算，第二汽车运输公司售票额中，第一汽车运输公司车辆在该区间含税运费收入为 197 760 元；第一汽车运输公司的销售额中，第二汽车运输公司车辆在该区间含税运费收入为 136 290 元。第一汽车运输公司进行如下会计处理。

（1）第一汽车运输公司按照在第二汽车运输公司路段取得的价款，扣除手续费 19 776 元后，确认收入。根据行车路单、行车路单汇总表、手续费计算表、增值税计算表，编制会计分录如下：

借：应收账款——第二汽车公司　　177 984
　贷：主营业务收入——运输收入（客运）　　163 288. 07

应交税费——应交增值税（销项税额）　　14 695.93

（2）第一汽车运输公司按照第二汽车运输公司在该区间的运费收入，扣除代理业务手续费 13 629 元后，确认负债。根据银行进账单、行车路单、行车路单汇总，编制会计分录如下：

借：银行存款　　136 290

　贷：应付账款——第二汽车公司　　122 661

　　主营业务收入——代理业务收入　　12 503.67

　　应交税费——应交增值税（销项税额）　　1 125.33

（3）第一汽车运输公司收到第二公司汇付客运收入补差额 55 323 元。

根据银行进账单，客运收入补差额计算表，编制会计分录如下：

借：银行存款　　55 323

　应付账款——第二汽车公司　　122 661

　贷：应收账款——第二汽车公司　　177 984

温馨提示

如果第一汽车运输公司和第二运输公司分属两个不同的公司，则第一汽车运输公司转账支付第二运输公司 122 611 元，第二运输公司转账支付第一汽车运输公司 177 984 元。第一汽车运输公司作会计处理如下：

借：银行存款　　177 984

　贷：应收账款　　177 984

借：应付账款　　122 661

　贷：银行存款　　122 661

任务三　公路运输成本的核算

课件

【任务描述】

分析公路运输企业特点，正确确定公路运输成本计算对象和成本项目，熟悉运输成本核算流程，完成公路运输企业运输成本会计核算工作任务。

【任务实施】

一、公路运输成本的核算内容

（一）公路运输成本的核算对象

公路运输企业的营运成本是指企业在营运生产过程中实际发生的与运输、装卸、堆放和代理业务等营运生产直接有关的支出。营运成本主要分为运输成本、装卸成本和堆放成本等类别。本章主要讲解公路运输车成本的核算。

公路运输企业成本费用的核算与一般企业成本费用核算的基本原理相同，不同之处在于成本费用的构成内容和成本计算对象的确定。根据公路运输企业的业务特点，公路运输成本一般以路线、汽车型号或客运、货运为成本计算对象。公路运输企业也可根据自身管理需要，选择自己的成本核算对象。

（二）公路运输成本项目

公路运输成本分为直接材料、直接人工、其他直接费用和营运间接费用四项。直接材料主要由燃料和轮胎两个项目组成；直接人工由工资和各种职工福利费组成；其他直接费用包括营运部门发生的折旧费、修理费、运输管理费、车辆保险费、行车事故费和其他费用等明细项目；营运间接费用是指公路运输企业所属的基层营运单位，如分公司、车站等组织管理运输生产过程中所发生的不能直接计入成本计算对象的各种间接费用。它包括这些部门发生的工资、职工福利费、折旧费、修理费、低值易耗品摊销、取暖费、水电费、办公费、差旅费、保险费、劳动保护费和其他费用等。

上述，属于直接费用的，直接记入成本计算对象明细账的相关项目，属于间接费用的，采用一定方法分配记入各成本计算对象。

二、公路运输成本的核算

设置“主营业务成本”账户，核算公路运输企业可直接计入成本计算对象的各项支出，分别“运输支出”“装卸支出”“堆存支出”设置明细账核算。

设置“辅助营运费用”账户，核算辅助生产部门为营运发生的费用。月末，按照一定分配标准分配给各受益对象，分配后无余额。

设置“营运间接费用”账户，核算不能直接计入成本计算对象的营运间接费用，月末，按照分配标准分配给各成本计算对象，分配后无余额。

（一）公路运输成本的核算程序

公路运输企业营运成本核算程序，是运输企业及其所属基层部门的成本核算人员，根据成本核算的体制和成本核算的职责，在具体组织营运成本核算时所应遵循的次序和步骤，也就是对各种生产费用进行审核、控制，并将它们按照经济用途进行归类，计入各个成本核算对象、各个成本项目的过程所应遵循的步骤。

（1）审核、控制生产费用，确定费用是否计入营运成本。

（2）按照费用的用途和发生地点归集当期发生的各项生产费用，并按照成本项目归集应计入当期营运成本的各种要素费用。

（3）按各成本核算对象归集和分配当期应计入营运成本的各项要素费用，汇总计算各项营运成本。

公路运输成本的账务处理程序

（二）公路运输成本的核算

公路运输企业运输成本核算账务处理如图 4－2 所示。

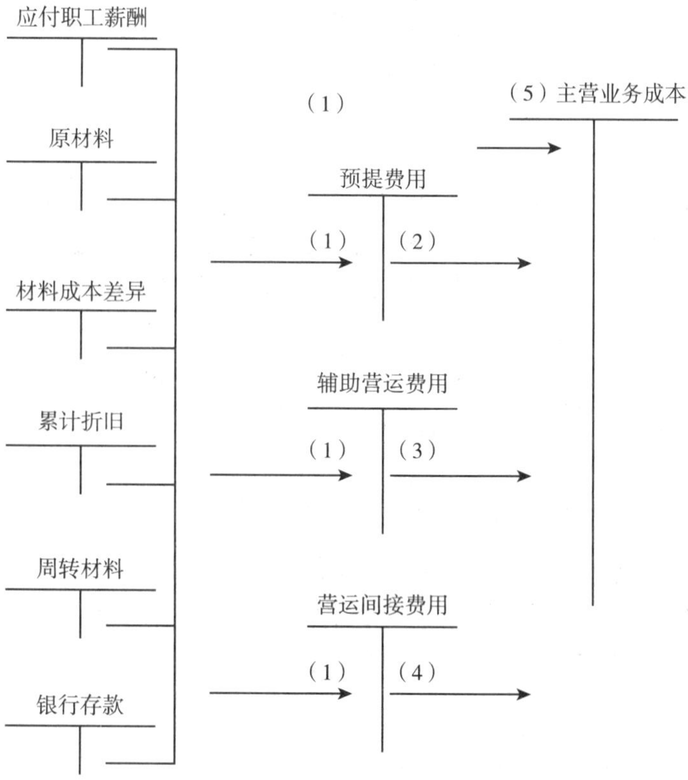

图 4－2　公路运输企业营运成本核算账务处理程序

（1）根据营运原始凭证，编制各要素费用分配表，分配要素费用；

（2）根据预提费用明细账分配预提费用；

（3）根据辅助营运费用明细账分配辅助营运费用；

（4）根据营运间接费用明细账分配营运间接费用；

（5）根据营运成本明细账计算营运成本。

【做中学 4－8】第一汽车运输公司有客车运输、货车运输和维修车间三个生产营运部门，分别按照客车和货车设置成本计算对象。有关资料如下：

（1）2022 年 5 月发生的人工费用如表 4－5 所示。

表 4－5　　　　人工费用汇总表

单位：第一汽车运输公司　　　　2022 年 5 月 31 日　　　　单位：元

部门及人员类别	工资总额	福利费	合　计
客车队	96 000	38 400	134 400
货车队	104 000	41 600	145 600
营运管理部门	32 000	12 800	44 800
维修车间	18 000	7 200	25 200
行政管理部门	40 000	16 000	56 000
合　计	290 000	116 000	406 000

①根据“人工费用汇总表”，编制“人工费用分配表”，如表4－6所示。

表4－6　　人工费用分配表（简表）

单位：第一汽车运输公司　　2022年5月31日　　单位：元

费用项目	工资总额	福利费	合　计
主营业务成本——客车队	96 000	38 400	134 400
主营业务成本——货车队	104 000	41 600	145 600
营运间接部门	32 000	12 800	44 800
辅助营运费用	18 000	7 200	25 200
管理费用	40 000	16 000	56 000
合　计	290 000	116 000	406 000

②根据“人工费用分配表”，编制会计分录如下：

借：主营业务成本——运输支出（客车）　134 400
　　　　　　　——运输支出（货车）　145 600
　　营运间接费用　44 800
　　辅助营运费用　25 200
　　管理费用　56 000
　　贷：应付职工薪酬　406 000

（2）第一汽车运输公司营运车辆采用工作量法计提折旧，其他固定资产采用直线法计提折旧。2022年5月，第一汽车运输公司编制有关固定资产折旧费计算表，如表4－7所示。

表4－7　　固定资产折旧计算表

单位：第一汽车运输公司　　2022年5月31日

车辆类型	车辆折旧			其他固定资产折旧	
	行驶里程（千公里）	折旧率（元・千公里）	折旧额（元）	固定资产种类	折旧额（元）
客车合计	9 000		600 000	营运部门固定资产	32 000
其中：宇通	6 000	70	420 000	维修车间固定资产	51 000
金龙	3 000	60	180 000	行政管理部门固定资产	23 000
货车合计	8 000		530 000		
其中：东风	5 000	70	350 000		
解放	3 000	60	180 000		
合　计	17 000		1 130 000	合　计	106 000

根据“固定资产折旧计算表”，编制会计分录如下：

借：主营业务成本——运输支出（客车）　　600 000
　　　　　　　　——运输支出（货车）　　530 000
　　营运间接费用　　32 000
　　辅助营运费用　　51 000
　　管理费用　　23 000
　　贷：累计折旧　　1 236 000

知识链接

因公路运输企业对轮胎实行单独的核算，所以在计提营运车辆折旧时，应将营运车辆的原值扣除外胎的价值，其计算公式如下：

车辆折旧率（元/千公里）=（车辆原值－车装轮胎价值－预计净残值）/该车辆预计行驶里程（千公里）

某车辆月折旧额=该车辆月实际行驶里程×车辆折旧率

（3）2022年5月，分配第一汽车运输公司的运输管理费及其他费用。假设其他费用全部以银行存款支付，不考虑增值税。第一汽车运输公司的运输管理费及其他费用分配表如表4－8所示。

表4－8　运输管理费及其他费用分配表

单位：第一汽车运输公司　　2022年5月31日　　单位：元

部门	运输管理费	其他费用
客车队	6 600	8 100
货车队	7 200	15 300
营运部门		52 000
维修部门		7 400
管理部门		5 000
合　计	13 800	87 800

①根据“运输管理费及其他费用分配表”，编制会计分录如下：

借：主营业务成本——运输支出（客车）　　6 600
　　　　　　　　——运输支出（货车）　　7 200
　　贷：其他应付款——应付运输管理费　　13 800

②根据“运输管理费及其他费用分配表”和其他费用支付结算原始凭证，编制会计分录如下：

借：主营业务成本——运输支出（客车）　　8 100
　　　　　　　　——运输支出（货车）　　15 300
　　营运间接费用　　52 000

辅助营运费用　　7 400
管理费用　　5 000
贷：银行存款　　87 800

（4）2022 年 5 月，第一汽车运输公司的维修部门共发生费用 83 600 元（假定不考虑增值税），耗用 1 672 工时。编制第一汽车运输公司的维修部门费用分配表如表 4－9 所示。

表 4－9　　辅助营运费用分配表

单位：第一汽车运输公司　　2022 年 5 月 31 日

部门	分配标准（工时）	分配率（元・工时）	分配金额（元）
客车队	560	50	28 000
货车队	880	50	44 000
营运管理部门	122	50	6 100
行政管理部门	110	50	5 500
合　计	1 672	50	83 600

根据"辅助营运费用分配表"，编制会计分录如下：

借：主营业务成本——运输支出（客车）　　28 000
　　　　　　　　——运输支出（货车）　　44 000
　　营运间接费用　　6 100
　　管理费用　　5 500
　　贷：辅助营运费用　　83 600

（5）2022 年 5 月，第一汽车运输公司营运间接费用为 134 900 元（假定不考虑增值税），按照汽车行驶里程分配费用。编制第一汽车运输公司的营运间接费用分配表，如表 4－10 所示。

表 4－10　　营运间接费用分配表

单位：第一汽车运输公司　　2022 年 5 月 31 日

部门	分配标准（千公里）	分配率（元・千公里）	分配金额（元）
客车队	9 000	7. 935	71 415
货车队	8 000		63 485
合　计	17 000		134 900

注：（63 485）= 134 900 － 71 415。

根据"营运间接费用分配表"，编制会计分录如下：

借：主营业务成本——运输支出（客车）　　71 415
　　　　　　　　——运输支出（货车）　　63 485
　　贷：营运间接费用　　134 900

三、公路运输成本的计算

公路运输企业通过编制运营成本明细账计算运输成本。

【做中学4－9】承【做中学4－8】第一汽车运输公司分别客车和货车设置成本计算对象，按照直接人工、直接材料、其他直接费用和营运间接费用四项成本项目开设成本计算单或成本明细账（见表4－11和表4－12），月末分别计算客车和货车营运总成本和单位成本。

表4－11 运输成本明细账

成本核算对象：客车 2022年5月31日 单位：元

2022年		凭证号数	摘要	直接费用			营运间接费用	合计
月	日			直接材料	直接人工	其他直接费用		
5	×		分配材料费	58 800				58 800
			分配人工费		134 400			134 400
			分配折旧费用			600 000		600 000
			分配其他直接费			14 700		14 700
			分配辅助营运费用			28 000		28 000
			分配营运间接费用				71 415	71 415
			营运总成本	58 800	134 400	642 700	71 415	907 315
			营运单位成本	100.813/元·千公里				

表4－12 运输成本明细账

成本核算对象：货车 2022年5月31日 单位：元

2022年		凭证号数	摘要	直接费用			营运间接费用	合计
月	日			直接材料	直接人工	其他直接费用		
5	×		分配材料费	91 200				91 200
			分配人工费		145 600			145 600
			分配折旧费			530 000		530 000
			分配其他直接费用			22 500		22 500
			分配辅助营运费用			44 000		44 000
			分配营运间接费用				63 485	63 485
			营运总成本	91 200	145 600	596 500	63 485	896 785
			营运单位成本	112.098/元·千公里				

项目二　铁路运输企业会计

任务一　铁路运输收入的核算

课件

【任务描述】

了解铁路运输企业集团会计核算组织原则，理解运输收入进款的管理和核算原理，完成铁路运输企业运输收入进款的会计核算工作任务。熟悉铁路运输收入的内容，理解铁路运输收入的核算原则和方法，完成铁路局公司和基层运营单位运输收入的清算及运输收入的会计核算工作任务。

【任务实施】

一、铁路运输收入进款的核算

我国的铁路运输企业的客货运输业务是在中国国家铁路集团有限公司（以下简称“国铁”）的统一领导下，由下属的八个中国铁路局××集团有限公司（以下简称“铁路局公司”）相互协作、配合来共同完成的。由此，在会计核算上，实行中国铁建、铁路局公司、基层站段分级核算。在分级核算中，各车站（段）将运输款项上缴归属的铁路局公司，再由铁路局公司上缴到国铁。铁路局公司由国铁掌管全公司的资金，根据国铁批准的生产计划组织生产，计算运输收入，确定经营成果；铁路局公司和基层站段属于铁路运输内部的经济核算单位，对本部门发生的经济活动进行局部的、独立的核算，按计划核收中国铁建划拨的运营资金，正确核算本单位的运输支出，并计算应取得的运输清算收入。

单独进行铁路运输进款核算是铁路公司系统的主要特点。

（一）铁路运输收入进款的内容

铁路运输收入进款是指在铁路沿线各个点上实现的，由车站的各收款点收取的，以车站（段）为单位按有关规定通过银行向铁路局公司逐级解缴的客货运输收入。

铁路运输进款按归属分为：应缴国铁、股改铁路、控股合资铁路运输收入，应缴铁路建设基金，应付非控股合资铁路、地方铁路运输收入，应付国际和中国香港联运清算款，应付旅客、货主款、应付其他企业款。

1. 应缴铁路运输收入

应缴铁路运输收入包括客运收入和货运收入。

客运收入包括旅客票价收入、车站客运其他收入、客票系统发展金、行李运费收入、普通包裹运费收入、行包专列运费收入、行邮专列运费收入、邮运收入、行包其他收入和行包保价收入等。

货运收入包括货物运费收入、电气化附加费、货运其他收入和货运保价收入。

2. 应缴铁路建设基金

各铁路局公司所属车站核收的铁路建设基金及由此产生的建设基金利息，通过国铁集中报缴。

3. 应付非控股合资铁路、地方铁路运输收入

应付非控股合资铁路、地方铁路运输收入，是指国铁、股改铁路、控股合资铁路核收的归属于非控股合资铁路、地方铁路的客货运输进款。按应付账款核算。

4. 应付国际联运款

应付国际联运款，是指应清算给外国铁路的旅客票价和行李、包裹、货物运杂费，内地与香港直通旅客列车运输中应清算给有关铁路方的旅客票价和行李、包裹、货物运杂费。

5. 应付其他企业款

应付其他企业款，是指应付装卸费、护路联防费、印花税、快运运费及其他作业费等。

6. 应付旅客货主款

旅客、托运人或收货人（包括铁路大客户）办理的预付款按其他应付账款核算，按照实际发生的运输费用办理预付款的抵用。

（二）铁路运输收入进款的管理

我国对铁路运输收入进款实行专户存储，并按规定时间及时逐级上缴。具体管理办法是：第一，各车站（段）、铁路局公司在中国人民银行开设运输收入存款专户；第二，车站（段）核收的运输收入专款，由专人负责，做到当日收到的当日结清，同时将进款的收、存登记运输收入专款日记账，并在次日将进款全部送存银行，按规定日期汇缴铁路局公司；第三，铁路局公司收到各车站的进款后，除路内装卸费等代收款拨付有关单位外，其余款项全部汇缴国铁；第四，铁路局公司除收到站段汇缴的运输收入进款以外，还会收到后付运费和运营单位归还的垫款，这些款项按规定日期汇缴国铁。

铁路运输收入进款属于直接上缴国铁的专用资金，除下列规定范围外，一律不准动支：(1) 国铁规定的待结算款；(2) 垫付旅客和路外人员意外伤亡、急救费和埋葬费；(3) 铁路局公司批准垫支自然灾害急需款；(4) 垫付托运人责任的途中货车整理换装费和包装补修费；(5) 垫付报价行李、包裹赔偿款；(6) 支付代收款；(7) 支付行李、包裹、货物运到逾期违约金，支付铁路局公司批准的运输计划违约金；(8) 退还旅客和托运人、收货人的客货运输费用。

铁路局公司一般将“营运资金”和“进款资金”两项内容单独核算，实行收支两条线，如图 4 - 3 所示。

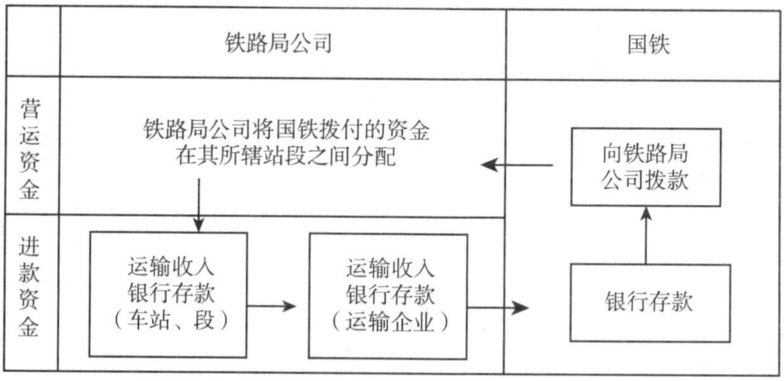

图4－3　铁路局公司收支程序

（三）铁路运输收入进款的核算内容

为了正确核算运输收入进款的经济业务，铁路局公司需要设置专门的会计科目，主要涉及的会计科目及其核算内容如表4－13所示。

铁路运输收入进款的核算

表4－13　运输收入进款常用会计科目

科目名称	核算内容
库存现金	核算各级铁路公司的库存现金
银行存款	核算铁路局公司运输收入进款在指定专户的存款
其他货币资金	核算铁路局公司向国铁汇缴的途中款
应收账款	核算铁路局公司应收外单位（不包括运营单位）的各种票款和运杂费，包括应收的各种少收款、运杂费、邮运运费、军运后付运费、国际联运清算款、水运运杂费、其他公司代收款
其他应收款	核算铁路局公司应收账款和应收内部运营单位以外的款项
应付账款	核算铁路局公司应退或应付外单位（不包括运营单位）的运杂费或进款，包括应付的各种多收款、国际联运清算款、油运费用、水运运杂费、代收外局款等
其他应付款	核算铁路局公司应付账款和应付内部运营单位以外的款项
内部往来	核算铁路局公司应收、应付内部运营单位的运营款项，单独设置“运输进款往来”二级明细账，并分别“应缴国铁运输收入”“已缴运输收入”“运输收入期末欠缴款”明细账核算
运输进款结算	核算铁路局公司应收和已收的运输收入进款
应交铁路建设基金	核算铁路局公司应交的铁路建设基金

1. 站段运输收入进款的核算

为了保证运输收入进款的完整、准确和及时上缴，站段应配备专职的进款人员负责进款的管理，每天的运输收入进款按规定的结账时间当日结清，并在次日 12 点前将进款全部送存站段在银行开设的运输收入进款专户。站段在组织运输收入进款的核算中，应设置“运输收入进款银行日记账”（见表 4－14），用以反映运输收入进款和送存银行的情况，进一步与铁路局公司核对账目。

表 4－14　运输收入进款银行日记账　　单位：元

项目		日期										
		1	2	3	4	5	6	7	8	旬计	…	合计
收方	客运收入											
	货运收入											
	行李收入											
	其他收入											
	客货运服务											
	路内整车装卸费											
	路外装卸费											
	收回垫付款											
	收回少缴款											
	银行存款利息											
	多收款											
	多缴款											
	收方合计											
支方	退旅客票价款											
	退货主款											
	支出垫款											
	发生欠款											
	少收款											
	少缴款											
	应汇缴款											
	支方合计											

2. 铁路局公司运输收入进款的核算

铁路局公司应定期汇总编制“运输收支总表”（见表 4－15），以反映应收、应付、应缴等结算情况，并据此表和相关原始凭证编制相关的会计分录，进而登记账簿。

表 4-15　　运输收支总表

编制单位：××铁路局集团公司　　2022 年 5 月　　单位：万元

收方		支方	
项目	金额	项目	金额
客运收入	91.32	车站途中款	182.3
货运收入	86.2	军运后付运费	25
行包收入	5.63	应收油运进款	12.47
邮运收入	6.24	应收外局代收款	8.44
其他收入	25.47	少缴款	5.25
应付其他企业款	23.6	多收款	5
应缴铁路建设基金	10	应缴铁路建设基金	10
……		……	
收方合计	248.46	支方合计	248.46

运输收支总表的收方反映一定时期内铁路局公司各种来源的进款。其中，收回垫支款、少缴款记入“其他应收款”账户；收回货主欠款记入“应收账款”账户；代收外局款记入“应付账款”账户；运营单位之间往来记入“内部往来——×××”账户；旅客票价、货物运输等运营收入均记入“内部往来——应缴运输收入”账户；铁路建设基金记入“应缴铁路建设基金”账户。

运输收支总表的支方项目反映当期进款的存在和占用形态。其中，退票款、其他退款等退还旅客、货主的款项应冲减“内部往来——应缴运输收入”账户；路外伤亡垫款、防灾品记账费用、职工责任赔款等应由运营部门统一结算的款项应该记入“内部往来——×××”账户；货主欠款应记入“应收账款”账户；编表时尚未进入铁路局公司的运输收入专户的运输收入进款一般可能尚未存储、在车站的存款户中或汇缴途中，应记入“其他货币资金”账户；铁路建设基金记入“应缴铁路建设基金”账户。

【做中学 4-10】 某铁路局公司 2022 年 5 月发生的运输进款部分业务如下：

（1）某车站（段）送存银行运输收入进款 17 800 元，根据车站（段）送存的运输收入进款情况表，编制会计分录如下：

借：其他货币资金——银行未入账　　17 800

　　贷：其他货币资金——车站未送存　　17 800

（2）根据车站银行流转额表（略）的收方，并且与车站提报的银行对账单贷方核对，确认核收的运输进款资金 166 800 元已经存储到开户银行，编制会计分录如下：

借：其他货币资金——车站银行存款　　166 800

　　贷：其他货币资金——银行未入账　　166 800

提示

如有银行多支或少支款，则作如下会计分录：

借：其他货币资金——车站银行存款

　　贷：其他应收款（银行误支款等）

　　　　其他应付款（银行误入款等）

（3）根据车站银行流转额表（略）的支方，并且与车站提报的银行对账单借方核对，确认车站开户银行支方的资金 158 000 元合理、全额上缴，编制会计分录如下：

借：其他货币资金——汇缴途中款　　158 000

　　贷：其他货币资金——车站银行存款　　158 000

提 示

如处理有银行多支或少支款，则作如下会计分录：

借：其他应收款（处理银行误支款等）

　　其他应付款（处理银行误入款等）

　　贷：其他货币资金——车站银行存款

（4）开户行收到运输进款 158 000 元，根据解款站汇缴的银行入账回单，编制会计分录如下：

借：银行存款　　158 000

　　贷：其他货币资金——汇缴途中款　　158 000

（5）上缴国铁运输收入进款 1 260 000 元，编制会计分录如下：

借：内部往来——运输进款往来——应缴运输进款——已缴运输收入（国铁）　　1 260 000

　　贷：银行存款　　1 260 000

（6）2022 年 5 月运输收入收支总表如表 4 – 15 所示。

①根据“运输收入进款总表”收方，编制会计分录如下：

借：运输进款结算　　2 484 600

　　贷：内部往来——运输进款往来——应缴运输收入（客运收入）　　913 200

　　　　　　　　　　　　　　　　　——应缴运输收入（货物收入）　　862 000

　　　　　　　　　　　　　　　　　——应缴运输收入（行包收入）　　56 300

　　　　　　　　　　　　　　　　　——应缴运输收入（邮运收入）　　62 400

　　　　　　　　　　　　　　　　　——应缴运输收入（其他收入）　　254 700

　　　　应付账款——应付其他企业款　　236 000

　　　　应缴铁路建设基金　　100 000

②根据“运输收入进款总表”支方，编制会计分录如下：

借：其他货币资金——车站未送存　　1 823 000

　　应收账款——军运后付运费　　250 000

　　　　　　——应收油运进款　　124 700

　　　　　　——应收外局代收款　　84 400

　　其他应付款——少缴款　　52 500

　　应付账款——多收款　　50 000

应缴铁路建设基金　　100 000
贷：运输进款结算　　2 484 600

（7）年终，假定该铁路局总公司“内部往来——运输进款往来——应缴运输收入进款——应缴运输收入”账户余额为 3 200 万元，“内部往来——运输进款往来——应缴运输输入进款——已缴运输收入”账户余额为 3 010 万元，编制会计分录如下：

借：内部往来——运输进款往来——应缴运输收入　　32 000 000
　贷：内部往来——运输进款往来——运输收入期末欠缴款　　32 000 000
借：内部往来——运输进款往来——运输收入期末欠缴款　　30 100 000
　贷：内部往来——运输进款往来——已缴运输收入　　30 100 000

二、铁路运输收入的内容与核算

（一）铁路运输收入的内容

按照铁路运输收入管理规程，铁路局公司对旅客票价和货物运杂费采用发站核算制，运输收入进款单独运转，自下而上，逐级上缴；上缴到国铁后，再自上而下，层层划拨，在所有参与运输生产的部门之间进行分配，即参与运输业务的公司只有经分配后取得的收入才是本公司当期实现的运输收入。铁路各级运输收入部门将运输进款逐级解缴到国铁后，国铁按规定的清算方法将取得的全部运输收入在各铁路局公司之间进行分配的过程，称为运输工作清算。各级铁路部门通过运输工作结算而取得的收入称为运输清算收入，即运输收入。

铁路运输收入进款主要包括运输收入、铁路建设基金和代收款。

（1）运输收入是指铁路局公司在进行客货运输业务和辅助作业中，使用铁路运输票据，按规定向旅客、托运人或收货人核收的票价、运费、杂费。按运送对象的不同，运输收入分为旅客票价收入、货物运费收入、行李运输收入、包裹运输收入、旅客服务收入、邮运运费收入、保价收入、其他收入等。

（2）铁路建设基金是指铁路局公司在办理货物运输业务过程中，使用铁路运输票据，按规定向托运人、收货人核收的经国家批准征收的铁路建设基金。

（3）代收款是指铁路局公司在办理旅客、货物运输业务和辅助作业中，使用铁路运输票据或其他专用票据，按规定向旅客、托运人、收货人核收的费用。它主要包括国际联运应清算给外国铁路的旅客票价收入，行李、包裹货物运杂费；内地与香港直通运输中应清算给有关铁路方的旅客票价收入，路外装卸费，路内装卸费，行李、包裹货物运杂费；装卸费及其他作业费；旅客、托运人、收货人应付款；经国铁批准的其他代收款。

（二）铁路运输收入的核算

铁路运输收入的核算

铁路运输收入会计核算实行国铁和铁路局公司两级会计核算制。铁路局公司是运输收入管理与核算的主体，站段是运输收入核收与报账的主体。

设置“主营业务收入——运输收入”账户，核算铁路局公司分配取得的运输收入。按收入种类设置明细账。

设置“完成工作清算”账户，核算铁路局公司和所属站段之间对完成工作进行的内部清算。该账户是损益类账户，铁路局公司使用本账户时，借方登记与基层单位清算的金额，贷方登记期末结转"本年利润"的数额；基层运营单位和下级单位使用本账户时，贷方登记按规定清算方法向铁路局公司清算的完成运输工作款，借方登记期末结转"本年利润"账户的数额。结转后，本账户无余额。

1. 铁路运输企业收入的核算

（1）铁路局公司将每月应得的运输清算收入通知书上报到国铁时，属于铁路局公司的部分确认运输收入；属于站段的部分通过"完成工作清算"账户核算。

借：内部往来——日常往来（国铁）

　　贷：主营业务收入——运输收入

借：完成工作清算

　　贷：内部往来——日常往来（××站段）

（2）结转铁路建设基金。

借：主营业务收入——运输收入

　　贷：应缴铁路建设基金

（3）期末结转。

借：主营业务收入

　　贷：本年利润

借：本年利润

　　贷：完成工作清算

2. 基层运营单位的核算

（1）基层运营单位取得清算收入。

借：内部往来——××铁路局公司

　　贷：完成工作清算

（2）期末结转。

借：完成工作清算

　　贷：本年利润

【做中学 4－11】 2022 年 5 月，某铁路局公司完成运输工作应得的运输收入为 4 000 万元，已报到国铁。该铁路局公司同时与所属 A、B、C 基层站完成了清算工作，A、B、C 基层站分别获得清算收入 800 万元、1 000 万元、1 200 万元。各级单位应编制会计分录如下：

（1）铁路局公司。

借：内部往来——日常往来（国铁）	40 000 000	
贷：主营业务收入——运输收入		40 000 000
借：完成工作清算	30 000 000	
贷：内部往来——日常往来（A 基层站）		8 000 000
——日常往来（B 基层站）		10 000 000
——日常往来（C 基层站）		12 000 000

（2）基层单位。

借：内部往来——日常往来（A 基层站）	8 000 000	
贷：完成工作清算		8 000 000

借：内部往来——日常往来（B 基层站）　　10 000 000

　　贷：完成工作清算　　10 000 000

借：内部往来——日常往来（C 基层站）　　12 000 000

　　贷：完成工作清算　　12 000 000

任务二　铁路运输成本的核算

课件

【任务描述】

分析铁路运输企业的业务特点，合理确定铁路运输成本计算对象和成本项目，正确计算铁路运输成本，完成铁路运输企业运输成本会计核算工作任务。

【任务实施】

一、铁路运输成本的核算内容

（一）铁路运输成本的核算对象

铁路运输成本是企业为运输旅客、货物、行李包裹以及提供物流辅助服务发生的直接耗费。

铁路运输成本计算对象按照运输种类设置。铁路运输成本按照运输的种类，包括旅客运输成本、货物运输成本、行李运输成本、基础设施成本以及其他成本。

（1）旅客运输成本核算为旅客运输直接发生的各种支出，包括车站旅客服务、旅客列车（动车组）服务、客车及动车组运用和维护支出，相关服务付费及其他支出。

（2）货物运输成本核算为货物运输直接发生的各种支出，包括货物发送、运行、中转、到达作业费用，货车、集装箱运用和维护费用，货车使用费，相关物流辅助服务费及其他支出。

（3）行李运输成本核算为行李、包裹运输直接发生的各种支出，包括货物发送、运行、中转、到达作业费用，专用行包车辆运用和维护费用，相关物流辅助服务费及其他支出。

（4）基础建设成本核算为铁路路网、智慧行车等基础设施运用和维护发生的各种支出，包括铁路线路设备等行车设施运用和维护费用，行车指挥调度费及其他支出。

（5）其他成本核算为企业运输生产中发生的除旅客、货物、行李运输成本和基础设施成本以外的各种支出。

（二）铁路运输成本构成

（1）运输生产人员及运输生产单位管理、服务人员的工资、奖金、津贴、补贴、短期带薪缺勤、短期利润分享计划，福利费、工会经费、职工教育经费、按照规定提取的“五险一金”以及企业提取的补充医疗保险、企业年金。

（2）按规定计提的运输生产用及运输生产单位管理用固定资产折旧。

（3）为了恢复固定资产原有性能和生产能力，对固定资产进行周期性的大修理支出。

（4）设备运行、养护修理耗用的材料、配件、燃料、电力、工具备品费用及其他支出，配件修理支出，外购劳务支出，生产场所用燃料、水、电及生产用杂费。

（5）运输生产人员及运输生产单位管理、服务人员的办公费、差旅费、劳动保护费、支付补贴等。

（6）运输生产经营过程中发生的季节性、修理期间的停工损失，事故净损失，灾害预防及抢修支出。

（7）办理保价业务发生的支出。

（8）办理联合运输发生的支出。

（9）按照规定提取和使用的安全生产费用。

（10）其他按照国家有关规定应计入主营业务成本的支出。

二、铁路运输成本的核算

设置“主营业务成本”账户，核算运输企业在运输生产过程中发生的实际成本。按照类别和线路进行明细分类核算。

铁路运输企业发生的计入成本的各种耗费，能够直接归属到相应成本类别的，全额列入该类成本；不能直接归属成本类别的，按照规定的工作量指标分配列入相应类别成本。

当发生与营运生产直接相关的各项支出，作如下会计分录：

借：主营业务成本——旅客运输成本
　　　　　　　　——货物运输成本
　　　　　　　　——行李运输成本
　　　　　　　　——基础设施成本
　　　　　　　　——其他成本
　贷：原材料、应付职工薪酬、累计折旧、银行存款等

在进行铁路运输成本费用的核算时，应注意一些特殊费用的处理。

第一，企业之间相互提供服务和劳务，提供服务方按照取得提供服务收入的，其相关支出在运输总支出中分要素核算，接受服务方支付的费用按付费支出核算。

第二，企业间相互提供的跨企业机动车加油等支出、因企业间移动设备调转应分摊的设备修理支出实行成本专列制度，由双方核对一致后等额转入、转出成本。

第三，企业间运输设备大修、中修、维修业务，首先立足于按照职责分工由运营单位自主完成，发生的支出在运输总支出中分要素核算，受生产能力和技术条件限制，需要委托其他单位修理的，发生的支出在其他要素核算。

【做中学 4－12】 某铁路局集团有限公司，2022 年 5 月发生的客运支出如下：

（1）直接计入成本的工资 200 万元，分配计入的工资 86 万元，计提的工资附加费 112.97 万元。根据职工薪酬费用分配表，编制会计分录如下：

借：主营业务成本——旅客运输成本　　3 989 700
　贷：应付职工薪酬　　3 989 700

（2）计提固定资产折旧 185 万元。根据折旧费用计提表，编制会计分录如下：

借：主营业务成本——旅客运输成本　　1 850 000

　　贷：累计折旧　　1 850 000

（3）分摊维护费 162 万元。根据维修费用分配表，编制会计分录如下：

借：主营业务成本——旅客运输成本　　1 620 000

　　贷：内部往来　　1 620 000

（4）发放制服补贴 22 万元。根据其他费用分配表，编制会计分录如下：

借：主营业务成本——旅客运输成本　　220 000

　　贷：应付职工薪酬　　220 000

（5）提取安全生产费用 86 万元。根据安全生产费用计提表，编制会计分录如下：

借：主营业务成本——旅客运输成本　　860 000

　　贷：专项储备　　860 000

（6）用银行存款支付其他直接支出 245 万元。根据其他费用计提表，编制会计分录如下：

借：主营业务成本——旅客运输成本　　2 450 000

　　贷：银行存款　　2 450 000

三、铁路运输成本的计算

按照计算方法与作用的不同，铁路运输成本分为运输成本、单位成本、专项成本、作用成本、分线运输成本五类。铁路运输企业的运输成本通过编制运输成本表（略）计算。

（一）运输成本

运输成本是主营业务成本、基础设施成本、其他成本之和扣除付费支出等专项支出的净额。分别客运成本、货运成本和行包成本计算。

客运成本 = 主营业务成本（旅客运输成本）- 付费支出 + 分摊的基础设施成本 + 其他成本

货运成本 = 主营业务成本（货物运输成本）- 付费支出 + 分摊的基础设施成本 + 其他成本

行包成本 = 主营业务成本（行包运输成本）- 付费支出 + 分摊的基础设施成本 + 其他成本

（二）单位成本

单位成本主要包括单位旅客运输成本、单位货物运输成本、单位行包运输成本、单位换算周转量成本。其计算公式如下：

单位旅客运输成本 = 客运成本/旅客周转量

单位货物运输成本 = 货运成本/货物周转量

单位行包运输成本 = 行包成本/行包周转量

单位换算周转量成本 =（客运成本 + 货运成本 + 行包成本）/换算周转量

知识拓展

铁路运输企业、基层站段（分公司）还要经过汇总运输支出资料，计算运输总支出和单位支出。

（1）运输总支出要分别客运总支出、货运总支出、行包总支出计算。

运输总支出 = 主营业务成本 + 销售费用 + 管理费用
+ 财务费用 + 营业外支出 + 资产减值损失

（2）单位支出主要包括单位客运支出、单位货运支出、单位行包支出、单位换算周转量支出。

单位客运支出 = 客运总支出/旅客周转量
单位货运支出 = 货运总支出/货物周转量
单位行包支出 = 行包总支出/行包周转量
单位换算周转量支出 =（客运总支出 + 货运总支出 + 行包总支出）/换算周转量

【做中学 4-13】 承【做中学 4-12】2022 年 5 月，该铁路局集团公司除了发生上述业务外，还要分摊基础设施成本 213.5 万元，其他成本 137 万元，其他线路使用费 364 万元。本月运行 3 600 公里，运送旅客 12 万人。客运成本计算如下：

客运成本 = 3 989 700 + 1 850 000 + 1 620 000 + 220 000 + 860 000 + 2 450 000 + 2 135 000
+ 1 370 000 − 3 640 000 = 7 349 700（元）

单位旅客运输成本 = 7 349 700 ÷（3 600 × 1.2）= 1 701.323（元/万人公里）

（三）其他成本

1. 专项成本

专项成本，是指铁路承运不同等级、不同席别的旅客和采用不同运输方式对不同品类货物分别计算的运输成本，如特快软卧人公里成本、普客硬座人公里成本等。

2. 作业成本

作业成本，是铁路运输企业为完成某项具体生产作业而发生和应负担的运输支出，如车辆公里成本、调车作业成本、机车公里成本等。

3. 分线运输成本

分线运输成本，是根据某一铁路线段客货运输生产所发生的客货运输支出和所完成的客货周转量而计算的各种运输成本。

项目三　航空运输企业会计

任务一　器材物资的核算

课件

【任务描述】

分析民航运输企业器材物资的性质和用途，按照企业会计准则规范完成民航企业中重要的器材物资——航材消耗件和高价周转件的会计核算工作任务。

【任务实施】

一、器材物资的内容

航空运输行业是一类技术密集、资本密集、国际影响很大的特殊运输行业。作为主要运输工具的飞机需要花费大量的维修时间和维修费用，以保障航空运输安全完成运输任务。飞机维修是航空运输企业进行飞机客货运输的重要组成部分，在维修过程中使用的飞机专用器材器件单价高、消耗量大，在会计核算上对这些器材器件有专门的核算方法。

航空运输企业的器材物资是指用于维护和修理飞机、动力装置及各种地面设备（包括地面通信设备、导航设备、机动车辆等）的各种器材及物资。飞机及地面设备等的维护及修理是日常性的业务，需求量较大，航空运输企业通常需要储存一定数量的器材物资以保证飞机及地面设备的正常运行，器材物资成为航空运输企业一项重要的流动资产。

器材物资按照使用的对象以及在运营中的作用不同，可分为航空器材、普通器材、低值易耗品、机上供应品四类。

航空器材是指专供维护和修理飞机机体、动力装置、电子仪表装置以及其他飞机系统各种器材。航空器材按照价值高低、使用时间长短以及是否采用序号跟踪管理等，又可分为航材消耗件和高价周转件。航材消耗件一般指一次性领用并消耗的零附件，其价值相对较低但消耗量大，一般装机后不再修理。高价周转件是指飞机正常情况下经常维修和经常更换的、价值较高、有时间限制、有序号跟踪管理的，可以进行多次重复使用的零附件，如飞机的自动驾驶仪、惯性导航仪设备等。还包括一些大型成套的、价值较高、不经常使用，又必须准备的零附件，如起落架等。

普通器材是指用于维护和修理各种地面设备的器材，主要包括通信器材、车辆器材、建筑材料、金属材料及其他油料和材料等。

低值易耗品是指使用年限在1年以内，单位价值在规定标准以下的各种材料物资，如各种工具、飞行制服、工作服等。

机上供应品是指在飞机上为旅客准备的各种用品，如食品、饮料、报纸杂志等。

小知识

航空运输企业除具有一般运输企业的共同特点外，还具有自身独特之处。

（1）航空运输企业受政府管制大。航空运输是影响国计民生的重要行业，且无论技术上、安全上，还是投资规模上都要求很高。因此，世界各国一般对该行业的管制比较细致、严格，我国也不例外。我国有专门的机构——民用航空局，对航空运输企业进行全面管理。

（2）航空运输企业投资巨大，运输成本高昂。其一，航空运输企业使用的劳动工具是飞机，飞机的投资成本巨大；其二，飞机的维护成本、运营成本高，飞机运营中需要大量燃油，维护飞机需要的配件价格昂贵，且飞机的运行和维护需要高素质的劳动者。

（3）国内外航空运输企业之间的关系紧密。对于航空运输企业来说，跨国界、跨地区的客货运输业务比较多，而在此过程中，这些业务的完成往往需要多家航空运输企业来合作，也就是说，每家航空公司除负责完成本公司的运输业务外，还需要完成其他航空公司的运输业务。这种联合运输一般称为联运，联运是航空运输企业区别于一般运输企业的最大特点。

二、器材物资的核算

航空运输企业器材物资的核算与制造企业材料存货的核算方法一致，可以采用实际成本计价，也可以采用计划成本计价。但由于器材物资的性质、用途及特点与制造企业的材料不同，需要按照器材物资的类别分别设置“航材消耗件”“高价周转件”“普通器材”“低值易耗品”“机上供应品”等账户进行核算。

取得器材物资时，借记“航材消耗件”“高价周转件”“普通器材”“低值易耗品”“机上供应品”“应交税费——应交增值税（进项税额）”账户，贷记“银行存款”“应付账款”等账户。

领域器材物资时，借记“主营业务成本”账户，贷记“航材消耗件”“高价周转件”“普通器材”“低值易耗品”“机上供应品”等账户。

（一）航材消耗件的核算

航材消耗件大多属于一次性领用即被消耗的材料。设置“航材消耗件”账户，核算航空运输企业库存的航材消耗件的成本，按航材消耗件的种类和机型进行明细核算。

购入航材消耗件时，按应计入航材消耗件成本的金额，借记“航材消耗件”账户，按照允许抵扣的增值税金额，借记“应交税费——应交增值税（进项税额）”账户，按支付或应付的金额，贷记“银行存款”“应付账款”“预付账款”等账户。

领用航材消耗件时，借记“主营业务成本”等账户，贷记“航材消耗件”账户。维修部门退回未用的航材消耗件，用红字作相同的会计记录。采用计划成本核算的，在月末分摊材料成本差异。

航材消耗件报废时，分别两种情况：（1）在用报废，指已领用的航材消耗件报废。其残料收入冲减当月主营业务成本，借记“银行存款”“其他应收款”等账户，贷记“主营业务成本”账户。（2）在库报废，指未领用的航材消耗件因机型退役或其他技术方面原因，导致无法使用而形成的报废。根据航材消耗件报废清单，借记“待处理财产损溢”账户，贷记“航材消耗件”账户，采用计划成本核算的，还应同时结转材料成本差异。报废损失应于期末结账前处理完毕，计入当期损益，借记“管理费用”账户，贷记“待处理财产损溢”账户。无论在用还是在库报废，涉及增值税转出的，贷记“应交税费——应交增值税（进项税额转出）”账户。

【做中学 4－14】 鹏程航空公司为增值税一般纳税人，采用实际成本计价法核算存货（下同）。2022 年 5 月 3 日，购买的航材消耗件入库，以银行存款支付价款 25 万元、增值税 3.25 万元，运费 0.8 万元、增值税 0.072 万元，取得增值税专用发票。

根据增值税专用发票账单、银行付款凭证、材料入库单，编制会计分录如下：

借：航材消耗件　　258 000

　　应交税费——应交增值税（进项税额）　　33 220

　　贷：银行存款　　291 220

【做中学4－15】2022年5月6日，鹏程航空公司维修部门领用航材消耗件100 000元，用于维护和修理发动机。

根据领料单或材料费用分配表，编制会计分录如下：

借：主营业务成本——运输成本　　100 000

　　贷：航材消耗件　　100 000

（二）高价周转件的核算

高价周转件的核算

1. 高价周转件的核算方法

高价周转件的特点是价值高、多次重复使用而不改变其实物形态以及使用年限在一年以上。按照现行会计准则，高价周转件可确认为固定资产，应采取提取折旧的方式转移到航空运输成本中。但是，因为航空运输企业特殊的业务性质及高价周转件属于飞机零附件的性质，所以在会计实务中，往往将高价周转件列为存货管理，对其采用专门的方法进行摊销以转移到航空运输成本。

高价周转件的摊销一般按4年进行摊销：第1年摊销高价周转件总成本的50%，第2年摊销总价值的25%，第3年摊销总价值的15%，第4年摊销总价值的10%。某年高价周转件的摊销额合计应等于上一年起以往连续4年每年高价周转件摊销额的合计数，用公式可表示为：

$$\begin{aligned}\text{高价周转件年摊销额} =& 4\text{年前高价周转件净增加额}\times 10\% \\ &+3\text{年前高价周转件净增加额}\times 15\% \\ &+2\text{年前高价周转件净增加额}\times 25\% \\ &+1\text{年前高价周转件净增加额}\times 50\%\end{aligned}$$

2. 高价周转件的账务处理

设置“高价周转件”账户，设置“在库高价周转件”和“高价周转件摊销”明细账户，分别核算航空运输企业库存高价周转件的成本和摊销成本。

购入航材消耗件时，按应计入航材消耗件成本的金额，借记“高价周转件”账户，按照允许抵扣的增值税金额，借记“应交税费——应交增值税（进项税额）”账户，按支付或应付的金额，贷记“银行存款”“应付账款”“预付账款”等账户。

飞机、发动机大修领用高价周转件，借记“高价周转件——在用高价周转件”账户，贷记“高价周转件——在库高价周转件”账户；月末按照应摊销的金额，借记“主营业务成本”账户，贷记“高价周转件——高价周转件摊销”账户，采用计划成本核算的，还应同时结转材料成本差异。

【做中学4－16】2022年5月7日，鹏程航空公司购买的高价周转件已验收入库，以银行存款支付价款150万元，增值税19.5万元，运杂费3.5万元、增值税0.315万元，取得增值税专用发票。

根据增值税专用发票账单、银行付款凭证、材料入库单，编制会计分录如下：

借：高价周转件——在库高价周转件　　1 535 000

　　应交税费——应交增值税（进项税额）　　198 150

　　贷：银行存款　　1 733 150

【做中学4－17】鹏程航空公司高价周转件2017年净增加600万元，2018年净增加400万元，2019年净增加350万元，2020年净增加550万元，2021年净增加500万元。计算2021年和2022年的高价周转件摊销额并作摊销账务处理。

（1）2021年的高价周转件摊销额：

$600\times10\%+400\times15\%+350\times25\%+550\times50\%=482.5$（万元）

根据高价周转件摊销表，编制转账凭证，作会计分录如下：

借：主营业务成本——运输成本　　4 825 000

　　贷：高价周转件——高价周转件摊销　　4 825 000

（2）2022年的高价周转件摊销额：

$400\times10\%+350\times15\%+550\times25\%+500\times50\%=480$（万元）

根据高价周转件摊销表，编制会计分录如下：

借：主营业务成本——运输成本　　4 800 000

　　贷：高价周转件——高价周转件摊销　　4 800 000

（三）机上供应品的核算

设置"机上供应品"账户，核算航空运输企业库存的机上供应品的成本。

（1）领用免费机上供应品时，借记"主营业务成本"账户，贷记"机上供应品"账户；退回时作相反会计分录。

（2）当销售机上供应品时，借记"库存现金""银行存款""应收账款"等账户，贷记"其他业务收入"账户，同时结转成本，借记"其他业务成本"账户，贷记"机上供应品"账户。

普通器材、低值易耗品的核算与一般企业的原材料、低值易耗品的核算方法一致。这里不再赘述。

任务二　航空运输收入的核算

课件

【任务描述】

了解航空运输企业会计核算组织原则，理解票证结算的管理和核算原理，熟悉航空运输企业收入的内容，把握航空运输收入的核算原则，完成航空运输企业国内、国际票证结算和承运完成后运输收入的会计核算工作任务。

【任务实施】

航空运输票证结算的核算

一、运输票证结算的核算

运输票证是指运输凭证，即与从事民用航空运输活动相关的凭据，包括客票及行李票、航空货运单、逾重行李票、航空邮运结算单、退票、误机、变更收费单和旅费证等用于航空运输的凭证。由于联运业务的存在，航空公司可能是本方开具运输票证，本方承运或其他航空公司承运，也可能由别的航空公司开具运输票证，本方承运等。联运业务产生了大量的运输票证，这些运输票证需要在各航空公司间进行结算，航空公司在未完成承运前，收到的资金即销售票证收到的款项，作为企业的负债核算，在完成了承运服务后，才能确认运输收入。

设置“国内票证结算”账户，核算航空公司使用国内航空运输凭证（以下简称“国内票证”）销售的待结算国内票证结算款项，期末贷方余额反映尚未结算的国内票证款项。按照运输类型（旅客、货物、邮件、专机、包机、逾重行李等）收款单位设置明细账进行明细核算。

设置“国际票证结算”账户，核算航空公司使用国际航空运输凭证（以下简称“国际票证”）销售的待结算国际票证结算款项，期末贷方余额反映尚未结算的国际票证款项。按照运输类型（旅客、货物、邮件、专机、包机、逾重行李等）收款单位设置明细账进行明细核算。航空公司代收的国际机场税款，不在本账户核算。

航站销售方式下，每个航站要定期向会计部门报告销售和退票情况，销售日报表根据客票号按照现销和赊销予以分类，将存款单和销售日报表及客票会计联送会计部门，会计部门审核后进行账务处理。

代理销售方式下，航空公司定期收到代理人送交的销售报告、客票会计联以及支票或汇款等凭证时进行账务处理。

（1）民航企业销售国内（国际）航线的客、货、邮、逾重行李票证，组织专包机运输取得销售款时：

借：银行存款

　　贷：国内（国际）票证结算

如果为 POS 机刷卡，则借记“其他应收款——银联 POS 机”账户。

（2）民航企业通过代理人销售国内（国际）航线的客、货、邮、逾重行李票证，组织专包机运输取得销售款时：

借：银行存款/应收账款

　　销售费用（手续费）

　　应交税费——应交增值税（进项税额）

　　贷：国内（国际）票证结算

（3）民航企业通过外行票证换开本企业票证：

借：应收账款

　　贷：国内（国际）票证结算

（4）民航企业为旅客办理退票：

借：国内（国际）票证结算（退票额）

　　贷：主营业务收入（收取的退票费）

　　　　应交税费——应交增值税（销项税额）

　　　　银行存款/库存现金（退旅客金额）

（5）旅客遗失定期客票：

①原票证所属航空公司补开客票的，不作账务处理；

②非原票证所属航空公司补开客票的，凭原票证所属航空公司的补开证明向其开账结算。

借：应收账款

　　贷：国内（国际）票证结算

原票证所属航空公司收到开账结算：

借：国内（国际）票证结算

　　贷：银行存款

小知识

航空公司自己销售票证的能力是有限的，一些机构，如旅行社、酒店等，由于其行业和地理优势，比航空公司的销售服务更方便，因而，这些机构成为航空公司必然的代理销售机构。

一个航空公司必然与多家代理机构发生关系，而一家代理机构也不可能只为某一家航空公司代理销售票证，由此产生了相互交错、复杂的业务关系。为降低代理成本，中介机构应运而生。这种中介机构提供了一致结算流程，客运为 BSP（Billing & Settlement Plan），货运为 CASS（Cargo Accounts Settlement System）。

【做中学 4-18】2022 年 5 月 8 日，鹏程航空公司收到本公司的销售日报表。其中，现金销售国内票证 75 张，票证总金额为 6.15 万元，存款单 6.15 万元。根据售票处和航站楼提供的销售日报表、存款单和客票会计联，编制会计分录如下：

借：银行存款	61 500	
贷：国内票证结算——客运票证		61 500

【做中学 4-19】2022 年 5 月 10 日，鹏程航空公司收到代理人的销售日报表。其中，销售国际票证 200 张，共计 19.7 万元（不包括国外机场税款），款项尚未收到，代理人手续费为 10%。假定代理人的增值税税率为 6%。根据代理人提供的销售日报表和客票会计联，编制会计分录如下：

借：应收账款	177 300	
销售费用	18 584.91	
应交税费——应交增值税（进项税额）	1 115.09	
贷：国际票证结算——客运票证		197 000

【做中学 4-20】2022 年 5 月 12 日，某旅客办理乘机手续，行李超重，收取逾重行李费 825 元。根据行李逾重发票、交款单，编制会计分录如下：

借：库存现金/银行存款	825	
贷：国内票证结算——逾重行李		825

知识拓展

（1）航空公司销售国际票证收取的国际机场税款，借记“银行存款”账户，贷记“其他应付款”账户，支付时作相反会计处理。

（2）航空公司以外币销售国际机票，按业务发生当日汇率计算的货币资金，借记“银行存款”账户，按照ICH公布的销售月前一月五天比价折合为人民币。贷记“国际票证结算”账户，两者的差额计入当期损益，借记或贷记“财务费用”账户。

二、航空运输收入的内容与核算

（一）航空运输收入的内容

民航企业的运输收入包括航空运输收入、通用航空业务收入、代理手续费收入和其他业务收入。

航空运输收入是民航企业使用飞机在国际、国内航线上承运客、货、邮件、行李或执行专包机任务，按照相关规定或协议应得的业务收入。航空运输收入分为客运收入和货运收入。

通用航空业务收入是民航企业使用飞机完成专业飞行任务按规定取得的业务收入。比如，提供航空摄影、利用飞机喷洒化学农药、为防止火灾在森林上空进行巡逻等方面取得的收入。

代理手续费收入是指航空公司为本公司以外的其他航空运输企业提供客货销售、代理退票等服务所收取的代理手续费收入。

其他业务收入是指航空运输企业除了运输收入、通用航空收入和代理手续费收入以外的收入。包括飞机租赁收入、退票手续费收入、提供地面服务所产生的收入、佣金收入、飞行员租赁收入等。

本任务中主要完成运输收入的核算。

（二）航空运输收入的核算

航空运输收入的核算方法

民航企业销售运输票证所取得的货币收入，并不能直接就作为本企业的运输收入处理，而仅是一项待结算的预收款。只有本企业的飞机承运了所售票证的运输业务，才能将其转为本企业的运输收入。如果所售票证的运输业务由其他航空公司承运，企业则应在扣除代理手续费后，将所售票证的收入支付给承运航空公司。

根据票证所提供信息进行票证计算、审核、分摊并编制开账单进行开账是联运票证的基本内容。在会计实务中，航空公司必须定期或不定期地在各航空公司间以相关的运输票证为依据，按照航空公司双方或多方协议规定，采用专门的方法进行分摊、清算、开账，通过双边或多边比例分摊、清算，依据国际国内航协相关规定或协议来确认个别航空公司的运输收入。

知识拓展

双边分摊是指航空公司与每一个联运伙伴分别签订分摊协议，按每一个联运伙伴承运的直达运价分摊联运收入。一般适用于两个外行联运的情况。

多边分摊是指两个以上多航段航程的各承运人之间根据国际行协规定的《客运分摊手册》和《货运分摊手册》公布的分摊系数按加权平均法分摊收取的联运收入。一般适用于两个或两个以上外行联运的情况。

设置“主营业务收入”账户，核算民航企业取得的收入。设置“运输收入”“通用航空收入”“代理手续费收入”进行明细核算。

在“运输收入”明细账下设置“国内航线”“国际航线”“香港航线”“澳门航线”等三级明细账核算，三级账下设置“旅客”“货物”“邮件”“专机”“包机”“逾重行李”等四级账户核算。在“通用航空收入”明细账下按照业务类别设置三级明细账。在“代理手续费收入”明细账下设置“国内航线”“国际航线”“香港航线”“澳门航线”三级账。

航空运输企业在完成运输服务后确认运输收入，分别进行会计处理。

1. 航空公司在国内航线（国际航线、港澳航线）完成承运服务

（1）属于本公司票证：

借：国内（国际）票据结算

　　贷：主营业务收入——运输收入

　　　　应交税费——应交增值税（销项税额）

提 示

随同销售国内票证收取的机场建设费：

借：国内票证结算

　　贷：应交民航建设基金

（2）属于其他公司票证：

借：应收账款（净额）

　　销售费用（代理手续费和结算手续费）

　　应交税费——应交增值税（进项税额）

　　贷：主营业务收入——运输收入

　　　　应交税费——应交增值税（销项税额）

2. 航空公司在国内航线（国际航线、港澳航线）完成包机承运服务

（1）属于本公司自行组织：

借：国内（国际）票据结算

　　贷：主营业务收入——运输收入

　　　　应交税费——应交增值税（销项税额）

（2）属于其他组织单位：

借：国内（国际）票据结算

　　销售费用

　　应交税费——应交增值税（进项税额）

　　贷：主营业务收入——运输收入

　　　　应交税费——应交增值税（销项税额）

3. 完成专机运输任务

（1）根据专机执行任务通知单，开具“专用收费通知单”，开展结算：

借：应收账款

贷：主营业务收入——运输收入

应交税费——应交增值税（销项税额）

（2）收到使用单位支付的款项：

借：银行存款

贷：应收账款

【做中学4-21】鹏程航空公司为增值税一般纳税人，航空运输业务增值税税率为9%。2022年5月31日，鹏程航空公司确认承运航站楼销售国内票证收入共计253 316元，收取逾重行李8 056元（增值税税率为6%）。根据撕收的乘机联、运输收入汇总表，编制会计分录如下：

借：国内票证结算	261 372	
贷：主营业务收入——运输收入——国内航线——旅客		232 400
——逾重行李		7 600
应交税费——应交增值税（销项税额）		21 372

【做中学4-22】2022年5月31日，鹏程航空公司确认承运代理人销售国内票证286张，共计283 400元，其中手续费为28 340元。根据乘机联、运输收入汇总表，编制会计分录如下：

借：国内票据结算	283 400	
贷：主营业务收入——运输收入		260 000
应交税费——应交增值税（销项税额）		23 400

（三）旅客退票、误机、变更机票的核算

（1）旅客退票：

借：国内（国际）票证结算（退票额）

贷：其他业务收入（收取的退票手续费）

应交税费——应交增值税（销项税额）

银行存款/库存现金（退旅客金额）

（2）旅客遗失定期客票：原票证所属航空公司补开客票的，不作账务处理；非原票证所属航空公司补开客票的。

①原票证所属航空公司的补开证明向其开账结算：

借：应收账款

贷：国内（国际）票证结算

②原票证所属航空公司收到开账结算：

借：国内（国际）票证结算

贷：银行存款

（3）旅客误机、变更机票。航空公司及其代理人为旅客办理误机、变更手续，按规定向旅客开具“退票、误机、变更收费单”收取一定费用。

①由票证所属航空公司办理上述事宜：

借：库存现金/银行存款

贷：国内票证结算（误机、变更收费金额）

借：国内票证结算

  贷：其他业务收入（票证所属公司收取手续费金额）

    应交税费——应交增值税（销项税额）

    银行存款（支付变更前承运航空公司金额）

②代理人办理上述事宜。代理人收取一定的手续费，其余部分汇付票证所属航空公司，由票证所属航空公司汇付变更前的承运航空公司，变更前的承运航空公司收到汇付费用时：

借：库存现金/银行存款

  销售费用（向代理人支付手续费）

  应交税费——应交增值税（进项税额）

  贷：其他业务收入（票证所属公司收取手续费金额）

    应交税费——应交增值税（销项税额）

【做中学 4－23】2022 年 6 月 3 日，某旅客到鹏程航空公司售票处办理退票，票款 1 050 元，收取退票手续费 210 元（增值税税率为 6%）。根据退回的机票、退票收费单，编制会计分录如下：

借：国内票证结算	1 050	
贷：其他业务收入		198.11
应交税费——应交增值税（销项税额）		11.89
银行存款（支付承运公司金额）		840

【做中学 4－24】2022 年 6 月 5 日，某旅客到鹏程航空公司售票处办理机票改签，将其购买的出发时间为 12：45 的东方航空公司机票，改签为出发时间为 14：20 的鹏程航空公司航班。两个航班票价一致，鹏程航空公司收取退票手续费 450 元，其中代理手续费 45 元。假定手续费增值税税率为 6%。根据退回的机票、退票收费单，编制会计分录如下：

借：库存现金/银行存款	450	
贷：国内票证结算		450
借：国内票证结算	450	
贷：其他业务收入		42.45
应交税费——应交增值税（销项税额）		2.55
银行存款		405

任务三 航空运输成本的核算

课件

【任务描述】

分析民航运输企业特点，合理确定民航运输成本计算对象和成本项目，正确计算航空运输成本，完成航空运输成本的会计核算工作任务。

【任务实施】

一、航空运输成本的核算内容

（一）航空运输成本计算对象

航空运输成本是航空运输企业为完成航空运输作业发生的实际成本。

航空运输成本可分为航空运输成本和通用航空成本。航空运输成本是指民航企业的飞机在完成客、货、邮件、行李或执行专包机等运输任务过程中所发生的各项成本费用。通用航空成本是指民航企业在完成通用航空任务过程中所发生的各种费用。

由于航空运输企业特殊的业务特点，其一般以航线或飞机机型为成本计算对象。企业可根据自身管理需要，选择其中之一作为自己的成本计算对象。单位成本是以飞行小时或以单位吨公里为计算单位。

（二）航空运输成本的组成

航空运输成本由直接营运费用和间接营运费用构成。

直接营运成本是指企业在执行航空运输任务、通用航空运输任务中发生的能直接计入成本的营运费用。包括：空勤人员和机务人员工资及福利费，航空油料消耗、国外加油价差、飞机（含发动机）折旧费、修理费、保险费、航材消耗件、高价周转件摊销、经营性租赁飞机的租赁费、飞行训练费、旅客餐宿供应品费、客舱服务费、赔偿费、运营过程货物、行李损失、丢失赔偿净损失，以及其他直接飞行费等。

间接费用指不能直接计入机型成本，需按照一定功能和方法摊销计入成本的费用。包括：工资和福利费、折旧费、维修费、办公费、水电费、差旅费、保险费、机物料消耗、制服费、劳动保护费、警卫消防费、地面运输费、租赁费等。

二、航空运输成本的核算

设置“主营业务成本”账户，核算民航企业为完成航空业务所发生的各项费用，分别按照“运输成本”“通用航空成本”进行明细核算。

提供运输服务发生的直接费用，直接计入某机型成本；提供运输服务发生的间接费用分配计入某机型成本。根据各“材料费用分配表”“职工薪酬费用分配表”等，编制转账凭证，作如下会计分录：

借：主营业务成本——运输成本（××机型）

　　　　　　　——通用航空成本

　　贷：现金、银行存款、航材消耗件、高价周转件、累计折旧、机上供应品、低值易耗品、应付职工薪酬等

知识拓展

企业也可以设置“运营间接费用”账户，核算民航企业为完成执行航空业务发生的各项间接费用，月末再按照一定方法将间接运营费用分配计入各机型的成本。

【做中学4-25】鹏程航空公司从事运输生产，有W和N两种机型的飞机各一架，W机型配备有3名乘务员，N机型配备有4名乘务员。2022年5月W和N两种机型飞行小时分别是200小时和220小时，W和N两种机型维修工时分别是400小时和500小时。发生的职工薪酬汇总如表4-16所示。

表4-16　　职工薪酬汇总表（简表）

2022年5月31日　　单位：元

项　目		W机型	N机型	共同费用
职工薪酬	空勤人员	100 000	120 000	
	机务人员	40 000	60 000	
	乘务人员			296 000
	机务维修人员			54 000
合　计		140 000	180 000	350 000

（1）空勤人员和机务人员的工资直接计入各机型成本；

（2）分配乘务人员的工资。

$$\text{某机型应分配的职工薪酬}=\text{本月乘务员的职工薪酬}\times\frac{\text{该机型乘务员配备标准(人数)}\times\text{该机型本月飞行小时}}{\text{本月各机型乘务人员人时数之和}}$$

W机型应分配的乘务人员工资 $=296\ 000\times(200\times3)\div(200\times3+220\times4)$

$=120\ 000$（元）

N机型应分配的乘务人员工资 $=296\ 000\times(220\times4)\div(200\times3+220\times4)$

$=176\ 000$（元）

（3）分配维修费。

机务维修工资分配率＝机务维修人员薪酬/各机型实际维修工时总和

某机型应分摊的机务人员薪酬＝本月本机型维修工时×维修工时工资率

机务维修工资分配率 $=54\ 000\div(400+500)=60$（元/小时）

W机型应分配的机务维修人员工资 $=400\times60=24\ 000$（元）

N机型应分配的乘务人员工资 $=500\times60=30\ 000$（元）

（4）根据职工薪酬费用分配表（略），编制会计分录如下：

借：主营业务成本——运输成本（W机型）　　284 000

　　　　　　　　——运输成本（N机型）　　386 000

　贷：应付职工薪酬——工资　　670 000

三、航空运输成本的计算

航空运输企业的运输成本通过编制运输成本表（见表4－17）、通用航空成本表（略）计算。

表4－17　　　　运输成本表（简表）

编制单位：×××　　　　20××年×月31日　　　　单位：元

项　目	行次	合　计		甲机型		××机型	
		上年同期数	本期数	上年同期数	本期数	上年同期数	本期数
一、运输成本	1						
1. 直接运营费							
其中：工资							
福利费							
航空油料消耗							
航空消耗件消耗							
高价周转件摊销							
……							
其他直接运营费							
2. 间接运营费							
二、运输飞行小时							
三、运输总周转量/吨公里							
四、单位成本							
1. 每飞行小时成本/元							
2. 每吨公里成本/元							
3. 每飞行小时耗油量/公斤							

运输飞行小时成本＝某机型飞机成本总额/(该机型空中飞行生产小时＋该机型空中飞行非生产小时)

运输飞行吨公里成本＝某机型飞机成本/该机型运输总周转量

单元小结

本章从运输企业会计核算的特点入手，分别介绍了公路、铁路以及航空运输企业会计的核算方法，这三类运输企业会计核算特点鲜明。

公路运输企业会计核算特别之处主要在于存货、营运收入的核算。公路运输企业的车存和车耗燃料有专门的管理制度，而针对这些制度又有专门的核算方法；对于公路运输企业的另一主要存货——轮胎，可以采用一次摊销或按行驶公里预提法将轮胎的成本转移到营运成本中。公路运输企业的营运收入可以在企业内部分级进行独立核算，确认属于本级部门的相应的内部债权、债务和客货运输收入。一般情况下，公路运输总公司下设的基层车站和基层营业所是内部独立核算的单位，其营业收入定期上报公司，并要求及时将收入款向上级解缴。基层分站或车队（所）为内部核算单位，所实现的营业收入应向上级报账而不是独立核算。

铁路运输企业会计核算实行中国国家铁路集团有限公司、中国铁路局××集团有限公司和基层站段分级核算。对运输收入进款实行统收统支制度；对客货运输收入要层层上缴；运营资金由国铁下拨各铁路运输企业，铁路运输企业下拨基层站段；收入在清算完成后确认，国铁与各铁路运输企业清算，铁路运输企业与基层站段清算。铁路运输成本是企业为运输旅客、货物、行李包裹以及提供物流辅助服务发生的直接耗费。铁路运输成本计算对象按照运输种类设置。铁路运输成本按照运输的种类，包括旅客运输成本、货物运输成本、行李运输成本、基础设施成本以及其他成本。铁路运输成本分为运输成本、单位成本、专项成本、作用成本、分线运输成本五类分别计算。

航空运输企业会计核算的主要特点在于运输收入和运输票证结算业务的核算。航空运输企业最大的经营特点在于存在大量的联运业务，联运业务的存在使其所有票证在销售环节不能直接确认为运输收入，首先要确认为负债，其次根据实际的承运情况进行票证结算、清算，再根据清算结果来确认本企业的航空运输收入。航空运输成本是航空运输企业为完成航空运输作业发生的实际成本。由于航空运输企业特殊的业务特点，其一般以航线或飞机机型为成本计算对象。航空运输成本由直接营运费用和间接营运费用构成。单位成本是以飞行小时或以单位吨公里为计算单位。

【业务训练】

答案

训练一

【资料】好运汽车运输公司燃料采用满油箱制管理制度。2022 年 5 月客车队领用汽油 12 000 升，货车队领用汽油 16 500 升，交通车队领用汽油 600 升，汽油的计划成本 7.5 元/升。

要求：

（1）编制会计分录。

（2）假定好运汽车运输公司采用计划成本计价核算存货，当月燃料成本差异率为 -1%，编制会计分录。

训练二

【资料】畅通汽车运输公司燃料（柴油）采用盘存制。2022 年 4 月末，货车队存油 2 800 升，客车队存油 3 000 升；12 月末货车队存油 1 500 升，客车队存油 2 600 升；12 月货车队、客车队、维修车间、公司内部车队分别领用柴油 45 000 升、60 000 升、480 升、

1 200 升。柴油计划成本为 7.2 元/升，假定该月燃料成本差异率为 1.5%。

要求：编制相关会计分录。

训练三

【资料】好运汽车运输公司外胎核算采用一次摊销法。2022 年 5 月，领用新的外胎 20 条，每条计划成本 980 元，计划成本差异率为 2%。

要求：编制领用轮胎的会计分录。

训练四

【资料】畅通汽车运输公司采用按行驶公里预提法摊销轮胎费用。2022 年 4 月该公司领用汽车外胎两条，实际成本为 2 200 元，外胎使用里程定额为 10 万元，预计残值为 200 元，当月行驶 16 000 公里；当月车队报废轮胎一批，回收残值 180 元，该批轮胎按照 20 元/千公里预提轮胎摊销费用，报废汽车共计行驶 60 万公里，共计亏驶里程 20 000 公里。

要求：

（1）计算本月预提轮胎费用。

（2）编制领用轮胎、预提轮胎费用的会计分录。

（3）编制收回报废轮胎残料的会计分录。

（4）编制补提亏驶轮胎费用的会计分录。

训练五

【资料】顺风汽车运输公司为增值税一般纳税人，增值税税率为 9%。其营运生产单位有客车队、货车队、货物堆存站和汽车维修队等。汽车运输按客车、货车运输成本分类，堆存站单独成本分类。2022 年 4 月，汽车营运总计 2 000 车/日，其中：客车为 1 400 车/日，货车为 600 车/日。当月完成的客运周转量为 1 000 万人公里，货车运输周转量为 150 万吨公里。2022 年 5 月发生的有关经济业务如下：

（1）4 日，分次以现金支付公司、堆存站和各车队队部办公费 1 600 元、1 500 元和 1 000 元，取得增值税专用发票，共计增值税额为 533 元。

（2）10 日，以银行存款支付水电费，增值税专用发票列示：价款 6 000 元，增值税 780 元。公司应负担 2 400 元，堆存站和车队各负担 1 800 元。

（3）31 日，分配本月人工费用。本月应付职工的工资及各种福利费如表 4－18 所示。

表 4－18　　人工费用汇总表

单位：顺风汽车运输公司　　2022 年 5 月 31 日　　单位：元

部门及人员类别	工资总额	福利费	合计
客车队	52 000	20 800	72 800
货车队	84 000	33 600	117 600
堆存站	20 000	8 000	28 000
车队管理部门	32 000	12 800	44 800

续表

部门及人员类别	工资总额	福利费	合计
维修车间	22 000	8 800	30 800
行政管理部门	33 000	13 200	46 200
合计	243 000	97 200	340 200

（4）31 日，设公司车存燃料采用盘存制管理方法，本月已盘点计算，燃料耗用的数量如表 4－19 所示。本月燃料平均单位成本为 7.0 元/升。

表 4－19 **燃料发出汇总表**

单位：顺风汽车运输公司 2022 年 5 月 31 日

部门	数量/升	金额/元
客车队	7 500	52 500
货车队	9 600	67 200
堆存站	110	770
车队管理部门	160	1 120
维修车间	520	3 640
行政管理部门	1 500	10 500
合　计	19 390	135 730

（5）31 日，采用按行驶公里预提法摊销轮胎费用 8 860 元。其中，客车 3 800 元，货车 4 200 元，公司交通车 860 元。

（6）31 日，本月计提固定资产折旧费，客车 30 000 元，货车 32 400 元，堆存站 27 800 元，车队营运部门 6 120 元，维修部门 22 000 元，公司用固定资产折旧 3 250 元。

（7）31 日，开出现金支票支付有关人员报销的费用：客车司机途中住宿费 2 350 元，货车司机途中住宿费 3 050 元，车队管理人员差旅费 2 500 元，公司管理人员差旅费 2 250 元。取得增值税专用发票，共计增值税税额 609 元。

（8）31 日，按照耗用工时分配维修部门的维修费用。维修部门本月耗用工时 1 411 工时，其中客车队 450 工时，货车队 580 工时，堆存站 50 工时，车队管理部门 220 工时，行政管理部门 111 工时。

（9）31 日，本月发生的车队营运间接费用按营运车日分配计入各类运输成本。

（10）堆存营运间接费用直接转入堆存成本。

要求：根据上述业务编制会计分录，计算运输成本、堆存成本。

训练六

【资料】畅通汽车运输公司为增值税一般纳税人，运输业务适用的增值税税率为 9%。第一中心站、第二中心站是畅通汽车运输公司的两个内部独立核算的分站。其中第一中心站有河西、河东两个分所，分所为内部核算单位。第一中心站 2022 年 5 月发生如下经济业务

（除特别说明外，下列数字均含增值税）：

（1）2日，本站客运收入5 450元，货运收入6 758元。

（2）5日，收到分所缴来运输收入36 000元，其中河西分所16 800元，河东分所19 200元。

（3）10日，将上月运输收入款项12万元上交公司。

（4）16日，第一中心站收到银行转来托运单位A企业预交货物运费3 000元。

（5）A企业的货物已发运，开出增值税专用发票，运费收入为2 850元，增值税256.5元。

（6）31日，根据分所编制的营业收入日报表，汇总确认营业收入，开出增值税专用发票。河西分所为19.8万元，其中：客运收入90 200元，货运收入107 800元；河东分所为22万元，其中：客运收入121 000元，货运收入99 000元。

（7）31日，第一中心站汇总本站及所属分所营业收入，并上报公司转账。本月客运收入48万元，货运收入53万元。

要求：编制上述业务的会计分录。

训练七

【资料】畅通汽车运输公司为增值税一般纳税人，运输业务增值税税率为9%。2022年6月发生下列有关经济业务：

（1）2日，公司接到银行通知，各中心站上月欠缴的营业收入94万元已收账，其中第一中心站40万元，第二中心站54万元。

（2）月末，公司总部本月实现运输收入107.8228万元（含增值税），其中客运收入46.434万元，货运收入61.3888万元。

（3）月末，根据各中心站、所属分所营业收入月报，编制营业收入汇总表（含增值税）如表4－20所示。

表4－20　营业收入汇总表

2022年6月　　单位：元

站名	运输收入		合计
	客运收入	货运收入	
第一中心站——本站	297 000	333 000	630 000
——河西分所	82 000	98 000	180 000
——河东分所	101 000	99 000	200 000
小　计	480 000	530 000	1010 000
第二中心站——本站	240 000	350 000	590 000
——南屯分所	210 000	228 000	438 000
——北屯分所	190 000	212 000	402 000
小　计	640 000	790 000	1 430 000
合　计	1120 000	1 320 000	2 440 000

要求：编制2022年6月畅通汽车运输公司的会计分录。

训练八

【资料】黄河市汽车运输公司和台山市运输公司属于同一集团公司下设的两个独立核算公司。黄河市汽车运输公司与台山市运输公司在所在市之间224公里线上对开客运班车，两公司都是增值税一般纳税人，客运增值税税率均为9%。2022年5月，根据本月行车路单汇总计算，台山市汽车运输售票额中有黄河市汽车运输公司车辆在该区间运费收入21.63万元（含税）；黄河市汽车运输公司的销售额中台山市公司车辆在该区间运费收入25.75万元（含税）。黄河市汽车运输公司与台山市汽车运输公司都按照客运价款的10%收取手续费。

要求：编制黄河市汽车运输公司的相关会计分录：

（1）编制本公司在台山市汽车运输公司路段取得收入的会计分录。

（2）编制本公司客运款中属于台山市汽车运输公司客运款的会计分录。

（3）编制本公司与台山市汽车运输公司结算差价的会计分录。

训练九

【资料】某铁路局集团有限公司2022年5月运输收支总表如表4－21所示。

表4－21　　运输收支总表

编制单位：×××　　2022年5月　　单位：万元

收方		支方	
项目	金额	项目	金额
客运收入	100	车站途中款	183
货运收入	88	军运后付运费	22
行包收入	6.78	应收油运进款	10.8
邮运收入	5.3	应收外局代收款	12.66
其他收入	22.5	货主欠款	18
收回货主欠款	25	少缴款	5.32
多收款	4.2	……	
铁路建设基金	12	铁路建设基金	12
收方合计	263.78	支方合计	263.78

要求：根据运输收支总表编制运输进款结算相关的会计分录。

训练十

【资料】某民航企业2022年5月发生如下经济业务：

（1）销售国内航线机票520张，其中300张自己销售，共计票价323 400元，机场建设费15 000元，燃油税15 000元；220张代理机构销售，共计233 200元，代理人按照票价收取10%手续费，机场建设费11 000元，燃油税11 000元。

（2）本公司承运其他公司票证280张，共计票价308 000元，机场建设费14 000元，燃油税14 000元；假定外行收取的手续费和代理结算收费共按照票价的12%收取。

（3）承运本公司销售国际航线机票400张，每张价格2 834元，代收国外机场税款150元。

（4）旅客改签机票，收取改签费用3 250元，本公司收取手续费10%，另外90%汇付原承运航空公司。

要求：假定销售票证款都已进账，所有手续费的增值税税率都为6%。编制上述业务票据结算与运输收入相关的会计分录。

单元五

邮政电信企业会计

学习目标

- 了解邮政电信企业经营特点和会计核算特点
- 掌握邮政企业成本的核算方法和技能
- 掌握邮政企业营业款结算和收入的核算方法和技能
- 掌握电信企业成本的核算方法和技能
- 掌握电信企业营业款结算和收入的核算方法和技能
- 培养爱国情怀和自甘奉献的优秀品格
- 弘扬人民邮电为人民的红色本色

德技并修园地

党领导开辟了中国特色邮政事业发展道路

我国是世界上最早建立有组织通信的国家之一，商代甲骨文中已有通信活动的记载。然而近代邮政一直为外国人所把持，从一个侧面反映出国家主权遭到践踏的屈辱历史。中国共产党领导下的革命邮政事业从无到有、从小到大、不断发展壮大的历程，也是中国共产党领导下的新民主主义革命不断发展直至取得全面胜利的历史写照。

人民邮政党创建。党在领导革命运动早期时曾指出，党在秘密行动之下，使本党的印刷物传布到群众中去，其重要性等于人身上的血脉，血脉之流滞，影响于人的生死。建党之初，不少党的领导和优秀党员构建起“红色交通线”。1928 年初，湘赣边区工农民主政府正式建立了赤色邮政，1930 年赣西南特委将开办赤色邮政作为“今后组织上中心工作之一”。1929 年，红四军政治委员毛泽东、军长朱德亲自签署“保护邮局，照常转递”。1932 年，中华苏维埃共和国邮政总局在瑞金正式成立，为建立集中统一的邮政通信体系、巩固和发展中央苏区发挥了重大的作用。抗日战争开始后，中国共产党领导下的各抗日根据地，先后成立了交通总局或战时邮政。随着革命战争的胜利，在新解放区设立了人民的邮政机构。

人民邮政忠于党。在革命早期，苏区邮政人员用类似鸡毛信这种最简单的邮务设施，靠着对党无比忠诚和坚定的共产主义信仰，开辟了一条较为通畅的“红色邮路”，做到“敏捷传达各方消息，使工农红军相互呼应”。在抗战的烽火岁月中，各根据地邮政组织，尽力维持着根据地内部和根据地之间以及根据地与中共中央的通讯联系，有力地支持着抗战。1942 年 2 月成立邮、交、发三位一体的战时邮政机构，创造了“邮发合一”制度，党的报刊不仅可以普及到各个村庄，还能广泛地散发到敌占区。解放战争中，建立了军邮总局，随军前进；提出了“一切为了前线，解放军打到哪里，邮政通到哪里”的战斗口号。据不完全统计，仅华北地区战时交通邮政为邮政通信事业牺牲的就有 858 人，占战时交通邮政人员的 13.6%。

人民邮政为人民。姓党、利军、为民是我们党领导下的革命邮政的重要特性。早在苏区的赤色邮政就承担着为人民群众日常生活服务的职能。人民解放战争期间，随着革命形势的发展，解放区邮政不断扩大。党对邮政进行改组和新建，邮政服务褪去战时色彩，向日常服务转型，以适应党政军机关团体和广大人民的需要。1948年12月，毛泽东主席为筹办中的《人民邮电》报题写了报头，标定了邮政业的价值坐标，指明了邮政业的初心使命，赋予了邮政业的精神力量。1949年12月第一次全国邮政会议上，确定了以服务人民为总的方向和最高原则，确定邮政名称是“中国人民邮政”。从此，邮政业成为一项真正为人民大众服务的事业，邮政普遍服务成为普通人民群众都可以享有的权利。

资料来源：中国交通新闻网2021－11－15（原文：党领导邮政事业的历史经验与启示）.

【启示】邮政体系是国家战略性基础设施和社会组织系统之一，具有通政、通民、通商的重要功能。重温百年党史，我们党从诞生之日起就高度重视邮政通信。建党100年来，在革命、建设、改革各个历史时期，党领导邮政业实现了脱胎换骨、涅槃重生，开辟了中国特色邮政事业发展道路。同学们请牢记，无论任何时期，始终坚守永远听党话跟党走的红色基因、人民子弟为人民的红色本色，与党同呼吸、与人民共命运、与时代齐奋进。

【单元导读】

一、邮政电信企业的经营特点

邮政企业，是指中国邮政集团公司所属提供邮政服务的企业。电信企业，是指中国电信集团公司、中国移动通信集团公司、中国联合网络通信集团有限公司所属提供电信服务的企业。

邮政电信企业所从事的经营活动与其他企业不同，其经营活动的结果主要是使信息空间位移，与其他企业相比具有以下几个特点。

（一）产业管制性

由于邮政电信企业是对国民经济各部门生产经营活动和居民生活具有重大影响的关键基础部门，为了保障社会经济的正常发展和人民群众的正常生活，政府必须对其加以管制。所谓管制，是指政府按一定的规划对社会经济主体活动所作的限制。对邮政电信企业的管制主要包括：

（1）市场进入的限制。它主要指国家从资金、技术、安全、服务等各方面对进入邮政电信行业的企业加以限制。

（2）价格限制。邮政电信企业的服务价格与社会生产、人民生活息息相关，且具有一定的垄断性，因而其价格的制定必须经政府物价部门进行听证批准后方可执行。

（3）普遍服务限制。邮政电信企业必须为每一付费的单位和个人提供良好的邮政电信服务，不能区别对待，以保证社会公众利益。

（4）网络连接限制。不论发生什么情况，邮政电信企业都不能因为企业、部门的利益影响网间的正常连接，必须确保邮政电信网络的互联互通。

（二）规模经济性

邮政电信企业是通过网络来提供产品和服务的，因而必须在达到一定的规模后才具有经济性，产出增加的比例才会超过投入增加的比例。这是因为，网络的建设要耗费大量的资金，邮政电信企业固定成本的比重相当大。通常，固定成本的总额并不随业务量的变化而增减，只有业务量增加，单位业务量负担的固定成本才会减少，所以只有业务量达到相当规模邮政电信企业才可以获得经济效益。

（三）外部经济性

所谓外部经济性，是指经济主体行为对其他经济主体福利所产生的效果，这种效果并未在货币或市场交易中反映出来。邮政电信企业通过其提供的服务可以使整个社会大量节省人力、物力，大量减少开支，加速资金周转和商品流通，产生巨大的社会效应。

（四）业务活动网络性

邮政电信企业的业务活动是依赖于网络进行的，因此必须全程全网联合作业，主干网、基本业务网、增值业务网、信息服务网四个层次信息网络中所有子网在统一的制度、标准、规范下互相连通。邮政电信企业的任何一个业务，即使是一个简单的通话业务，也需要若干个业务部门，甚至几个不同的企业共同参加才可能实现。

二、邮政电信企业的会计核算特点

（一）生产与销售的同一性

邮政电信为社会提供的产品是信息的位移，表现为对社会提供的通信劳务或给用户使用的最终通信效用，其生产过程与销售过程是合一的，因而其成本核算也不能区分生产成本和销售成本，一般不存在未完成的在产品。邮政电信企业的主营业务成本直接通过损益类账户“主营业务成本”进行核算。

邮政电信企业不创造实物产品，因而在其通信成本构成中，并不包括构成产品实体的直接材料费用，除人工费用外，它主要包括折旧费、修理费、低值易耗品摊销和各种业务费用。

（二）会计账户设置的特殊性

邮政电信业应设置“营业款结算”账户，核算各营业部门和邮政电信各分支机构应交或已交的营业款。此外，邮政企业应设置“收支差额”账户核算企业当期实现的收支差额；电信企业设置“共同费用”账户核算电信企业应由各主营业务成本、管理费用和其他业务成本等共同承担的各项开支，月终按规定的方法和标准分摊。

（三）结算业务的复杂性

由于邮政电信企业具有全程全网、联合作业的特点，即使是一个简单的邮政、电信业务，也可能需要若干个部门、若干个企业通力合作才能顺利完成。每个企业实现的收入不是其自身的收入，而是属于全程全网的收入，因此存在企业内部结算。

三、邮政电信企业核算的主要内容和项目工作任务

（一）邮政电信企业核算的主要内容

从会计业务方面比较邮政电信企业与制造企业的不同，总结邮政电信企业会计核算的主要内容如表5－1所示。

表5－1　邮政电信企业会计与制造企业会计的不同业务比较

会计要素	项目	邮政电信企业会计	制造企业会计
负债	营业款结算	营业收入通过“营业款结算”账户结算，期末再结转到“主营业务收入”账户	不单独设置“营业款结算”账户
费用	成本核算	营业成本直接在“主营业务成本”账户归集	生产产品的成本在“生产成本”账户归集
利润	利润核算	邮政企业期末结账时，将损益类账户余额转入“收支差额”账户，设置“收支差额分配”账户进行分配	期末结账时，将损益类账户余额转入“本年利润”账户，设置“利润分配”账户进行利润分配

（二）邮政电信企业单元项目和工作任务

邮政电信企业单元项目和工作任务如图5－1所示。

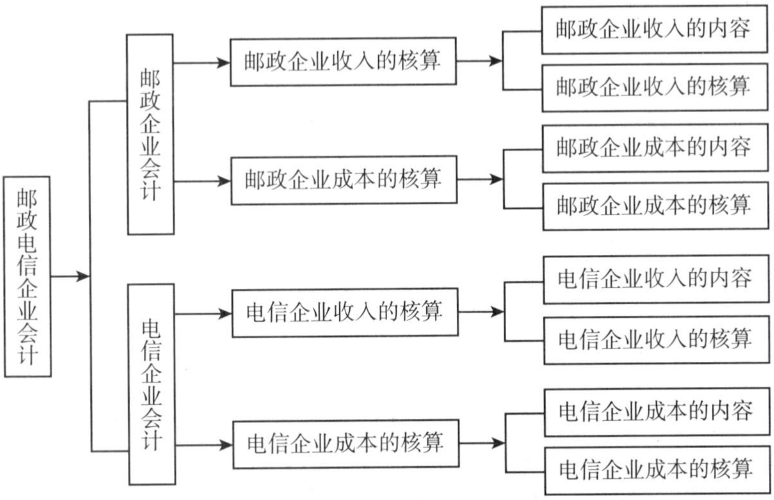

图5－1　邮政电信企业单元项目和工作任务

项目一　邮政企业会计

任务一　邮政企业收入的核算

课件

【任务描述】

分析邮政企业的业务，确定邮政企业收入的内容；熟悉营业款结算的核算方法，按照企业会计准则完成邮政企业收入的会计核算工作任务。

【任务实施】

一、邮政企业收入的内容

邮政企业收入包括函件业务收入、包裹业务收入、机要通信业务收入、报刊发行业务收入、集邮业务收入、代理业务收入、信息业务收入、商品销售收入和其他业务收入等。

（一）函件业务收入

（1）国内普通函件收入，包括收寄国内普通信函、明信片、印刷品、回音卡的基本资费及挂号费收入，普通邮票、纪特邮票、风光邮资封片、邮筒和贺年（有奖）明信片（不包括企业金卡）的销售收入。

（2）国内商业函件收入，包括商业信函、企业明信片（含企业金卡）、邮政广告等业务的全部收入。

（3）国际及港澳台函件收入，包括收寄国际及港澳台信函、明信片、印刷品的基本资费及挂号费收入，航空邮件、小包、印刷品专袋资费收入及相关挂号费，以及国际回信券的销售收入。

（4）其他收入，包括保险费、回执费、航空附加费、验关费、查询费、确认投资费、答复无法投递通知单费、进出口欠资函件处理费、撤回或修改更正收件人名称申请费、存局候领手续费、信箱租金以及销售混合信函邮资卡费的手续费等收入。

（二）包裹业务收入

（1）国内普通包裹收入，包括收寄国内普通包裹基本资费及挂号费收入等。

（2）国内快递包裹收入，包括收寄国内快递包裹基本资费及挂号费收入等。

（3）国际及港澳台地区包裹收入，包括收寄国际及港澳台地区包裹基本资费及挂号费收入等。

（4）其他收入，包括保价费、查询费、航空附加费、确认投递费、答复无法投递通知单费、脆弱包裹附加费、保价包裹手续费、回执费、海关验关费、撤回或修复更正收件人名称申请费、预期保管费、存局候领手续费、包裹破损重分费等收入。

（三）机要通信业务收入

（1）机要通信收入，包括收寄各种机要邮件基本资费及挂号费、代发新华社“内参选编”的资费等收入。

（2）其他收入，包括相关的机要保密费、查询费等收入。

（四）报刊发行业务收入

（1）报纸收入，包括经营报纸发行、订阅及零售业务，按相应费率计算取得收入。

（2）杂志收入，包括经营杂志发行、订阅及零售业务，按相应费率计算取得收入。

（3）其他收入，包括经营图书等出版物发行、订阅业务，按相应费率计算取得收入，以及停刊、减价退款手续费收入，退订、改寄和变动手续费收入，赠阅交换发行费收入，报刊增版、报纸延期出版损失补偿收入等。

（五）集邮业务收入

（1）集邮邮票收入，包括国家局下发的集邮邮票的售价收入。

（2）集邮品收入，包括邮册和邮折的集邮制品及市场购进的集邮品等的售价收入。

（3）其他收入，包括除集邮邮票、集邮品以外的其他集邮收入。

（六）代理业务收入

（1）代办电信收入，包括企业代办电信业务取得收入，包括用户注册、代卖各类电信卡等取得的代理费收入。

（2）代销商品收入，包括企业代销商品取得的手续费收入。

（3）其他收入，包括企业代理票务、代收水电费、电话费等手续费收入等。

（七）信息业务收入

信息业务收入是指企业运用信息平台提供信息服务所收取的服务费成本。包括短信业务收入、呼叫中心业务收入、邮政网站业务收入、认证收入、支付网关业务收入以及其他信息业务收入。

（八）商品销售收入

商品销售收入是指邮政企业销售邮政出售品、图书音像制品、拓展邮品、通信商品、邮政礼仪商品等所取得的收入。

（九）其他业务收入

其他业务收入是指除了上述业务外的其他收入。包括利用平面媒体提供广告服务和其他劳务服务取得的收入。

二、邮政企业收入的核算

（一）营业款结算的核算

邮政企业各支局、所（营业部）的营业款实行报账，并及时向市、县邮局缴款。市、县邮局应设置“营业款结算”账户来核算企业所属各营业部门、邮政分支机构应缴和已缴的营业收入款。

市、县邮局收到各支局、所（营业部）缴来的营业款时，借记“库存现金”“银行存款”账户，贷记“营业款结算”账户；月末，财务部门根据“营业收入汇总表”收方，借记“营业款结算”账户；根据“营业收入汇总表”付方，贷记“营业款结算”账户。

【做中学5－1】2022年5月8日，东华市邮政局财务部门收到营业部门缴来的营业款现金4 000元，银行收款回单8 600元。

东华市邮政局根据缴款单和银行回单，编制收款凭证，作会计分录如下：

借：库存现金　　4 000
　　贷：营业款结算　　4 000
借：银行存款　　8 600
　　贷：营业款结算　　8 600

【做中学5－2】东华市邮政局收到支局缴纳营业款的银行进账单，其中甲支局2 400元，乙支局3 200元，丙支局4 800元。

东华市邮政局根据缴款单和银行回单，编制会计分录如下：

借：银行存款　　10 400
　　贷：营业款结算——甲支局　　2 400
　　　　　　　　　——乙支局　　3 200
　　　　　　　　　——丙支局　　4 800

（二）邮政企业收入的核算

邮政业务收入的核算

设置“主营业务收入”账户，核算企业提供邮政服务或销售商品取得的各项收入，按照业务类别进行明细核算。年度终了时，按年终余额结转至“收支差额”账户，结转后“主营业务收入”账户无余额。

市、县财务部门，按“营业收入报告表”或“营业收入汇总表”的收方，借记“营业款结算”账户，贷记“主营业务收入”“其他业务收入”“应收账款——用户欠费”“合同负债——用户预存款”“应交税费——应交增值税（销项税额）”等账户；按“营业收入报告表”或“营业收入汇总表”的付方，借记“主营业务收入”（退费）“其他业务收入”（退费）“应收账款——用户欠费”“应收账款——其他（应缴国际回信券部分）”“合同负债——用户预存款”（退回）等账户，贷记“营业款结算”账户；取得红字增值税专用发票的还应借记“应交税费——应交增值税（销项税额）”账户。

报刊发行收入应按照报刊发行部门提供的当月报刊流转额及发行费率计算出报刊发行费收入。转账时，借记“合同负债——预收报刊发行费”账户，贷记“主营业务收入——报刊发行收入”“应交税费——应交增值税（销项税额）”账户。

【做中学5－3】2022年5月末，东华市邮局财务部门收到各营业网点的营业日报表（略），财务部门根据审核无误的营业日报表（略），编制营业收入汇总表，如表5－2所示。

表5－2　　营业收入汇总表（简）

单位：东华市邮政局　　2022年5月　　单位：元

项目		单位名称					
		营业班（组）	集邮柜台	甲支局	乙支局	丙支局	合计
主营业务收入（贷）	函件业务收入	93 390		864.6	1 815	2 224.2	98 293.8
	包裹业务收入	88 616		2 200	1 276	880	92 972
	机要通信业务收入						
	报刊发行收入	46 640		1 144	1 232	1 584	50 600
	集邮收入		74 008			5 280	79 288
	代理业务收入	12 320		880	176	704	14 080
	信息业务收入	10 384		352	352	440	11 528
	商品销售收入	31 130		288.2	605	741.4	32 764.6
	合计	282 480	74 008	5 728.8	5 456	11 853.6	379 526.4
其他业务收入（贷）	出租收入	2 403.52		742.4	417.6	464	4 027.52
	其他劳务收入	9 240		149.6	132	246.4	9 768
	合计	11 643.52		892	549.6	710.4	13 795.52
应收账款——用户欠费（收回）(贷)		36 000		160	240	400	36 800
预收账款——用户预存款（贷）		1 600					1 600
应付账款		16 000		640	560	1 200	18 400
收入总计（借：营业款）		347 723.52	74 008	7 420.8	6 805.6	14 164	450 121.92
退还业务收入（借：主营业务收入）		550		44	55	66	715
退还用户预存款（借：预收账款）		800					800
应收用户欠款（借：应收账款）		28 000		80	160	160	28 400
支出合计（贷：营业款结算）		29 350		124	215	226	29 915
本月已缴营业结算款		292 000	67 280	4 480	3 200	12 000	378 960
本月欠缴营业结算款				1 600	2 160	400	4 160

注：假定主营业收入和其他业务收入中都含增值税。其中，主营业务收入的增值税税率为9%，其他业务收入中的出租收入增值税税率为13%，其他劳务收入增值税税率为9%。

（1）财会部门根据“营业收入汇总表”，编制会计分录如下：

借：营业款结算——营业班（组）　　282 480
　　　　　　——集邮柜台　　74 008
　　　　　　——甲支局　　5 728.8
　　　　　　——乙支局　　5 456
　　　　　　——丙支局　　11 853.6
　贷：主营业务收入　　348 189.36
　　　应交税费——应交增值税（销项税额）　　31 337.04

借：营业款结算——营业班（组）　　11 643.52
　　　　　　——甲支局　　892
　　　　　　——乙支局　　549.6
　　　　　　——丙支局　　710.4
　贷：其他业务收入　　12 525.65
　　　应交税费——应交增值税（销项税额）　　1 269.87

借：营业款结算——营业班（组）　　53 600
　　　　　　——甲支局　　800
　　　　　　——乙支局　　800
　　　　　　——丙支局　　1 600
　贷：应收账款——用户欠费　　36 800
　　　合同负债——用户预存款　　1 600
　　　应付账款　　18 400

（2）财会部门根据“营业收入汇总表”支出总计，编制会计分录如下：

借：主营业务收入——包裹收入　　655.96
　　应交税费——应交增值税（销项税额）　　59.04
　　合同负债——用户预存款　　800
　　应收账款——用户欠款　　28 400
　　贷：营业款结算——营业班（组）　　29 350
　　　　　　　　——甲支局　　124
　　　　　　　　——乙支局　　215
　　　　　　　　——丙支局　　226

【做中学5－4】假定东华市邮局2022年6月预收报刊发行费用收入106万元，报刊会计计算出2022年下半年该局报刊发行收入为95 920元（含增值税）。其中，征订报纸收入52 320元，零售报纸收入9 592元，征订杂志收入26 160元，零售杂志收入4 360元，其他收入4 360元。

（1）2022年6月，根据银行收款凭证，编制会计分录如下：

借：银行存款　　1 060 000
　贷：合同负债——预收报刊发行费　　1 060 000

（2）2022年7月31日，根据报刊发行费分摊表，编制会计分录如下：

借：合同负债——预收报刊发行费　　95 920

贷：主营业务收入——报刊发行收入（报纸——征订报纸） 48 000
——报刊发行收入（零售报纸） 8 000
——报刊发行收入（杂志——征订杂志） 24 000
——报刊发行收入（零售杂志） 4 000
——其他收入 4 000
应交税费——应交增值税（销项税额） 7 920

【做中学 5－5】 2022 年 6 月，东华市邮政局收取用户预订 2022 年下半年邮票预订款 32 万元。2022 年 7 月收到省局下发集邮预定邮票款 52 320 元。

（1）2022 年 6 月，根据银行进账单，编制会计分录如下：

借：银行存款 320 000
贷：合同负债——集邮邮票预订款 320 000

（2）2022 年 7 月，根据销售发票，编制会计分录如下：

借：合同负债——集邮邮票预订款 52 320
贷：主营业务收入——集邮收入——集邮邮票收入 48 000
应交税费——应交增值税（销项税额） 4 320

（三）年终结转

企业发生的“主营业务收入”平时不用结转，在年终时，将总账余额结转到“收支差额”账户。结转后，“主营业务收入”账户应无余额。

【做中学 5－6】 假定 2022 年，东华市邮政局全年发生的主营业务收入共计 1 860 万元，年终结转收支差额。

根据收入汇总表，编制会计分录为：

借：主营业务收入 18 600 000
贷：收支差额 18 600 000

任务二 邮政企业成本的核算

课件

【任务描述】

分析邮政企业生产经营费用，判断其经济用途，确定邮政企业成本，按照邮政企业业务类别完成邮政企业成本的会计核算工作任务。

【任务实施】

一、邮政企业成本的内容

邮政业务成本是指企业在邮政生产过程中，为取得邮政业务收入而实际发生的与生产有直接关系的各项支出。包括：职工工资、职工福利费、工会经费、职工教育经费、社会保险费、住房公积金、劳务性支出、折旧费、运输费、修理费、低值易耗品摊销、印制费、集邮商品成本、商品销售成本、邮政业务代理和结算支出、业务费等。

（一）职工薪酬

职工薪酬是邮政企业支付给生产人员和辅助生产人员、生产管理人员的劳动报酬。邮政企业职工薪酬划分为实行工效挂钩企业和未实行工效挂钩企业两种。

（1）在实行工效挂钩的邮政企业中，由省邮政局按照国家邮政局制定的工效挂钩办法和每年核定的职工薪酬总额基数，计算当年的职工薪酬。工效挂钩企业应计提职工薪酬总额由核定的职工薪酬总额基数和本年可提取的新增效益职工薪酬等两部分构成。计算公式为：

挂钩应提职工薪酬 = 上级核定的职工薪酬总额基数 + 新增效益职工薪酬

新增效益职工薪酬 = 上级核定的职工薪酬总额基数 × 浮动比率 × 根据工效挂钩办法计算得出的挂钩计提比例

（2）未实行工效挂钩的企业，其职工薪酬与一般企业相同。

（二）折旧费

折旧费是邮政企业固定资产价值的损耗。

（三）邮件运输费

邮件运输费是指企业支付的通过自办和委办形式运输邮件所发生的费用，包括铁路运费、航空运输、自办汽车运费、委办汽车运费、自办或委办水运运费、其他运费以及国际联邮运费等。其中，列入邮件运输费的汽车运费是指干线邮路的邮运汽车耗用的润料和燃料费、车辆保险费、过路过桥费等。

提 示

市内转趟及县以下农村邮路邮运汽车支付的一系列费用列入业务费，不属于邮件运输费。

（四）修理费

修理费是指企业对各项固定资产，如机械设备、运输设备和房屋等进行小修、中修、大修所发生的支出，以及为维修固定资产而支付的维修材料费、运杂费，机动车车辆耗用的燃料、油料、轮胎及蓄电池更换等费用。

（五）周转材料摊销

周转材料摊销是指各专业使用的各种周转材料的购置费、摊销费和修理费。

（六）业务费

业务费包括代办手续费、业务宣传费、业务材料和用品费、邮袋（容器）购置费、邮袋（容器）修理及改制费、邮票印制费、非干线邮政生产用机动车辆耗用的润料和燃料费、过路过桥费、车辆保险费、生产用通信费用、业务损失补偿费、差旅费、劳动保护费、水电取暖费、生产用图书资料及其他业务费。

二、邮政企业成本的核算

邮政业务成本的核算

设置“主营业务成本”账户，核算邮政业务成本费用，对应业务类别，设置“函件业务成本”“包裹业务成本”“机要通信业务成本”“报刊发行业务成本”“集邮业务成本”“代理业务成本”等明细账户，同时按照费用项目分别设置职工薪酬、折旧费、运输费、修理费、低值易耗品摊销、印制费、集邮商品成本、商品销售成本、邮政业务代理等专栏。

对于无法直接分清业务类别的费用，单独设置“主营业务成本——待转业务成本”账户进行归集，月末按照受益对象分配计入相关业务成本。

（一）职工薪酬的核算

邮政业务成本中的职工薪酬是指企业支付给生产人员和辅助生产人员、生产管理人员的劳动报酬。邮政企业划分为实行工效挂钩企业和未实行工效挂钩企业两种，分别按照不同的办法核算。

1. 实行工效挂钩的企业

该类企业一般是各级邮政财务部门每月根据国家局制定的工效挂钩考核办法，预计本月应提取的职工薪酬总额，借记“主营业务成本”和“管理费用”等相关账户，贷记“应付职工薪酬”账户，并于年底进行清算。

【做中学5－7】东华市邮政局2022年核定的职工薪酬总额基数为280万元，根据上级制定的工资挂钩办法计算出来的挂钩比例为18.8%，当年挂钩的浮动比例为65%。假定该局职工薪酬总额基数在主营业务成本和管理费用之间的分配比例为8∶2。职工薪酬在各业务之间的分配比例如表5－3所示。

表5－3　　职工薪酬费用分配比例　　单位：%

业务	分摊比例	业务	分摊比例
函件业务	20	集邮业务	20
包裹业务	10	代理业务	10
机要业务	5	信息业务	5
报刊业务	15	商品销售	15

（1）根据职工薪酬费用分配表，编制会计分录如下：

借：主营业务成本——函件业务成本（职工薪酬）　　448 000
　　　　　　　——包裹业务成本（职工薪酬）　　224 000
　　　　　　　——机要通信业务成本（职工薪酬）　　112 000
　　　　　　　——报刊业务成本（职工薪酬）　　336 000
　　　　　　　——集邮业务成本（职工薪酬）　　448 000

——代理业务成本（职工薪酬）　224 000
——信息业务成本（职工薪酬）　112 000
——商品销售成本（职工薪酬）　336 000
管理费用——职工薪酬　560 000
贷：应付职工薪酬——计提职工薪酬　2 800 000

（2）计提该局新增效益职工薪酬。

计提新增效益职工薪酬比例 = 65% × 18.8% = 12.22%

由于该比例超过 10%，根据有关规定，超过 10% 的部分必须减半计提，因此实际新增效益职工薪酬计提比例 =（12.22% − 10%）× 0.5 + 10% = 11.11%，则：

实际计提新增效益职工薪酬 = 2 800 000 × 11.11% = 311 080（元）

全年计提职工薪酬总额 = 2 800 000 + 311 080 = 3 111 080（元）

（3）根据效益职工薪酬计算表，编制会计分录如下：

借：主营业务成本——函件业务成本（职工薪酬增长费）　49 772.8
——包裹业务成本（职工薪酬）　24 886.4
——机要通信业务成本（职工薪酬）　12 443.2
——报刊业务成本（职工薪酬）　37 329.6
——集邮业务成本（职工薪酬）　49 772.8
——代理业务成本（职工薪酬）　24 886.4
——信息业务成本（职工薪酬）　12 443.2
——商品销售成本（职工薪酬）　37 329.6
管理费用——职工薪酬增长费　62 216
贷：应付职工薪酬——计提职工薪酬　311 080

2. 未实行工效挂钩的企业

该类企业职工薪酬根据核定的职工薪酬总额按月发放，月末根据当月应发职工薪酬总额分摊计入相关专业成本、费用。

【做中学 5 − 8】东华市的省邮政局直属单位未实行工效挂钩。该单位 2022 年 5 月发放职工薪酬总额为 10 万元，待扣养老保险 1.6 万元。

（1）根据职工薪酬批量转账凭证，编制会计分录如下：

借：应付职工薪酬——工资　100 000
贷：银行存款　84 000
应付职工薪酬——社会保险费　16 000

（2）月末，根据职工薪酬费用分配表，编制会计分录如下：

借：管理费用等　100 000
贷：应付职工薪酬——工资　100 000

（二）折旧费的核算

邮政企业按照各项在用固定资产月初原值乘以月分类折旧率计算并按月计提折旧，计入相关专业成本。计提折旧时，借记“主营业务成本”“管理费用”账户，贷记“累计折旧”账户。

【做中学5-9】2022年5月31日，东华市邮政局计提折旧费30 200元。其中，公用房屋折旧费5 060元，综合机械设备折旧费1 480元，综合运输设备折旧费4 440元，邮政营业用计算机折旧费7 240元，储蓄营业用计算机折旧费3 800元，储蓄运输设备折旧费2 200元，报刊发行机械设备折旧费2 180元，其他设备折旧费2 900元。经测定的主营业务成本和管理费用分摊比例为95：5，折旧费在各业务之间的分配比例如表5-4所示。

表5-4 折旧费分配比例 单位：%

业务	分摊比例	业务	分摊比例
函件业务	30	集邮业务	5
包裹业务	10	代理业务	10
机要业务	5	信息业务	25
报刊业务	10	商品销售	5

5月31日，根据折旧费用计算表，编制会计分录如下：

借：主营业务成本——函件业务成本（折旧费） 8 607
——包裹业务成本（折旧费） 2 869
——机要通信业务成本（折旧费） 1 434.5
——报刊业务成本（折旧费） 2 869
——集邮业务成本（折旧费） 1 434.5
——代理业务成本（折旧费） 2 869
——信息业务成本（折旧费） 7 172.5
——商品销售成本（折旧费） 1 434.5
管理费用——折旧费 1 510
贷：累计折旧 30 200

（三）邮件运输费的核算

企业支付邮件运输费时，借记“主营业务成本——邮件运输费”账户，贷记“银行存款”等账户。

【做中学5-10】2022年5月12日，东华市邮政局支付铁路运费40万元，增值税3.6万元。运输费在各业务之间的分配比例如表5-5所示。

表5-5 邮件运输费分配比例 单位：%

业务	分摊比例	业务	分摊比例
函件业务	20	代理业务	10
包裹业务	30	信息业务	4
机要业务	2	商品销售	24
报刊业务	10		

（1）5 月 12 日，根据双方的协议或合同（委办运费）、增值税专用发票、银行付款凭证，编制会计分录如下：

借：主营业务成本——代转业务成本（业务费）　400 000
　　应交税费——应交增值税（进项税额）　36 000
　　贷：银行存款　436 000

（2）5 月 31 日，根据邮件运输费分配表，编制会计分录如下：

借：主营业务成本——函件业务成本（邮件运输费）　80 000
　　——包裹业务成本（邮件运输费）　120 000
　　——机要通信业务成本（邮件运输费）　8 000
　　——报刊业务成本（邮件运输费）　40 000
　　——代理业务成本（邮件运输费）　40 000
　　——信息业务成本（邮件运输费）　16 000
　　——商品销售成本（邮件运输费）　96 000
　　贷：主营业务成本——代转业务成本（业务费）　400 000

（四）修理费的核算

修理费发生时，借记“主营业务成本”账户，贷记“银行存款”等账户。

【做中学 5-11】 2022 年 5 月 18 日，东华市邮政局发生各项修理费：经营用汽车修理费 2 600 元、储蓄运钞车修理费 400 元、增值税 390 元；报刊发行用计算机维修费 500 元、增值税 65 元。修理费在各业务之间的分配比例如表 5-3 所示。

（1）5 月 18 日，根据费用支出分配表、增值税专用发票、银行付款凭证，编制会计分录如下：

借：主营业务成本——代转业务成本（修理费）　3 500
　　应交税费——应交增值税（进项税额）　455
　　贷：银行存款　3 955

（2）5 月 31 日，根据修理费用分配表，编制会计分录如下：

借：主营业务成本——函件业务成本（修理费）　700
　　——包裹业务成本（修理费）　1 050
　　——机要通信业务成本（修理费）　70
　　——报刊业务成本（修理费）　350
　　——代理业务成本（修理费）　350
　　——信息业务成本（修理费）　140
　　——商品销售成本（修理费）　840
　　贷：主营业务成本——代转业务成本（修理费）　3 500

（五）周转材料摊销的核算

周转材料费用一般采用一次摊销法列入成本，数额大且有必要的也可采用分次分摊法。企业领用或摊销周转材料时，借记“主营业务成本”账户，贷记“周转材料”账户。

【做中学 5-12】 2022 年 5 月 19 日，东华市邮政局邮政营业窗口为销售邮品领用铁皮柜一个，价值320元；领用电话机3部，共计480元。周转材料采用一次摊销法。

根据领取单，编制会计分录如下：

借：主营业务成本——商品销售成本（周转材料摊销） 800
　　贷：周转材料 800

（六）业务费的核算

企业发生的业务费用，借记“主营业务成本”账户，贷记相应账户。

【做中学5－13】2022年5月20日，东华市邮政局支付通信费用6 278.4元。其中，行政管理各部门电话费1 800元，增值税162元；绿卡机房通信费800元，增值税72元；报刊发行数据通信费360元，增值税32.4元；营业窗口及分支机构电话费2 800元，增值税252元。营业窗口及分支机构电话费在各业务之间的分配比例如表5－6所示。

表5－6　　窗口及分支机构电话费分配比例　　单位：%

业务	分摊比例	业务	分摊比例
函件业务	20	集邮业务	8
包裹业务	12	代理业务	15
机要业务	5	信息业务	10
报刊业务	10	商品销售	20

（1）5月20日，根据增值税专用发票、特种业务收费凭证，编制会计分录如下：

借：管理费用——通信费 1 800
　　主营业务成本——代转业务成本（业务费） 3 960
　　应交税费——应交增值税（进项税额） 518.4
　　贷：银行存款 6 278.4

（2）5月31日，根据营业窗口及分支机构电话费分配表，编制会计分录如下：

借：主营业务成本——函件业务成本（业务费） 792
　　　　　　　　——包裹业务成本（业务费） 475.2
　　　　　　　　——机要通信业务成本（业务费） 198
　　　　　　　　——报刊业务成本（业务费） 396
　　　　　　　　——集邮业务成本（业务费） 316.8
　　　　　　　　——代理业务成本（业务费） 594
　　　　　　　　——信息业务成本（业务费） 396
　　　　　　　　——商品销售成本（业务费） 792
　　贷：主营业务成本——代转业务成本（业务费） 3 960

（七）年终结转

企业发生的“主营业务成本”平时不用结转，在年终时，将总账余额结转到“收支差额”账户。结转后，“主营业务成本”账户应无余额。

【做中学5－14】假定2022年，东华市邮政局全年发生的主营业务成本共计1 200万元，年终结转收支差额。

根据成本汇总表，编制会计分录如下：

借：收支差额　　12 000 000

　　贷：主营业务成本　　12 000 000

项目二　电信企业会计

任务一　电信企业收入的核算

课件

【任务描述】

分析电信企业的业务，确定电信企业的收入内容，熟悉营业款结算的核算方法，按照企业会计准则完成电信企业收入的会计核算工作任务。

【任务实施】

一、电信企业收入的内容

（一）本地固定电话网业务收入

（1）本地电话业务收入，包括本地电话及用户中继月租收入，一线通补充业务功能收入，本企业固定电话用户主呼叫的区内、区间通话费收入（含公用电话通话费收入），电视会议、电话会议通话费收入，电话卡、被叫集中付费800业务、虚拟专用网600业务通话费收入，程控电话新服务项目使用费收入，特服号通话费收入，各项信息业务收入等。

（2）企业内网间结算收入，由企业内部其他通信网结入的结算收入。

（3）企业间网间结算收入，由其他电信企业结入的结算收入。

（4）出租电路及网元业务收入，包括出租本地网（含出租专线）音频电路、数字电路，出租光纤、光芯、波长、管道以及租杆挂线等租费收入。

（5）出租设备业务收入，包括出租本地网电话交换机、电源设备等租费收入。

（6）装移机收入，包括装移机工料费收入和手续费收入。

（7）其他收入，指不属于以上各项的业务收入，如开户费收入，用户改名和过户手续费收入，电视会议、电话会议公用会议室使用费、服务费收入，各种代维修收入以及售卡预收沉淀资金转入等。

（二）长途电话网业务收入

（1）国内长途电话业务收入，包括本企业固定和移动用户拨打国内长途电话的通信费收入，电话卡、被叫集中付费800业务、一线通业务收入，公用电话通话费收入，电视会议、电话会议通话费收入，广播电视转送业务收入等。

（2）国际电话业务收入，包括国际电话的通话费（含国际被叫集中付费800业务通话费收入和一线通业务收入），国际公众船舶电话通话费、陆线费收入，国际海事卫星电话通话费、路线费收入，国际电视会议资费收入，国际电视节目传送费、多址传送附加费收入，公用电话、电话卡通话费收入，电视会议、电话会议的通话费收入以及国际电话账务结算收入等。

（3）港澳台电话业务收入，包括港澳台电话的通话费收入，被叫集中付费800业务、一线通业务收入，公用电话、电话卡通话费收入以及电视会议、电话会议业务收入等。

（4）企业内网间结算收入，由企业内部其他通信网络结入的结算收入。

（5）企业间网间结算收入，由其他电信企业结入的结算收入。

（6）出租电路及网元业务收入，包括出租长途电话网音频电路租费收入，出租长途数字电路租费收入，出租长途光纤租费收入，出租长途波长租费收入，出租交换机端口、拨号服务器端口、信令网端口，同步网端口、管道管孔以及长途租杆挂线等租费收入。

（7）出租设备业务收入，包括出租交换机、无线电台收入，无线短波、发话机收入，话务员座席等租费收入。

（8）其他收入，指不属于以上各项的业务收入，如通信设备代维费收入，查询费、开户费、补开用户遗失长话收据证明的手续费收入，电视会议、电话会议公用会议室使用费、服务费收入以及首卡沉淀资金转入等。

（三）数据通信网业务收入

（1）国内数据业务收入，包括国内分组交换业务收入、因特网接入业务收入、因特网平台业务收入，多媒体网上新开展的应用业务收入、电子数据交换（EDI）收入、传真储存转发业务收入、电子信箱等增值业务收入、电报业务收入等。

（2）国际港澳台地区数据业务收入，包括国际及港澳台地区分组交换业务收入、因特网接入业务收入、因特网平台业务收入、多媒体网上开展的其他应用业务收入、电子数据交换收入、传真储存转发业务收入、电子信箱业务收入等。

（3）企业内网间结算收入，由企业内部其他通信网接入的结算收入。

（4）企业间网间结算收入，由其他电信企业介入的结算收入。

（5）出租电路及网元业务收入，包括出租本地网、国内长途、国际及港澳台地区数字数据电路专线业务收入和帧中继/ATM业务收入，出租ATM端口费收入以及出租网元租费收入。

（6）出租设备业务收入，包括出租数据通信网各种设备的租费收入。

（7）其他收入，指不属于以上各项的业务收入，包括各项数据业务一次性费用，如开户费、安装调试费、工料费等，设备维修费收入以及售卡预收沉淀资金转入等。

（四）移动通信网业务收入

（1）基本通话费收入，包括移动本地电话通话费收入和漫游通话费收入，新功能服务项目的基本使用费收入。

（2）月租费收入，指移动电话用户按月交纳的固定费用收入。

（3）移动数据业务收入，包括信息服务业务收入、短信息服务收入、手机上网通信费收入、通用分组无线业务收入、因特网业务收入等。

（4）企业内网间结算收入，由企业内部其他通信网接入的结算收入。

（5）企业间网间结算收入，由其他电信企业介入的结算收入。

（6）出租设备业务收入，包括出租移动电信各种设备的租费收入。

（7）其他收入，指不属于以上各项的业务收入，包括设备代维修费、过户、停开机手续费收入以及售卡预收沉淀资金转入等。

（五）卫星通信网业务收入

（1）出租电路及网元业务收入，包括出租卫星转发器租费收入等。

（2）卫星固定通信业务收入，包括甚小地球站通信收入，数据业务收入、语音业务收入、广播业务收入以及国际专线通信费收入等。

（3）卫星移动通信业务收入，包括卫星移动电话用户系统接入费收入、月租费收入、通话费收入、漫游通信费收入等。

（4）企业内网间结算收入，由企业内部其他通信网接入的结算收入。

（5）企业间网间结算收入，由其他电信企业介入的结算收入。

（6）出租设备业务收入，包括出租端站等各种设备的租费收入。

（7）其他收入，指不属于以上各项的业务收入，包括设备代维修费收入、服务费收入等。

（六）无线寻呼网业务收入

（1）无线寻呼收入，主要是向无线寻呼用户按月收取的服务费收入，包括本地服务费收入、联播服务费收入、漫游服务费收入、增值业务收入等。

（2）电话信息收入，包括按规定收取的电话的计算机信息费收入等。

（3）计算机信息收入，包括按规定收取的计算机信息费收入等。

（4）其他收入，指不属于以上各项的业务收入，如秘书服务等。

（七）专用通信费业务收入

专用通信费业务收入主要是党政等专用通信网的各项业务收入，其他企业内部使用的通信网不在此项内。

（1）本地电话业务收入，包括本地电话及用户中继续的月租费收入、通话费收入及一线通补充业务功能收入等。

（2）国内长途电话业务收入，包括国内长途电话通话费收入，一线通业务收入，电视会议、电话会议通话费收入等。

（3）国际及港澳台地区电话收入，包括国际及港澳台地区长途电话的通话费收入，一线通业务收入及电视会议、电话会议的通话费收入、视图传送费收入等。

（4）数据业务收入，包括本地数据业务收入，国内、国际及港澳台地区数据业务收入。

（5）其他收入，指不属于以上各项的业务收入。

二、电信企业收入的核算

电信业务收入的核算

同邮政企业营业款结算相同，电信企业设置“营业款结算”账户，核算企业所属营业部门、分支机构应交和已交的营业收入款项。本账户应按营业部门和分支机构设置明细账进行明细核算。

设置“主营业务收入”账户，核算电信企业经营的基础电信业务和增值电信业务所取得的资费收入，以及电信企业之间网间互联网电信业务的结算收入。

电信企业的收入，分别五种情况进行账务处理。

（一）营业厅收取现金的通信费收入

（1）收到营业窗口的“银行进账单”时：

借：银行存款

　　贷：营业款结算——××营业单位

（2）月末，根据“营业报告单”确认收入：

借：营业款结算——××营业单位

　　贷：主营业务收入——××通信网业务收入

　　　　应交税费——应交增值税（销项税额）

如有退费事项作相反会计分录。

（二）普通签约记账用户通信费（包括先使用后交钱的欠费用户及预付费的记账用户）

（1）月末，根据当月计费（账务中心）出具的“营业收入汇总表”或“营业报告单”确认收入：

借：应收账款——用户欠费

　　合同负债——用户预存款

　　贷：主营业务收入——××通信网业务收入

　　　　应交税费——应交增值税（销项税额）

（2）根据收费网点收取的上月记账用户通信费收入的“银行进账单”：

借：银行存款

　　贷：营业款结算——××营业单位

（3）月末，根据各营业单位的“营业收入汇总表”或“营业报告单”收方项目和金额：

借：营业款结算——××营业单位

　　贷：主营业务收入——××通信网业务收入（收取现金的部分）

　　　　应交税费——应交增值税（销项税额）

　　　　应收账款——用户欠费

　　　　合同负债——用户预存款

（4）根据各营业单位的“营业收入汇总表”或“营业报告单”付方项目和金额：

借：主营业务收入（业务退费等）——××通信网业务收入

应交税费——应交增值税（销项税额）
贷：营业款结算——××营业单位

（三）预付卡实现通信收入

（1）营业单位售出预付费卡（电话卡、上网卡等），收到营业单位上缴的营业收入款时：
借：银行存款
贷：营业款结算——××营业单位
（2）月末，根据“营业报告单”转账，按收方售卡金额：
借：营业款结算——××营业单位
合同负债——预付款卡款——××类卡——销售折扣
贷：合同负债——预付费卡款——××类卡——面值
（3）持卡用户使用了通信费后，根据计费账务中心出具的账单和按综合折扣率应结转的折扣转账：
借：合同负债——预付费卡款——××类卡——面值
贷：合同负债——预付费卡费——××类——销售折扣
主营业务收入——××通信网业务收入
应交税费——应交增值税（销项税额）

（四）企业内网间结算收支

（1）结出方根据“企业内网结算明细表”所列数据编制会计分录如下：
借：主营业务收入——××通信网业务收入（企业内网间结算收入）
贷：主营业务收入——××通信网业务收入（企业内网间结算收入）
（2）对于国际电话网从其他电信业务经营者结入的国际电话结算收入，按规定需要分割给国内长途电话网的长途线路使用费和本地固定电话费的接续费，应从国际电话网“企业间网结算收入”账户冲转。
借：主营业务收入——国际电话网业务收入（企业间网间结算收入）
贷：主营业务收入——国内长途电话网业务收入（企业间网间结算收入）
——本地固定电话网业务收入（企业间网间结算收入）
（3）对于国内长途电话网转入的“企业间网间结算收入”需分割给本地固定电话的接续费，也同样从国内长途电话费的“企业间网间结算收入”账户中冲转，按应结转的金额：
借：主营业务收入——国内长途电话网收入（企业间网间结算收入）
贷：主营业务收入——本地固定电话网业务收入（企业间网间结算收入）

（五）企业间网间结算收支

（1）根据“账务中心”出具的经双方确认的“企业间网间结算收入、支出明细表”收方项目及金额：
借：应收账款——企业间网间结算款（××电信公司）
贷：主营业务收入——××通信网业务收入（企业间网间结算收入）
应交税费——应交增值税（销项税额）

根据“企业间网间结算收入、支出明细表”付方项目及金额：

借：主营业务收入——××通信网业务收入（企业间网间结算收入）

　　应交税费——应交增值税（销项税额）

　　贷：应付账款——企业间网间结算款（××电信公司）

（2）收到对方电信公司汇来结算收入款项时，根据“银行进账单”：

借：银行存款

　　贷：应付账款——企业间网间结算款——××电信公司

支付给对方电信公司网间结算时：

借：应付账款——企业间网间结算款（××电信公司）

　　贷：银行存款

【做中学 5-15】2022 年 5 月 31 日，通畅电信企业收到营业部门上报的“电信营业窗口报告单”如表 5-7 所示（假定不考虑增值税）。

表 5-7　　电信营业窗口报告单

2022 年 5 月 31 日　　单位：元

收入			支出		
项目		金额	项目		金额
专用基金	市初装电话	78 400	收入退还	退市话初装费	
				退月租费	
代收款	省局移动电话费			退市内通话费	17 600
	计量电话费			退国内长话费	
				退国际长话费	
				退话机费	
通信业务收入	市内通话费	251 200			
	国内长话收入	160 400			
	国际长话收入	80 400			
	磁卡收入	33 106			
	电报收入				
			缴款	现金	123 430
				银行支票	462 476
				银行存款回单	
收入合计		603 506	支出合计		603 506

（1）根据营业报告单，编制会计分录如下：

借：营业款结算　　603 506

　　贷：主营业务收入——本地固定电话网业务收入（市话初装基金收入）78 400

——本地固定电话收入（市话收入） 251 200
——长途电话业务收入（国内长途通信收入） 160 400
——长途电话业务收入（国际通信收入） 80 400
——本地固定电话网业务收入（磁卡收入） 33 106

（2）根据营业报告单，编制会计分录如下：

借：主营业务收入——本地固定电话收入（市话收入） 17 600
　贷：营业款结算 17 600

（3）企业本月收到营业部门缴款，根据现金缴款单和银行进账单，编制会计分录如下：

借：库存现金 123 430
　银行存款 462 476
　贷：营业款结算 585 906

【做中学 5－16】 联通迎新营业部 2022 年 6 月“营业收入汇总表”如表 5－8 所示（假定不考虑增值税）。

表 5－8 **营业收入汇总表**

单位：联通迎新营业部 2022 年 6 月 单位：千元

项目	收入					支出					应缴款
	业务收入	其他业务收入	用户预存款	收回用户欠款	收入合计	退月租费	退市内通话费	退国内长话费	退国际长话费	支出合计	
本地固定电话费	156. 8		59	48. 5	264. 3	23	16			39	
长途电话费	216. 3				216. 3			34	68	102	
数据通信费	88. 7				88. 7						
无线寻呼费	46. 2				46. 4						
合计	508	—	59	48. 5	615. 5	23	16	34	68	141	756. 5

（1）迎新营业部根据营业收入汇总表，确认营业收入，编制会计分录如下：

借：营业款结算——迎新营业部 5 080 000
　贷：主营业务收入——本地固定电话网业务收入 1 568 000
　　——长途电话网业务收入 2 163 000
　　——数据通信网业务收入 887 000
　　——无线寻呼网业务收入 462 000

借：合同负债——用户预存款 590 000
　应收账款——用户欠款 485 000
　贷：主营业务收入——本地固定电话网业务收入 1 075 000

（2）发生退费时，根据营业收入汇总表，编制会计分录如下：

借：主营业务收入——本地固定电话网业务收入（月租费）　230 000
　　　　　　　　——本地固定电话网业务收入（市内通话费）　160 000
　　　　　　　　——长途电话网业务收入（国内长话费）　340 000
　　　　　　　　——长途电话网业务收入（国际长话费）　680 000
　贷：营业款结算——迎新营业部　1 410 000

（3）假定迎新营业部已将应缴款 6 014 000 元通过银行缴存企业入账。缴款后，根据银行进账单，编制会计分录如下：

借：银行存款　7 565 000
　贷：营业款结算——迎新营业部　7 565 000

任务二　电信企业成本的核算

课件

【任务描述】

分析电信企业生产经营费用，判断其经济用途，确定电信企业成本，按照电信企业业务类别完成电信企业成本的会计核算工作任务。

【任务实施】

电信业务成本的核算

一、电信企业成本的内容

电信企业成本是指电信通信的各项支出，主要有本地固定电话网络业务成本、长途电话网业务成本、数据通信业务成本、移动通信业务成本、卫星通信业务成本、无线寻呼网业务成本和专用通信业务成本。电信业务成本包括：职工薪酬、折旧费、修理费、周转材料摊销、业务费和电路及网元租赁费。

二、电信企业成本的核算

设置“主营业务成本”账户，核算电信企业经营中发生的成本。按照业务类别进行明细核算，按照费用项目设置专栏。

设置“共同费用”账户，核算电信企业应由各主营业务成本、管理费用和其他业务成本等共同承担的各项开支。该账户属于集合分配账户，凡能直接计入各主营业务成本或其他相关费用支出的不通过该账户核算。“共同费用”账户按费用项目设置明细账，本账户期末结转后无余额。

【做中学 5－17】 东华电信公司 2022 年 5 月的主营业务成本明细表如表 5－9 所示，月末结转主营业务成本。

表5-9　主营业务成本明细表

单位：东华电信公司　2022年5月　单位：元

主营业务成本项目	本地固定电话网	长途电话网	数据通信网	合计
职工薪酬	161 300	184 100	223 400	568 800
折旧费	261 000	342 000	453 000	1 056 000
修理费	32 400	46 100	40 800	119 300
周转材料摊销	16 000	18 300	22 400	56 700
业务费	28 000	32 500	38 400	98 900
电路及网元租赁费	—	—	68 300	68 300
合计	498 700	623 000	846 300	1 968 000

注：企业发生修理时领用材料89 600元。

（1）根据“主营业务成本明细表”和“职工薪酬费用分配表（略）”，编制会计分录如下：

借：主营业务成本——本地固定电话网业务成本（职工薪酬）　161 300
　　　　　　　　——长途电话业务成本（职工薪酬）　184 100
　　　　　　　　——数据通信网业务成本（职工薪酬）　223 400
　贷：应付职工薪酬　568 800

（2）根据“主营业务成本明细表”和“折旧费计算分配表（略）”所列数据，编制会计分录如下：

借：主营业务成本——本地固定电话网业务成本（折旧费）　261 000
　　　　　　　　——长途电话业务成本（折旧费）　342 000
　　　　　　　　——数据通信网业务成本（折旧费）　453 000
　贷：累计折旧　1 056 000

（3）根据“主营业务成本明细表”“材料费用分配表”“其他费用分配表”，编制会计分录如下：

借：主营业务成本——本地固定电话网业务成本　76 400
　　　　　　　　——长途电话业务成本　96 900
　　　　　　　　——数据通信网业务成本　169 900
　贷：库存材料　89 600
　　　周转材料　56 700
　　　银行存款　196 900

单元小结

邮政企业会计的特点主要体现在成本核算的特殊性和业务收入的全程全网性两个方面。邮政企业收入主要包括函件业务收入、包裹业务收入、机要通信业务收入、报刊发行业务收入、集邮业务收入、代理业务收入、信息业务收入、商品销售收入和其他业务收入等。邮政企业成本是指邮政企业在生产经营过程中，为取得邮政通信业务收入而实际发生的与生产直接有关的各项支出。邮政企业在一定时期内，生产经营活动所取得的全部收入用于补偿全部支出和上缴税金后的差额，称为“收支差额”。

电信企业收入主要包括本地固定电话网业务收入、长途电话网业务收入、数据通信网业务收入、移动通信网业务收入、卫星通信网业务收入、无线寻呼网业务收入和专用通信费业务收入；根据企业业务收入核算流程，收入业务账务处理可分为五种情况。电信企业成本是指电信通信的各项支出，包括本地固定电话网业务成本、长途电话网业务成本、数据通信网业务成本、移动通信网业务成本、卫星通信网业务成本、无线寻呼网业务成本和专用通信网业务成本。

邮政企业和电信企业，都要专门针对营业款结算进行核算。

【业务训练】

答案

训练一

【资料】某营业部2022年6月“营业收入汇总表”如表5-10所示。

表5-10　营业收入汇总表

单位：某营业部　2022年6月　单位：千元

项目	收入					支出					应缴款
	业务收入	其他业务收入	用户预存款	收回用户欠款	收入合计	退月租费	退市内通话费	退国内长话费	退国际长话费	支出合计	
本地固定电话费	432		23	38	493	14	11			25	
长途电话费	163				163			20	24	44	
数据通信费	54				54						
无线寻呼费	12				12						
合计	661	—	23	38	722	14	11	20	24	69	791

该营业部已将应缴款722万元通过银行缴存企业入账。

要求：请根据该营业部2022年6月的“营业收入汇总表”（见表5-10）和缴款业务进行相应的账务处理（不考虑增值税）。

训练二

【资料】广灵市邮政公司为增值税一般纳税企业，增值税税率均为9%，2022年发生如下业务（假定所有支出均以银行存款支付）：

（1）收寄大宗函件收入715万元，销售定制型邮资封片卡收入30.8万元，普通包裹收入110万元，代理速递收入305.8万元，销售集邮邮票收入346.5万元。所收款项送存银行，月末结转收入。

（2）分配本月营业厅职工工资200万元。

（3）本月支付营业用水电费50万元，增值税6.5万元。

（4）本月支付招待客户费用3万元，业务宣传费6万元，增值税0.54万元。

（5）本月支付营业厅职工福利费10万元。

（6）本月支付营业用房屋租赁费7万元，增值税0.91万元；物业管理费1万元，增值税0.09万元。

（7）本月营业厅领用铁皮柜0.6万元，采用一次摊销法。

（8）本月发生邮政用车辆修理费0.45万元，增值税0.0585万元。

（9）计提固定资产折旧3.6万元。

假定成本分配比例为：函件业务30%，包裹业务25%，商品销售业务25%，代理业务20%。

要求：根据资料（1）~（9），编制12月的会计分录（计入成本的费用“待转业务成本”明细账核算）；编制年末结转相关收入和成本的会计分录。

单元六

旅游餐饮住宿服务企业会计

学习目标

- 了解旅游餐饮服务企业业务经营特点和会计核算特点
- 熟悉旅游餐饮服务企业会计核算的内容
- 掌握旅游、餐饮和其他服务企业业务收入的核算方法和技能
- 掌握旅游、餐饮和其他服务企业成本费用的核算方法和技能
- 培养服务管理意识和岗位责任担当意识
- 培养沟通协作能力和创新发展能力

德技并修园地

紧跟消费升级趋势 坚守文化创新发展
——餐饮老字号 吃出“新味道”

餐饮老字号，是消费市场里、食客心目中的一块金字招牌。商务部分别于 2006 年、2011 年认定两批共 1 128 家中华老字号，各地先后认定 3 000 余家地方老字号，包括北京全聚德、峨嵋酒家等一批历史悠久的餐饮品牌。如今，老字号早已不再是斑斑点点的门脸、百年不变的产品，很多老字号企业搭上互联网科技的快车，不断创新经营方式、产品服务，努力增强发展活力。

彰显传统文化底色——文化特色更加浓郁。近年来，一些老字号餐饮企业坚持以客为本、与时俱进的经营理念，紧跟消费升级趋势，坚守文化内涵的同时创新发展。深挖优秀传统文化底蕴，保留传统文化底色。例如创建于清光绪年间的咸亨酒店，是酒乡绍兴久负盛名的百年老店。说起咸亨，每一个读过鲁迅作品的人都会想起孔乙己在咸亨酒店喝酒、吃茴香豆的场景。为了更好弘扬中华传统文化，咸亨酒店以鲁迅的作品作为引线，开发主题宴与文化活动，致力于做好酒和豆的文章，研发推出“故乡宴”，让消费者可以在用餐时感受更加浓厚的文化味道；同时还推出“咸亨大厨教你做二十四节气菜”服务，让更多人在跟着学习制作的过程中，传播绍兴味道、了解中国餐饮文化。如今，古老而年轻的咸亨酒店，正成为当地文化旅游休闲的“打卡地”。

提升数字化水平——模式场景不断丰富。数字化赋能老字号，餐饮老字号既要花心思推出更丰富可口的菜品，也要更好借助数字化不断优化消费体验。餐饮老字号企业不断提升数字化水平。不仅能降低成本，还能创造更多的消费场景。有的老字号推出微信小程序、线上旗舰店；有的老字号引入智慧食安系统，打造智慧餐厅；有的老字号突破堂食餐饮单一供给模式，扩展线上外卖、外带自提等新业务模式，营造了更加便捷高效的消费新场景。例如，创办于 1950 年的峨嵋酒家，是一家北京的川菜老字号。新冠肺炎疫情给餐饮行业带来不小的冲击，但峨嵋酒家加速数字化，通过拓展外卖等销售渠道，营业额不降反增，外卖营收占到总营收的近 1/3。与美团收银开展“智慧门店”改造建设，从到店扫码点餐到智能分析统计店内盈亏，从会员营销到门店库存管理，数字化贯穿全过程。

顺应年轻群体需求——产品服务加快创新。老字号不等于守旧，而是要在不断创新中获

得发展新动力。我国老字号餐饮企业顺应年轻客群需求，加快创新产品和服务。针对年轻消费者生活习惯和个性化需求，丰富品类供给，引领国潮消费。例如有着150多年历史的全聚德，为了让品牌形象更加年轻化，深度挖掘博大精深的中华饮食文化，推出“萌宝鸭”IP形象、“星厨探店”“萌宝小星厨”“星厨故事秀”等一批面向新生代的产品，打造了更加符合新生代年轻人审美观的品牌新符号，通过动漫短视频的形式讲述美食文化，受到年轻消费者的欢迎，形成了老字号餐饮消费的新热点。

资料来源：王珂．人民日报 2022－08－10（原文：餐饮老字号 吃出“新味道”）．

【启示】老字号集历史、文化、商业等诸多功能于一体，是我国工商业发展中孕育的“金字招牌”。“十四五”规划纲要提出“保护发展中华老字号，提升自主品牌影响力和竞争力”。商务部等8部门印发的《关于促进老字号创新发展的意见》要求“促进老字号持续健康高质量发展”，不断引导餐饮老字号企业顺应消费趋势，以食载文、以文兴商，打造更多中国味道，推动餐饮老字号企业运用数字化技术加快创新发展，提升竞争力，引导老字号立足中华优秀传统文化，推出更多新产品新服务。因此，以老字号创新发展激发新的增长动力，创造更多市场需求，对传承弘扬中华优秀传统文化，促进消费持续恢复，满足人民日益增长的美好生活需要，加快构建新发展格局具有重要意义。

【单元导读】

一、旅游餐饮服务企业经营特点

旅游、餐饮服务企业是旅游业、餐饮业和各种服务业的总称，是指以服务设施为条件，向消费者提供劳动服务的服务性行业，包括旅行社、饭店（宾馆、酒店）、度假村、游乐场、餐馆、酒楼、旅店、美容、美发、照相、浴池、洗染、修理和咨询等各类服务业，是我国第三产业的重要组成部分。其经营活动既不同于工农业，也不同于纯商业，有着自身的许多特点和经营特殊规律。其经营特点主要表现在以下五个方面。

（一）旅游餐饮服务企业以提供劳务服务为主

旅游业是利用旅游资源，以服务设施为条件，通过组织旅行游览活动向旅客提供劳务的服务性行业。其主要经营业务是招揽游客、组织游客游览，并从中获得报酬。它具有投资少、获利高、收效快的特点，素有“无烟工业”之称。

餐饮业是以提供各种餐饮服务来获利的服务性企业，其主要经营业务是加工生产各种膳食产品和出售、销售各种饮料食品，并提供其他服务。它具有集生产、零售和服务于一体，且生产、零售和服务同步进行的特点，既进行加工生产，又进行销售，同时还提供服务。其产品的生产过程往往就是产品的销售过程，甚至是消费过程，且产品生产周期短、品种花样繁多、数量零星。

其他服务业是利用一定的场所、设备和工具，为人们提供各种技术性及非技术性服务或劳务的企业，如美容美发、照相、洗染等。这类服务业业务经营方式多样，服务种类繁多，具有只提供各种劳务或服务并收取服务费，而不进行产品生产的特点。

从上述经营活动特点来看，旅游业的服务对象主要是旅游者；餐饮服务业的服务对象主要是社会居民。这些服务业在经营特点上具有共性，都属于以提供劳务为主的经营性企业。

（二）旅游餐饮服务企业职能的多样性

旅游、餐饮服务业具有生产、销售和服务三种职能。首先，为消费者提供服务是旅游餐饮服务业的基本出发点和本质特征。这种服务是一种具有特殊使用价值的、抽象的“商品”，而不是普通的商品。其次，旅游餐饮服务业除具有服务职能外，其中餐饮、洗染、照相等行业，还从事加工生产，又具有生产企业的性质。最后，旅游餐饮服务业又进行商品销售，具有零售商业的性质。可见，旅游餐饮服务企业是融生产、销售与服务三种职能为一体的多样性服务企业。

（三）旅游餐饮服务企业经营的多元性

旅游活动是一种新型高级的综合性消费。为满足国内外旅游者在物质、文化生活上的享受，提供食、住、行、购物、观光、游览、娱乐等方面的综合服务，旅游业、餐饮服务业必然形成相互联系、相互交融的服务体系。这些服务活动涉及旅行社、饭店酒店、游乐场所以及航空、铁路、文物、园林、工艺、美术等部门或行业。旅游餐饮服务业中的许多服务与人民日常生活息息相关，使这些服务企业对进行多元经营有浓厚的兴趣，其经营涉及面广，业务内容复杂多样。

（四）旅游餐饮服务企业经营规律的特殊性

旅游餐饮服务企业直接为消费者服务，由于消费者需求层次不同，消费水平和爱好也不相同，这就要求旅游餐饮服务业在经营上不仅要点多、分散，还形成了不同类型、不同等级，服务项目繁多，分工较细，经营方式灵活，既有专门经营专一品种，又有项目较全的综合经营，各具特色的服务方式。服务业这种划类分级的经营方式，成为它发挥各自专长、发扬经营特色、体现分等论价、提高服务质量，是人民群众多种多样消费需要的一个重要前提。这种特殊经营规律，不同于一般商业的商品经营。

（五）旅游餐饮服务企业经营的涉外性

随着人民生活水平的不断提高，出入境旅游发展潜力巨大。旅游餐饮服务企业中，涉外饭店、旅行社和宾馆的发展占有相当的比重，在日常组织国内居民出国旅游或接待外国人来华旅游经营活动中，都具有涉外性质。

二、旅游餐饮服务企业会计核算特点

（一）核算内容具有多样性

为了充分满足消费者吃、住、行、游、购、娱等方面的要求，旅游餐饮服务企业一般为旅客提供了全方位、综合性的服务项目。因此，旅游餐饮服务企业的经营业务往往具有系统性和配套性。如旅游业除了组团旅游外，有条件的旅行社同时还经营客房、餐饮、售货、娱乐及其他业务；餐饮业除了经营餐饮业务外，还经营售货及其他业务；其他服务业一般也同时经营客房、餐饮、娱乐、健身、美容美发、洗浴、修理等多种业务。为了分别提供各种经营业务的会计信息，就必须分别考核各类经营业务的经营成果，分别核算和监督各项经营业务的收入、成本和费用情况。

（二）核算方法具有综合性

旅游餐饮服务业会计核算内容十分广泛，会计核算方法也具有多样性，如饭店加工烹制菜肴和食品需要采用成本核算方法核算加工商品的成本；商品部或零售商场出售商品需要采用零售企业的会计核算方法；客房、美容等纯服务性质的业务则采用服务企业的会计核算方法。可见，旅游餐饮服务企业会计是成本会计、商品流通会计、服务会计等多种会计核算方法的综合。这些方法相互渗透、互相补充，构成了旅游餐饮服务企业会计核算方法体系。

（三）成本核算具有特殊性

旅游餐饮服务企业会计作为一门专业会计，其核算方法是集一般专业会计的共性，但在某些方面也独具特点。就产品成本核算而言，餐饮业一方面从事加工烹制菜肴和食品，另一方面将烹制菜肴和食品直接出售给消费者，同时还要为消费者提供消费设施、场所和服务。但其整个生产、销售和服务过程均集中在较短的时间内完成，而且菜肴和食品的花色品种多、数量零星，因此，不像制造企业那样区分产品，计算产品的总成本和单位成本，只计算餐饮产品直接耗用原材料、配料和调料的进价成本。客房、美容、修理等服务业的服务费用大，成本很小，因此，一般只计算服务费用，不必单独计算服务成本。旅行社核算的营业成本实质上是直接用于旅游者的代收代付的有关费用。可见，旅游餐饮服务企业成本核算方法与制造企业成本核算方法具有明显的区别。

（四）货币核算具有涉外性

随着人民生活水平的不断提高，出入境旅游发展潜力巨大。旅游餐饮服务企业中，涉外饭店、旅行社和宾馆的发展占有相当的比重，出入境旅游会涉及多种货币的经济业务事项，外汇存入、转出和结算业务时有发生，外币核算是旅游餐饮服务企业货币资金核算的重要内容。

（五）定价方式具有变动性

旅游需求随着人们收入水平、休闲时间、消费心理、季节以及政治、社会环境的变化而变化。旅游业旺季，如黄金周长假期间出现交通拥挤、景点过热、酒店满员，收入较高，淡季则出现景点、设施空置，收入相对较少，餐饮业也是如此。此外，餐饮业食品的销售价格往往随食品原材料的季节性变动而变动。旅游餐饮需求弹性大，使得旅游餐饮服务企业经营具有较强的敏感性。因此，旅游餐饮服务企业往往采取多种定价策略和经营方式实现经营目标。

三、旅游餐饮服务企业会计核算的主要内容和单元项目工作任务

（一）旅游餐饮服务企业会计核算的主要内容

从会计业务方面比较旅游餐饮服务企业与商品流通企业、制造企业的不同，总结旅游餐饮服务企业会计核算的主要内容如表 6－1 所示。

表 6－1　旅游餐饮服务企业与制造业会计不同业务比较

项目	内容	旅游餐饮服务企业会计	制造企业会计
资产	存货	除餐饮业外，主要是少量的物料用品、办公用品、家具用具等	主要是原材料、在产品和自制半成品以及产成品存货
费用	成本组成	直接材料、代收代付费用、商品进价和其他直接费用，不包括人工费、间接费用等	产品或劳务的直接材料、直接人工和制造费用

续表

项目	内容	旅游餐饮服务企业会计	制造企业会计
费用	成本核算	1. 酒店住宿业设置“主营业务成本”账户，把营业过程中的费用、成本支出作为“销售费用”处理 2. 其他餐饮等服务业，发生的营业成本直接在“主营业务成本”账户归集	生产产品的成本在“生成成本”账户归集，提供劳务的成本在“劳务成本”账户归集
	成本计算	只计算总成本	产品总成本和单位成本
收入	劳务收入	按照实际发生额确认服务收入	分别资产负债表日劳务提供的结果是否可靠估计，采用完工百分比法和补偿法确认劳务收入

（二）旅游餐饮服务企业单元项目和工作任务

旅游餐饮服务企业单元项目和工作任务如图 6－1 所示。

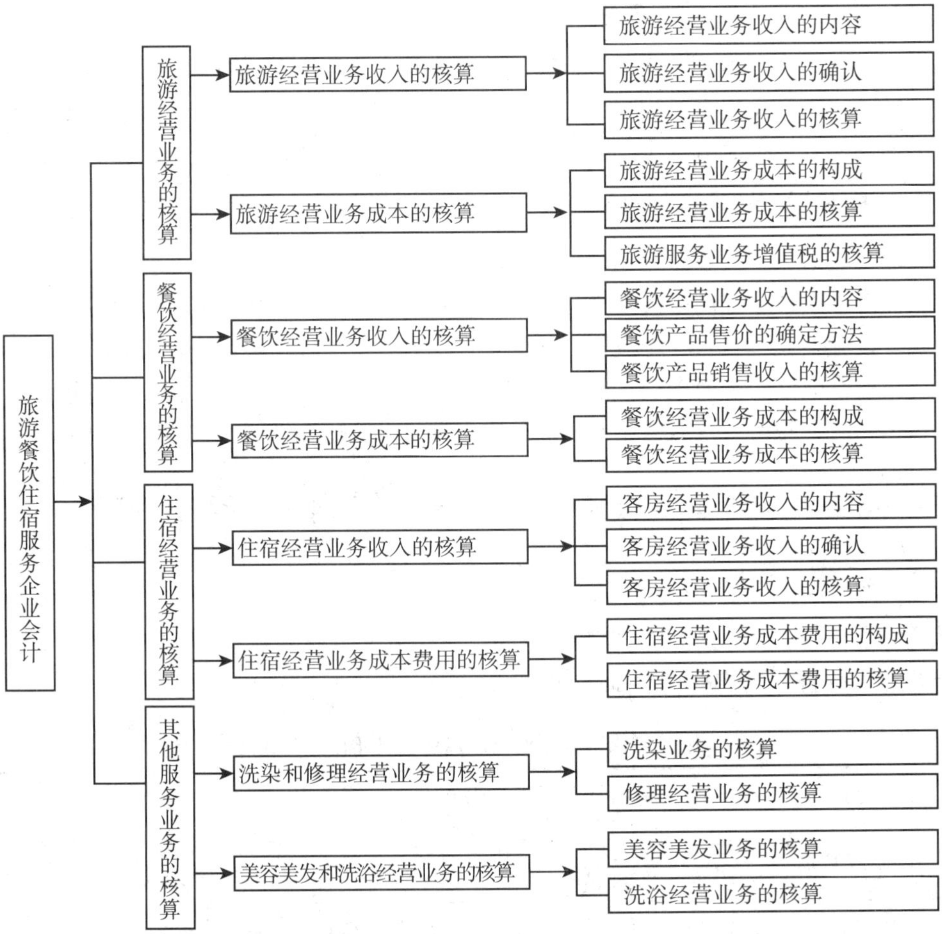

图 6－1　旅游餐饮服务企业单元项目和工作任务

项目一　旅游经营业务的核算

任务一　旅游经营业务收入的核算

课件

【任务描述】

分析旅游经营业务收入的内容，掌握旅游经营业务收入的确认时间，完成组团社、接团社经营业务收入的会计核算工作任务。

【任务实施】

一、旅游经营业务收入的内容

旅行社的营业收入，是指旅行社在一定的时期为旅游者的旅游活动进行计划、组织、安排，并提供所需的各种旅游服务而取得的收入。旅行社经营业务收入按照其为旅游者提供服务形式的不同，包括以下七项内容。

1. 组团外联收入

游客根据旅行社组团安排的旅游路线和旅游天数，向当地旅行社一次交清旅游费用，以后要是没有特殊需要，旅游者不再需要付费，这种形式的收费所得就是组团外联收入。它一般包括旅游者的住房费、交通费、景点游览费、餐费、旅行社的服务费。其中，旅游者的住房费、交通费、景点游览费、餐费等费用具有代收代付性质。

2. 综合服务收入

由旅行社为旅行团（者）提供一定时间内的综合服务而取得的收入，包括：房费收入、餐费收入、车费收入、陪同费收入、文杂费收入（文娱活动、宣传、门票等）、其他收入等。

3. 零星服务收入

旅行社承接零散客旅游或承办委托事项而取得的收入，包括委托收入、手续费收入、导游接送收入、车费收入、托运服务收入等。

4. 劳务收入

旅行社向其他旅行社提供当地或全程导游翻译等人员所取得的收入。

5. 票务收入

旅行社代办国内外客票所获得的手续费收入。

6. 地游及加项收入

旅行社接待旅行者某地 1 ~ 2 日游的小包价及增加包价外旅游项目和风味餐等所取得的加项收入。

7. 其他服务收入

旅行社提供以上几种服务以外的服务项目所取得的收入。

二、旅游经营业务收入的确认

结合旅行社业务的特性，旅行社经营业务收入的确认时间为：

第一，旅行社（不论是组团社还是接团社）组织境外旅游者到国内旅游，应以旅行团离境（或离开本地）时确认业务收入的实现；旅行社接待旅游者在当地旅游，应以旅行团离开当地时确认业务收入的实现。

第二，旅行社组织国内旅游者到境外旅游，应以旅行团旅行结束返回时确认营业收入实现；旅行社组织国内旅游者在国内旅游，也应以旅行团结束返回时确认营业收入实现。

旅行社代收代付的各项费用，包括旅游者应支付给交通、饭店、餐馆、景点、保险及外事机构的费用，全部计入营业收入总额。

三、旅游经营业务收入的核算

设置“主营业务收入”账户，核算旅行社（不论是组团社还是接团社）经营业务收入的取得。该账户可根据管理的需要采用不同的方法设置二级明细账户。

按照其收入类别设置二级明细账户。可分别设置“组团外联收入”“综合服务收入”“零星服务收入”“劳务收入”“票务收入”“地游及加项收入”“其他服务收入”七个二级账户。还可以根据二级账户的性质和需要设置三级账户。例如，在“综合服务收入”的账户下设置“房费收入”“餐费收入”“车费收入”“文杂费用收入”等三级账户。

按部门设置二级明细账户，如在“主营业务收入”下分设日本部、欧洲部、亚太部、综合部等二级账户。在各部门下再设自组团（指旅行社自组外联的团队）、横向团（指旅行社接待其他旅行社所组织的团队）、散客等明细账户。

（一）组团社业务收入的核算

组团社业务收入的核算

组团社是连接旅游供需者的桥梁和纽带，其核算内容包括向国内外旅行社收取包价团费。然后，按照旅游活动的日程和内容将收取的旅游团费分解给各接团社和其他服务单位。所有组团社营业收入包括组团社自身的合理收费以及分配到接团社、饭店、交通部门等单位代收代购费用。

组团社一般采取“先收取预订金，服务后结清”或“先接待后结算”的结账方式，尤其是对于国外旅行社通常采取“先收费，后接团”“按团预付，按团结算，一团一清”的方式。其业务程序及其相应的会计处理如下：

（1）根据“旅行团计划”，编制“报价单”。组团社的外联部门根据国内外旅行机构或旅游者的计划要求，参考综合服务费构成表，计算该旅行团每人的综合服务报价及全团报价，编制“外联团预算明细表”，经财务部审核无误后，对外报价。若涉及境外旅行团的，按固定汇率折合为外币后对外报价。

（2）审核旅客汇款水单。国外旅行社接收报价后，应将款项通过中国银行汇到国内组团社，中国银行收妥款项后，凭“汇款水单”通知组团社旅费已入账。“汇款水单”是中国银行通知旅行社入账的存款单据，是旅行社财会部门进行账务处理的重要凭据。

财务部门收到“汇款水单”后，将款项登记入账。借记“银行存款”账户，贷记“应收账款”或“预收账款”账户。旅行社可根据经营业务的特点，在“应收账款”账户下按旅行团设置“应收国外结算款”“应收国内结算款”“应收联社结算款”“应收港澳结算款”等明细账户。若存在汇率差，通过“财务费用——汇兑损益”账户反映。

（3）编制结算账单。组团社组织旅游团结束旅行后，应根据旅游团的实际旅游人数及实际旅游项目等，编制“结算账单”送交财务部门入账如表6－2所示。

表6－2　　五洲国际旅行社结算账单

年　月　日

贵方旅行社名称			
旅行团名称及代号			
访华日期	自　年　月　日　至　年　月　日		
人数		每人旅行费用报价	
随员减免		取消费	
应收费用总计		实际收到费用总计	
尚余（欠）费用			
备注：			

审核人：　　　　经手人：

财会部门根据“结算账单”，借记“应收账款”或“预收账款”账户，贷记“主营业务收入”等账户。同时，填制收款凭证或付款凭证，连同“结算账单”一并汇往国内外有关旅行机构，通过银行退还余款或收取欠款。退还多收的结算款时，借记“应收账款”或“预收账款”账户，贷记“银行存款”账户；收到应补收的结算款时，借记“银行存款”账户，贷记“应收账款”或“预收账款”账户。

如果旅行团因故取消旅行，按规定组团社应将预收款扣除手续费后退回原单位。退回时，按原预收数，借记“应收账款”或“预收账款”账户；按实际退回数，贷记“银行存款”账户；按所扣除的手续费，贷记“主营业务收入——手续费收入”账户。

在实际工作中，款项结算方式还可能采取先接待后收费方式。在这种结算方式下，组团社根据旅游团（者）在本地旅游活动的游览项目以及对食宿、交通工具的要求，按收费标准计算出应收的旅游款项，确认收入时，借记“应收账款”账户，贷记“主营业务收入”等账户。收到旅行社汇来的旅游款项时，根据银行收账通知，借记“银行存款”账户，贷记“应收账款”账户。

【做中学6－1】五洲国际旅行社与美国夏威夷旅行社签订组团合同，由美国夏威夷旅行社承办A2022团20人5月5～20日赴美国16日全景游事宜。境外旅行社报价每人3 000美元（不含中美往返机票款），当日外汇牌价为1美元＝6.37元人民币，中美往返机票价为7 440元，外加20%毛利，确定该出境游项目的销售价格为每人31 860元人民币。5月20日，A2022旅游团游程结束，安全返回，根据“旅游团费用结算账单”确认已实现的旅游经营业务收入。

（1）5月5日，组团社陆续收到20名出境旅游者付来现金637 200元，开出发票，与旅游者签订合同。

（2）财会部门根据审核无误的发票等原始凭证，编制会计分录如下：

借：库存现金　　637 200

　　贷：应收账款（或预收账款）　　637 200

（3）5月20日，财会部门根据“旅游团费用结算账单”确认已实现的旅游经营业务收入，编制会计分录如下：

借：应收账款（或预收账款）　　637 200

　　贷：主营业务收入——组团外联收入　　601 132.08

　　　　应交税费——应交增值税（销项税额）　　36 067.92

【做中学6-2】承【做中学6-1】中，若有3人因故要求退出旅游团，查这3人已经预付了旅游款95 580元，按旅游合同规定扣除10%手续费后，以现金退还其剩余的预交旅游款。

财会部门根据退回的发票凭证，编制会计分录如下：

借：应收账款（或预收账款）　　95 580

　　贷：主营业务收入——其他收入　　9 016.98

　　　　应交税费——应交增值税（销项税额）　　541.02

　　　　库存现金　　86 022

【做中学6-3】五洲国际旅行社2022年5月8日收到美国芝加哥旅行社汇款水单，金额10 000美元，当日外汇牌价为1美元≈6.37元人民币。五洲国际旅行社按固定汇率6.37记入往来账户。5月20日美国芝加哥旅行社组织的旅游团在我国境内结束旅程并已离境。五洲国际旅行社业务部填制“结算账单”交财务部核计，其中综合服务收入57 935.6元，加项游览及地方风味收入5 000元，共计62 935.6元，按固定汇率6.37元折合为9 880美元。5月20日财会部门填制付款凭证连同“结算账单”一并通过银行汇往美国芝加哥旅行社，退还余款120美元。当日外汇牌价为1美元≈6.39元人民币。

（1）根据“旅行团计划”，编制“报价单”。

（2）5月8日，财务部门收到“汇款水单”后，编制会计分录如下：

借：银行存款——美元户　　（$10 000×6.37）63 700

　　贷：应收账款——应收国外结算款（美国芝加哥旅行社）

　　　　　　（$10 000×6.37）63 700

（3）5月20日，财会部门根据“结算账单”确认收入，编制会计分录如下：

借：应收账款——应收国外结算款（美国芝加哥旅行社）

　　　　　　（$9 880×6.37）62 935.6

　　贷：主营业务收入——综合服务收入　　54 656.23

　　　　　　　　　　——地游及加项收入　　4 716.98

　　　　应交税费——应交增值税（销项税额）　　3 562.39

（4）5月20日，财会部门填制付款凭证连同“结算账单”一并通过银行汇往美国芝加哥旅行社，退还余款。编制会计分录如下：

借：应收账款——应收国外结算款（美国芝加哥旅行社）

（$120×6.37）764.4

财务费用——汇兑损益　2.4

贷：银行存款——美元户　（$120×6.39）766.8

（二）接团社业务收入的核算

接团社业务收入的核算

接团社的主营业务收入是接团社为旅行团（者）提供各项服务后，根据有关的收费标准，向组团社或旅行团（者）收取的综合服务收入或零星服务收入以及代办票务等收入。

接团社与组团社之间结算，一般是接待在前，结算在后。其业务程序及其相应的会计处理如下：

（1）接团社在接到组团社的接待计划（或合同）后，对旅行团（者）在本地的旅游活动、游览项目以及食、宿、交通工具等进行安排，做好接待前的准备工作。

（2）当旅行团（者）离开本地后，接团社财会部门根据陪同人员填写的“旅游团费用结算报告单”，编制“旅游团（者）费用结算通知单”。账单一式两份，一份及时报送给组团社财务部门，另一份接团社财务部门留存入账，如表6－3所示。

表6－3　旅游团（者）费用结算通知单

<table>
<tr><td>计划号</td><td>785</td><td>国别</td><td>美国</td><td>旅行社名称</td><td>自由者</td><td>人数</td><td>24</td></tr>
<tr><td>旅游团名</td><td colspan="3"></td><td>旅行团名称</td><td colspan="3"></td></tr>
<tr><td>旅游级别</td><td colspan="3"></td><td>全陪姓名</td><td colspan="3"></td></tr>
<tr><td colspan="2">旅客到离时间</td><td colspan="6">2022年5月12日11时到用午餐——2022年5月16日14时用午餐后离开</td></tr>
<tr><td colspan="4" rowspan="2">项　目</td><td colspan="4">拨款结算</td></tr>
<tr><td>单价/元</td><td>计价单位</td><td>计价数量</td><td>金额/元</td></tr>
<tr><td rowspan="13">旅行团综合服务费</td><td colspan="3">综合服务费</td><td>100</td><td>元/人·天</td><td>120</td><td>12 000</td></tr>
<tr><td colspan="3">住宿费</td><td>450</td><td>元/间·天</td><td>48</td><td>21 600</td></tr>
<tr><td colspan="3">午餐费</td><td>320</td><td>元/桌</td><td>3</td><td>960</td></tr>
<tr><td colspan="3">晚餐费</td><td>400</td><td>元/桌</td><td>3</td><td>1 200</td></tr>
<tr><td colspan="3"></td><td></td><td></td><td></td><td></td></tr>
<tr><td colspan="3">派出全程陪同劳务费</td><td></td><td></td><td></td><td>2 500</td></tr>
<tr><td rowspan="6">计划内加拨款</td><td colspan="2">游江费</td><td></td><td></td><td></td><td></td></tr>
<tr><td colspan="2">风味费</td><td></td><td></td><td></td><td></td></tr>
<tr><td colspan="2">特殊门票费</td><td></td><td></td><td></td><td></td></tr>
<tr><td colspan="2">附加费</td><td></td><td></td><td></td><td></td></tr>
<tr><td colspan="2">其他</td><td></td><td></td><td></td><td></td></tr>
<tr><td colspan="2"></td><td></td><td></td><td></td><td></td></tr>
<tr><td colspan="3">旅行团综合服务费合计/元</td><td colspan="4">38 260</td></tr>
</table>

续表

项目			拨款结算			
			单价（元）	计价单位	计价数量	金额（元）
旅行者交通费	交通费1	去桂林机票	650	元/人	24	15 600
	交通费2					
	行李托运费					
	交通费用合计/元		15 600			
全程陪同费用	交通费					
	共餐费		20	元/次	9	180
	住宿费		200	元/间·天	4	800
	全程陪同费用		980			
拨款结算合计/元						54 840

接团社在“旅游团（者）费用结算通知单”发出后，无论款项收到与否，均应确认经营业务收入的实现。借记“应收账款”账户，贷记“主营业务收入”等账户；收到组团社汇来的旅行团费时，借记“银行存款”账户，贷记“应收账款”账户。

对于业务量较多的旅行社，可将“旅游费用结算通知单”按组团社分类汇总编制“旅行费用汇总表”，据以编制记账凭证，登记营业收入。

【做中学6-4】五洲国际旅行社接待华洋旅行团一行20人在本地10日游。该团已离开本地，按照各项费用标准，五洲国际旅行社向华洋组团社结算68 000元。

（1）五洲国际旅行社财务部门，根据华洋旅行团在本地旅游活动计划和费用支出情况，编制“旅游费用结算通知单”，并报送华洋组团社。

（2）财务部门根据审核无误的“旅游费用结算通知单”，编制会计分录如下：

借：应收账款——应收联社结算款（华洋组团社）　　68 000

　　贷：主营业务收入——综合服务收入　　64 150.94

　　　　应交税费——应交增值税（销项税额）　　3 849.06

（3）收到华洋组团社寄来旅行团费时，根据银行收款通知，编制会计分录如下：

借：银行存款　　68 000

　　贷：应收账款——应收联社结算款（华洋组团社）　　68 000

【做中学6-5】2022年5月，五洲国际旅行社根据各组团社“旅行费用拨款结算通知单”，编制“旅游费用汇总表”如表6-4所示。

（1）财会部门根据“旅行费用结算通知单”，编制“旅游费用汇总表”并编制会计分录如下：

借：应收账款——组团社　　173 840

　　贷：主营业务收入　　164 000

应交税费——应交增值税（销项税额） 9 840

（2）当收到组团社拨来的款项时，编制会计分录如下：

借：银行存款 173 840

贷：应收账款——组团社 173 840

表 6－4

旅游费用汇总表

2022 年 5 月

项目	金额/元		
	团体	其他	合计
综合服务费	16 340	3 500	19 840
住宿费	37 360	3 000	40 360
机（船）票费	65 810		65 810
行李托运费	680		680
全程交通费	28 950	1 500	30 450
地方风味餐费	16 700		16 700
合 计	165 840	8 000	173 840

任务二 旅游经营业务成本的核算

课件

【任务描述】

分析旅游经营业务成本的构成，完成组团社、接团社经营业务成本的会计核算工作任务。

【任务实施】

一、旅游经营业务成本的构成

旅行社担负着对旅游者的招待、联系、接待安排等项目服务工作。根据各旅行社经营内容不同，可将旅行社分为组团社和接团社。组团社，是指享有外联权的旅行社，即有权与境外的旅行社联系组织旅游者入境旅游的旅行社，又称一类社。接团社，是指负责接待旅行团队的旅行社，又称二类社。随着我国旅游业的蓬勃发展，一个旅行社可能既是组团社，又是接团社，肩负着组团和接团的双重任务。

旅行社营业成本是指旅行社在接待旅行团体（者）为其提供各项服务过程中所发生的各种直接支出。包括：组团社向旅游团体收取但在以后需要拨付给接团社的各项直接支出和接团社从组团社收回但又要付给客人提供食宿、交通、游览服务部门各项直接支出。由此可见，旅行社营业成本实质上是其代收代付费用，其营业成本由以下七类构成：

（1）组团外联成本，是指各组团社组织的外联团、外国旅游团，按规定开支的住宿费、餐饮费、综合服务费、国内城市间交通费、专业活动费等。组团外联成本由拨付成本和服务成本两大部分组成。其中，拨付成本是组团社拨付给接团社的属于代收代付性质的综合服务费；服务成本是组团社提供服务发生的陪同费及通信费。

（2）综合服务成本，是指接待由组团社组织的包价旅游团（者），按规定开支的住宿费、餐饮费、车费、杂费、陪同费等。

（3）零星服务成本，是指为接待零散客及委托代办事项，按规定开支的委托费、导游接送费、车费、手续费、托运服务费等。

（4）劳务成本，是指非组团旅行社为组团社派出的翻译、导游人员参加全程陪同，按规定开支的各项费用。

（5）票务成本，是指旅行社为国内外旅客代办客票所发生的手续费、退票损失费等。

（6）地游及加项成本，是指旅行社接待的小包价旅游或因游客要求增加游览项目而按规定开支的综合服务费、超公里费、风味费等。

（7）其他业务成本，是指不属于以上各项成本的其他成本支出。

二、旅游经营业务成本的核算

接团社和组团社的费用和收入有着紧密的联系，组团社的拨付成本就是接团社的营业收入。组团社的营业成本由两部分构成：一部分是拨付支出，即拨付给接团社的综合服务费、住宿费、餐费、车费等支出，属于代收代付。另一部分是为组团而发生的外联费用和全陪人员的部分费用支出，属于组团社的服务性支出。

旅游企业在一定时期所发生的各项营业支出，不论是组团社的成本，还是接团社的成本，在会计核算上通过设置“主营业务成本”账户来总括反映。该账户可根据管理上的需要采用不同的方法设置二级明细账户。

（一）组团社经营业务成本的核算

组团社经营业务成本的核算

旅行社从组织旅游团到完成旅游服务需要组团社、接团社以及饭店、酒店、运输等企业的衔接配合。

组团社在进行主营业务成本核算时，应根据所接待旅行团的人数和旅行天数，计算出旅行团全部旅行费用，并依据权责发生制原则，将本月应负担的成本记入“主营业务成本”账户。

通常情况下，组团社委托接团社代为接待旅游服务，接团社在旅游团离开之后，填制“旅游团结算费用通知单”向组团社进行结算。组团社财会部门在月末及月末前能够正常接到结算单，与本社的有关记录核对，经审核无误后支付款项时，借记“主营业务成本”账户，贷记“银行存款”账户。

当组团社在与接团社或有关接待单位、个人之间发生旅游服务费用拖欠时，对于应付的款项，应通过“应付账款”账户核算。在收到接团社结算单据未付款时，借记“主营业务成本”账户，贷记“应付账款”账户；将应付的款项拨付给接团社时，借记“应付账款”账户，贷记“银行存款”账户。

有时组团社有关款项的结算账单不能在规定的结账日前收到，不能确定实际成本，为了与营业收入配比，可以根据合同计划成本先入账，待收到结算账单后，再按实际成本调整。

【做中学 6 -6】 五洲国际旅行社规定每月月末为其结算日。2022 年 5 月 31 日，五洲国际旅行社还未接到康辉接团社报来的“旅行团（者）费用拨款结算通知单”，按计划支出单入账。预计计划支出费用为 44 000 元，其中综合服务成本 35 000 元，劳务成本 3 500 元，地游及加项成本 5 000 元，其他成本 500 元。6 月 3 日，接到康辉接团社报来“旅行团（者）费用拨款结算通知单”，共计金额 44 750 元，经审核无误，办理支付手续。其中，综合服务成本 35 500 元，全程陪同劳务成本 3 600 元，地游及加项费 5 200 元和其他费用 450 元。

（1）5 月 31 日，组团社财会部门根据“计划报价单”，编制会计分录如下：

借：主营业务成本——综合服务成本	35 000	
——劳务成本	3 500	
——地游及加项成本	5 000	
——其他成本	500	
贷：应付账款 ——康辉接团社		44 000

（2）6 月 3 日，组团社财会部门根据康辉接团社报来“旅行团（者）费用拨款结算通知单”，经审核无误，当即将款项汇付对方。根据汇款凭证，编制会计分录如下：

借：主营业务成本——综合服务成本	500	
——劳务成本	100	
——地游及加项成本	200	
——其他成本	50	
应付账款——康辉接团社	44 000	
贷：银行存款		44 750

（3）根据增值税扣税凭证抵减销项税额，并调整成本，编制会计分录如下：

借：应交税费——应交增值税（销项税额抵减）	2 533.02	
贷：主营业务成本		2 533.02

（二）接团社经营业务成本的核算

接团社经营业务成本是指为了给旅游团提供服务而支付给各接待单位（如宾馆、饭店、餐馆、车队等）所发生的实际支出（如房费、餐费、交通费、门票费等），这些支出构成了接团社营业成本。一家接待单位有可能为不同旅游团提供相同的服务。因此，接团社在与各接待单位办理结算时，要按成本的核算对象加以归集，记入成本明细账。

【做中学 6 -7】 五洲国际旅行社 2022 年 5 月支付各接待单位有关费用为：支付三晋宾馆房费 10 000 元、餐费 5 000 元；支付三元出租汽车公司交通费 2 500 元；支付旅游景点门票费 1 200 元。

（1）财会部门根据审核无误的有关住宿费、餐费、交通费发票及门票存根等原始凭证，编制会计分录如下：

借：主营业务成本——综合服务成本——房费	10 000
——餐费	5 000
——交通费	2 500
——门票费	1 200

贷：银行存款　　18 700

（2）根据增值税扣税凭证抵减销项税额，并调整成本，编制会计分录如下：

借：应交税费——应交增值税（销项税额抵减）　　1 058.49

　　贷：主营业务成本　　1 058.49

或将（1）、（2）进行合并，编制会计分录如下：

借：应交税费——应交增值税（销项税额抵减）　　1 058.49

　　主营业务成本——综合服务成本——房费　　9 433.96

　　——餐费　　4 716.98

　　——交通费　　2 358.49

　　——门票费　　1 132.08

　　贷：银行存款　　18 700

三、旅游服务业务增值税的核算

提供旅游服务的一般纳税人或小规模纳税人，可以选择全额计税或差额计税的方式计算缴纳增值税。

全额计税是指以其取得的全部价款和价外费用为销售额计算缴纳增值税。计算公式如下：

应纳增值税额 = 当期销项税额 - 当期进项税额

差额计税是指以其取得的全部价款和价外费用，扣除向旅游服务购买方收取并支付给其他单位或者个人的住宿费、餐饮费、交通费、签证费、门票费和支付给其他接团旅游企业的旅游费用后的余额为销售额计算征收增值税。计算公式如下：

应纳增值税额 =（含税收入 - 可扣减成本）/（1 + 税率）× 税率 - 可抵扣的进项税

（一）一般纳税人提供旅游服务的增值税核算

1. 全额计税

提供旅游服务的一般纳税人，可以按以其取得的全部价款和价外费用（包括向旅游服务购买方收取并支付给其他单位或者个人的住宿费、餐饮费、交通费、签证费、门票费和支付给其他接团旅游企业的旅游费用）为销售额全额开具增值税专用发票。

【做中学 6 - 8】山西太原旅游公司为增值税一般纳税人，选择全额计税方法。2022 年 5 月收取单位和个人缴纳的旅游费用 200 万元，全额开具增值税专用发票；支付给旅游目的地的地接公司住宿费 53 万元、交通费 33 万元、门票费 26.5 万元。地接公司开具了增值税专用发票（上述金额为发票的价税合计数），餐饮费 25 万元开具了增值税普通发票。另外，旅游公司本月购进计算机、打印机等办公设备取得增值税专用发票上注明价款 2 万元，增值税额 0.26 万元。该公司 5 月需缴纳多少增值税？如何向旅游服务购买方开票？如何进行账务处理？

（1）旅游公司 5 月应纳增值税的计算如下：

5 月的销项税额 = 200 ÷ 1.06 × 0.06 = 11.3208（万元）

5 月的进项税额 = 53 ÷ 1.06 × 0.06 + 33 ÷ 1.09 × 0.09 + 26.5 ÷ 1.06 × 0.06 + 0.26

= 7.485（万元）

5 月应纳增值税税额 = 11.3208 − 7.485 = 3.8358（万元）

旅游公司可对旅游费用 200 万元全额开具增值税专用发票，其中不含税金额 188.6792 万元，税额 11.3208 万元。

（2）旅游公司财会部门，收取单位或个人的旅游费时，根据开具的增值税专用发票，编制会计分录如下：

借：银行存款/应收账款/预收账款　　2 000 000
　贷：主营业务收入　　1 886 792
　　　应交税费——应交增值税（销项税额）　　113 208

（3）支付给地接公司住宿费、交通费和门票费时，根据增值税专用发票，编制会计分录如下：

借：主营业务成本——住宿费　　500 000
　　　　　　　　——交通费　　302 752
　　　　　　　　——门票费　　250 000
　应交税费——应交增值税（进项税额）　　72 248
　贷：银行存款/应付账款/预付账款　　1 125 000

支付给旅游目的地的地接公司餐饮费时，根据增值税普通发票，编制会计分录如下：

借：主营业务成本　　250 000
　贷：银行存款/应付账款/预付账款　　250 000

（4）购进计算机、打印机等办公设备时，根据增值税专用发票，编制会计分录如下：

借：固定资产　　20 000
　应交税费——应交增值税（进项税额）　　2 600
　贷：银行存款/应付账款　　22 600

（5）5 月末结转本月未交增值税，编制会计分录如下：

借：应交税费——应交增值税（转出未交增值税）　　38 358
　贷：应交税费——未交增值税　　38 358

（6）6 月初缴纳 5 月的增值税时，编制会计分录如下：

借：应交税费——未交增值税　　38 358
　贷：银行存款　　38 358

2. 差额计税

提供旅游服务的选择差额计税办法计算销售额的一般纳税人，向旅游服务购买方收取并支付给其他单位或者个人的住宿费、餐饮费、交通费、签证费、门票费和支付给其他接团旅游企业的旅游费用，不得开具增值税专用发票，可以开具普通发票。

知识链接

《财政部 国家税务总局关于全面推开营业税改征增值税试点的通知》（2016）规定：试点纳税人提供旅游服务，可以选择已取得的全部价款和价外费用，扣除向旅游服务购买方收取并支付给其他单位或者个人的住宿费、餐饮费、交通费、签证费、门票费和支付给其他接团旅游企业的旅游费用后的余额为销售额。选择上述办法计算销售额的试点纳税人，向旅游服务购买方收取并支付的上述费用，不得开具增值税专用发票，可以开具普通发票。

【**做中学6-9**】承【做中学6-8】若选择差额计税方法，2022年5月收取单位和个人缴纳的旅游费用200万元，支付给旅游目的地的地接公司住宿费53万元、门票费26.5万元、交通费33万元、餐饮费25万元，地接公司均开具了普通发票。另外，旅游公司本月购进计算机、打印机等办公设备取得增值税专用发票上注明价款2万元，增值税额0.26万元。该公司5月需缴纳多少增值税？如何向旅游服务购买方开票？如何进行账务处理？

（1）旅游公司5月应纳增值税的计算如下：

5月的销售额＝(200－53－26.5－33－25)÷1.06＝58.9623（万元）

5月的销项税额＝58.9623×0.06＝3.5377（万元）

5月的进项税额＝0.26（万元）

5月应纳增值税额＝3.5377－0.26＝3.2777（万元）

旅游公司开具增值税的金额不能超过62.5万元，其余的只能开具普通发票。

（2）旅游公司财会部门，收取单位或个人的旅游费时，根据开具的增值税专用发票，编制会计分录如下：

借：银行存款/应收账款/预收账款	2 000 000	
贷：主营业务收入		1 886 792
应交税费——应交增值税（销项税额）		113 208

（3）支付给地接公司住宿费、交通费、门票费、餐饮费时，根据增值税普通发票，编制会计分录如下：

借：主营业务成本——住宿费	500 000	
——交通费	311 320	
——门票费	250 000	
——餐饮费	235 850	
应交税费——应交增值税（销项税额抵减）	77 830	
贷：银行存款/应付账款/预付账款		1 375 000

（4）购进计算机、打印机等办公设备时，根据增值税专用发票，编制会计分录如下：

借：固定资产	20 000	
应交税费——应交增值税（进项税额）	2 600	
贷：银行存款/应付账款		22 600

（5）5月末结转本月未交增值税，编制会计分录如下：

借：应交税费——应交增值税（转出未交增值税）	32 777	
贷：应交税费——未交增值税		32 777

（6）6月初缴纳5月的增值税时，编制会计分录如下：

借：应交税费——未交增值税	32 777	
贷：银行存款		32 777

提供旅游服务的一般纳税人，是选择全额计税还是差额计税，建议关注取得支付给其他单位或者个人的住宿费、餐饮费、交通费、签证费、门票费和支付给其他接团旅游企业的旅游费用增值税专用发票的比例，进行比较后谨慎选择。

（二）小规模纳税人提供旅游服务的增值税核算

1. 全额计税

选择全额计税时，全额开具发票，也可以向当地国税部门代开税率（征收率）为3%的增值税专用发票，购买方用于增值税抵扣。

$$应交增值税额 = 含税销售额/(1 + 3\%) \times 3\%$$

【做中学6－10】承【做中学6－8】若山西太原旅游公司为增值税小规模纳税人，选择全额计税。2022年5月收取单位和个人缴纳的旅游费用200万元，其中支付给旅游目的地的地接公司住宿费53万元、餐饮费25万元、交通费33万元、门票费26.5万元，地接公司开具了增值税普通发票。旅游公司本月购进计算机、打印机等办公设备2.26万元。该公司5月需缴纳多少增值税？如何进行账务处理？

应纳增值税额 $= 200 \div (1 + 3\%) \times 3\% = 5.8252$（万元）

旅游公司可自行开具普通发票，也可向当地国税机关代开增值税专用发票，代开的增值税专用发票上注明的税率为3%，金额为194.18万元，增值税额为5.82万元。购买方取得国税机关代开的增值税专用发票后可以作为进项税额抵扣。

（1）收取单位或个人的旅游费时，编制会计分录如下：

借：银行存款/应收账款/预收账款	2 000 000	
贷：主营业务收入		1 941 748
应交税费——应交增值税		58 252

（2）支付给旅游目的地的地接公司餐饮费、住宿费、交通费和门票费时，编制会计分录如下：

借：主营业务成本	1 375 000	
贷：银行存款/应付账款/预付账款		1 375 000

（3）购进计算机、打印机等办公设备时，编制会计分录如下：

借：固定资产	22 600	
贷：银行存款/应付账款		22 600

（4）6月初缴纳5月的增值税时，编制会计分录如下：

借：应交税费——应交增值税	58 252	
贷：银行存款		58 252

2. 差额计税

选择差额计税时，全额开具发票，按差额部分计算并交纳税款；也可以向当地国税局代开税率（征收率）为3%的增值税专用发票，国税机关选择差额开票，购买方按照代开的增值税专用发票上的税额用于抵扣。

$$应交增值税额 = (含税销售额 - 可扣除成本)/(1 + 3\%) \times 3\%$$

【做中学6－11】承【做中学6－10】若山西太原旅游公司为增值税小规模纳税人，选择差额计税。2022年5月收取单位和个人缴纳的旅游费用200万元，其中支付给旅游目的地的地接公司住宿费53万元、餐饮费25万元、交通费33万元、门票费26.5万元，地接公司开具了增值税普通发票。旅游公司本月购进计算机、打印机等办公设备2.26万元。该公司5月需缴纳多少增值税？如何进行账务处理？

应交增值税额 = (200 − 137.5) ÷ (1 + 3%) × 3% = 1.8204（万元）

（1）收取单位或个人的旅游费时，编制会计分录如下：

借：银行存款/应收账款/预收账款　　2 000 000

　　贷：主营业务收入　　2 000 000

（2）支付给旅游目的地的地接公司餐饮费、住宿费、交通费和门票费时，编制会计分录如下：

借：主营业务成本　　1 375 000

　　贷：银行存款/应付账款/预付账款　　1 375 000

（3）购进计算机、打印机等办公设备时，编制会计分录如下：

借：固定资产　　22 600

　　贷：银行存款/应付账款　　22 600

（4）5月末计算本月应交增值税额时，编制会计分录如下：

借：主营业务收入　　18 204

　　贷：应交税费——应交增值税　　18 204

（5）6月初缴纳5月的增值税时，编制会计分录如下：

借：应交税费——应交增值税　　18 204

　　贷：银行存款　　18 204

国家税务总局公告2016年第23号规定，按照现行政策规定适用差额征税办法缴纳增值税，且不得全额开具增值税发票的（财政部、税务总局另有规定的除外），纳税人自行开具或者税务机关代开增值税专用发票时，通过新系统中差额征税开票功能，录入含税销售额和扣除额，系统自动计算税额和不含税金额，备注栏自动打印“差额征税”字样。所以旅游公司可自行开具普通发票，也可向当地国税机关代开增值税专用发票，代开的增值税专用发票上注明的金额为198.1796万元，税额为1.8204万元，备注档自动打印“差额征税”和“代开”字样。购买方取得国税机关代开的增值税专用发票后可以作为进项税额抵扣。

通过以上两个例子，可以看出小规模纳税人选择差额计税是有利的。对于部分业务接受方需要增值税专用发票，旅游公司可以在价格上进行适当让步。

项目二　餐饮经营业务的核算

任务一　餐饮经营业务收入的核算

课件

【任务描述】

分析餐饮经营业务收入的内容，掌握餐饮产品售价的确定方法，完成餐饮产品销售收入的会计核算工作任务。

【任务实施】

一、餐饮经营业务收入的内容

餐饮收入是指饭店为宾客提供饮食、酒席、宴会等而取得的收入。包括以下五项内容：

一是餐费收入，指酒楼、餐馆、酒吧及宴会厅销售各种菜、汤、主食、水果、牛奶等而取得的各种正餐收入、早点收入、夜宵收入、宴会收入等。

二是饮品收入，指酒楼、餐馆、酒吧及宴会厅销售各种饮料、酒水而取得的收入。

三是小卖部收入，指酒楼、餐馆、酒吧及宴会厅销售各种商品如香烟、纸张等取得的收入。

四是服务费收入，指酒楼、餐馆、酒吧及宴会厅接待客人按消费标准的一定比例收取的服务费收入。

五是其他收入，指酒楼、餐馆、酒吧及宴会厅提供上述服务以外的其他各项收入，如开瓶费收入、娱乐活动的门票收入、宴会厅的租金收入等。

二、餐饮产品售价的确定方法

餐饮产品售价与餐饮收入关系密切，制定餐饮产品售价是餐饮收入高低的关键，其价格合理与否直接影响饭店及消费者的切身利益。实际工作中，餐饮产品价格制订方法很多，常用的定价方法有“成本毛利率法”和“销售毛利率法”。

餐饮产品售价的确定方法

（一）成本毛利率法

成本毛利率法，又称外加法，是以餐饮产品单位配料定额成本为基础，按确定的毛利润率加成，据以计算餐饮产品销售价格的一种方法。其销售价格计算公式如下：

$$销售价格 = 单位产品配料定额成本 + 毛利润额$$
$$毛利润额 = 单位产品配料定额成本 \times 成本毛利润率$$

整理得：

$$餐饮产品销售价格 = 单位产品配料定额成本 \times (1 + 成本毛利润率)$$

【做中学 6-12】晋韵酒店名菜杏鲍菇牛柳的制作定额成本为 20 元，按规定的成本毛利润率 45% 作价。

杏鲍菇牛柳的销售价格 = 20 × (1 + 45%) = 29（元）

（二）销售毛利率法

销售毛利润率法，又称内扣法，是以餐饮产品销售价格为基础，按照毛利与销售价格之间的比值关系计算确定餐饮产品销售价格的一种方法。餐饮产品销售价格的计算公式及其推导过程如下：

销售价格 = 单位产品配料定额成本 + 毛利润额

销售毛利润率 = 毛利润额 ÷ 销售价格

毛利润额 = 销售价格 × 销售毛利润率

经过计算整理得：

销售价格 = 单位产品配料定额成本 + 销售价格 × 销售毛利润率

= 单位产品配料定额成本/(1 - 销售毛利润率)

【做中学6－13】承例【做中学6－12】，若该饭店确定的销售毛利润率为50%，则杏鲍菇牛柳的销售价格计算方法如下：

杏鲍菇牛柳销售价格 = 20 ÷ (1 - 50%) = 40（元）

上述两种方法在实际工作中都有应用，二者各有优劣。一般而言，以配料定额成本求销售价格，采用成本毛利率法较为方便；而根据用餐标准（销售价格）计算用料成本则以销售毛利率法计算为好。因此，在实际工作中，经常需要将两种毛利润率进行换算。其换算公式为：

成本毛利润率 = 销售毛利润率/(1 - 销售毛利润率)

销售毛利润率 = 成本毛利润率/(1 + 成本毛利润率)

三、餐饮产品销售收入的核算

餐饮产品的销售对象为旅游、商务、会议团体或个人散客，其业务经营应本着既方便客人又便于管理与核算的原则。销售方式通常有预收订金，饭后结算；点菜开票，饭后记账结算；现款现售；售票收款，凭票就餐等。销售方式不同，收入的核算也不尽相同。

餐饮业收入的核算需设置“主营业务收入”账户，该账户可按餐饮业管理要求和取得收入的内容设置二级明细账户。对餐饮业预收的订金，设置“预收账款”账户核算。

（一）预收订金，饭后结算

这种方式通常在接受团体、个人预订宴会、酒会、晚会时采用。由于宴会是为特定消费团体或个人定做的，若预订单位或个人在规定时间未能赴宴，已制作的餐饮产品又无法转售给其他团体或个人，饭店便会蒙受损失。为减少损失，当总服务台接受客人预订餐时，应按预订宴会桌数及销售价格的一定比例预收相当数额订金。宴会结束，根据实际消费额，确认收入，结转预售的订金，多退少补。

【做中学6－14】晋韵酒店接受华联公司预订宴席10桌，预收订金2 000元。待宴会结束，实际结算8 480元，其中商品部烟、酒、饮料款1 060元，账款已由该公司结清。

（1）财会部门收到总服务台交来的订金时，开出收据，根据收据，编制会计分录如下：

借：银行存款　　2 000

　　贷：预收账款——华联公司　　2 000

（2）宴会结束后，财会部门收到总服务台转来的“结算账单”和宴会订单等，经审核后，开具发票，并编制会计分录如下：

借：银行存款　　6 480

　　预收账款——华联公司　　2 000

　　贷：主营业务收入——餐饮收入　　7 000

　　　　　　　　　　——商品部收入　　1 000

　　　　应交税费——应交增值税（销项税额）　　480

（二）现款现售结算

为方便客人就餐，制作各式快餐食品，其销售多采取一手钱一手货方式。客人就餐可直接交款取餐，也可先购票，凭票取餐。餐厅收款员于每日营业终了，根据收取的现款编制“销售（营业）日报表”，连同收入的现款送交总服务台收银处或直接送交财会部门。财会部门据此入账，借记“库存现金”或“银行存款”账户，贷记“主营业务收入”等账户。

【做中学 6－15】2022 年 5 月 10 日，晋韵酒店餐饮部营业情况如表 6－5 所示。

表 6－5　　晋韵酒店餐饮部营业日报表

2022 年 5 月 10 日　　金额单位：元

餐别	用餐台人数		项目				合计	结算			
	台数（台）	人数（人）	菜品含冷菜	海鲜	主食（面点）	酒水		现金	挂账	餐券	合计
早餐	30	85			1 860		1 860	1 856		538	2 394
中餐	40	256	8 935	988	468	2 100	12 491	6 685	2 265		8 950
晚餐	55	322	6 173	1 465	326	1 759	9 723	8 550	4 180		12 730
本日合计	125	663	15 108	2 453	2 654	3 859	24 074	17 091	6 445	538	24 074
本月累计											
转外客	户名		金额	户名		金额	户名		金额	户名	金额
	茂业房产		2 020	金通公司		3 087	王鑫		580		
										外客小计	5 687
转寓客	户名		金额	户名		金额	户名		金额	户名	金额
	306 房 张丽		158	402 房 王芳		200	408 房 刘振		320	508 房 李江	80
										寓客小计	758
备注											

财务部门根据当天餐饮“营业日报表”，编制会计分录如下：

借：库存现金　　17 091

　　应收账款（分外客的客户名）　　5 687

其他应收款——房客　758
主营业务收入——房金　538
贷：主营业务收入——餐饮收入　22 711.32
应交税费——应交增值税（销项税额）　1 362.68

回收早餐券538元冲减房金收入，是反映房价折让的收入减少。

（三）点菜开票，饭后记账结算

客人用餐完毕，餐厅收款员根据“宾客消费挂账通知单”如表6－6所示，与客人结算账款，经客人出示住房卡并在账单上签字后，将其作为编制“餐厅营业日报”的依据，一并送交总服务台或会计部门，会计部门据以进行会计处理。借记“应收账款”账户，贷记“主营业务收入”等账户。若客人需要转账划拨资金结清账款时，可由客人或有关单位人员在账单上签字，作为饭店向付款方结算账款依据。

表6－6　　宾客消费挂账通知单

宾客姓名	张敏		房号	0805	服务部门
服务内容					
项目	单位	数量	单价	金额（元）	备注
餐饮费	黄河市摩托车厂	2		232	
合计	（大写）贰佰叁拾贰元整			¥232.00	

宾客签字：　张敏　　　　经手人：李洁

【做中学6－16】晋韵酒店客人张敏挂账消费232元如表6－6所示，李华挂账消费628元，挂账单（略）。

财会部门根据“餐厅营业日报”（略），编制会计分录如下：

借：应收账款——张敏　232
——李华　628
贷：主营业务收入　811.32
应交税费——应交增值税（销项税额）　48.68

（四）售票收款，凭票就餐

这种方式是预先收款发行内部有价票券，客人可凭票就餐。在这种方式下，餐厅进行会计核算时，可在“其他应付款”账户下设置“库存有价票券”和“发行有价票券”两个明细账户；或单独设置“库存有价票券”和“发行有价票券”账户。

【做中学6－17】晋韵酒店发行20 000元内部餐券，当月售出15 000元，收回12 000元。餐券清点作废300元。

（1）发行内部餐券，编制会计分录如下：

借：其他应付款——库存有价票券　20 000
贷：其他应付款——发行有价票券　20 000

（2）当月售出餐券，编制会计分录如下：

借：库存现金　　15 000

　贷：其他应付款——库存有价票券　　15 000

（3）月末收回餐券，编制会计分录如下：

借：其他应付款——库存有价票券　　12 000

　贷：主营业务收入——餐饮收入　　11 320.75

　　应交税费——应交增值税（销项税额）　　679.25

（4）票券清点作废，编制会计分录如下：

借：其他应付款——发行有价票券　　300

　贷：其他应付款——库存有价票券　　300

任务二　餐饮经营业务成本的核算

课件

【任务描述】

分析餐饮经营业务成本的构成，完成餐饮经营业务成本的会计核算工作任务。

【任务实施】

一、餐饮经营业务成本的构成

餐饮制品质量、规格复杂，技艺要求不一，不能像制造企业那样，按产品逐次逐件进行完整的成本计算。餐饮制品的原材料多种多样，原材料的配比和加工方法也不尽相同，同时，加工过程中损耗程度也不一样。所以，成本的构成非常复杂。另外，由于产销直接见面，餐饮制品生产周期短，其生产成本与营业费用划分不清，因此不要求计算每种产品成本，一般只要求核算经营单位或经营类别耗用的原材料成本、燃料成本和各项费用支出以及外购商品进价成本。其产品成本是以总成本为核算对象的。餐饮业经营业务成本主要由以下内容构成：

（1）酒楼、餐馆等餐饮业在经营过程中的原材料耗费，由制作饮食制品的主料、调料和配料三部分组成。包括各种米、面等粮食类，鸡、鸭、鱼、肉、蛋、蔬菜等副食品类，木耳、黄花菜、香菇等干菜类以及油、盐、酱、醋等调料。

（2）餐饮业经营中作为主要支出的燃料。

（3）餐饮业附设商品部，所经营外购商品（如烟、酒）的进价成本。

二、餐饮经营业务成本的核算

餐饮经营业务成本的核算内容，主要包括餐饮制品成本的核算、燃料成本的核算和餐饮业附设商品部商品销售成本的核算等。

（一）餐饮制品成本的核算

设置“主营业务成本”账户，核算餐饮业在经营过程中所发生的各项营业支出。该账户可根据管理上的需要采用不同的方法设置二级明细账户。

餐饮制品成本指生产饮食制品所耗用的原材料成本，包括制作餐饮制品的主料、配料和调料三大类。由于餐饮产品产销相连，产品种类多，单品用料杂而零星，产品间工艺技术要求不一的特点，实际工作中，若按每一菜品（或主食）核算其单位成本，成本计算工作十分繁重。为了减轻成本计算的工作量，餐饮产品的成本一般按餐饮产品全部或大类计算。其总成本的计算与结转可分别采用“永续盘存法”和“实地盘存法”。

1. 餐饮制品成本的核算——永续盘存法

永续盘存法，是指按厨房实际领用的原材料数额计算与结转已销餐饮产品总成本的一种方法。这种方法适用于设置领料制的餐饮业。

餐饮制品成本的核算——永续盘存制

采用这种方法的餐饮业，日常每次领料时，根据领料单，借记“主营业务成本”账户，贷记“原材料”账户。月末，若厨房将当月领用的原材料全部耗用，产品也全部售出，领用原材料的合计金额（即“主营业务成本”账户借方发生额）为本月已销餐饮产品总成本。但是所领用的原材料在月末不一定用完，而且还可能会有一些在制品和尚未出售的少量制成品。为了保证成本计算的准确性，企业应对未耗用的原材料、在制品及尚未出售的制成品进行盘点，并编制盘存表。在计算餐饮产品总成本时，必须将其扣除，以便正确反映已销餐饮产品耗用原材料的实际成本。已销餐饮产品成本可用下列公式计算：

已销餐饮产品成本 = 厨房月初结存额 + 本期领用额 − 厨房月末盘存额

或

已销餐饮产品成本 = 月初“主营业务成本”账户余额 + 本月“主营业务成本”账户发生额 − 月末厨房剩余原材料盘存额

餐饮部门一般在月末一次计算成本，月末根据“主营业务成本”账户可以取得领用原材料的总额资料，据以确定当月已销餐饮产品成本。

“月末厨房剩余原材料盘存额”（包括已领未用原材料、半成品、尚未出售的制成品），按照规定应办理退库手续，从“主营业务成本”账户予以扣除，以求得已销餐饮产品的实际成本，并保证账实相符。在实际工作中，对厨房剩余原材料的盘存额有两种处理方法：

一种是仍保留在“主营业务成本”账户，根据上述公式计算出已销餐饮产品成本，从“主营业务成本”账户转出，以“主营业务成本”账户余额控制厨房月末盘存的实物。

另一种是办理“假退料”手续，即原材料实物不动，仍存放在厨房。财会部门月末应以盘存表代替“退料单”，作假退料处理，借记“原材料”账户，贷记“主营业务成本”账户，或用红字金额借记“主营业务成本”账户，贷记“原材料”账户；下月初再根据盘点表，填制领料单，借记“主营业务成本”账户，贷记“原材料”账户。

【做中学 6－18】晋韵酒店餐饮部原材料的耗用实行领料制。2022 年 5 月 5 日领用食品原料 6 000 元，调料 300 元，配料 300 元，酒水 3 000 元。

财会部门根据“领料单”，编制会计分录如下：

借：主营业务成本——餐饮部——食品成本　　6 600
　　　　　　　　　　　　——酒水成本　　3 000
　贷：原材料——食品材料——主料　　6 000
　　　　　　　　　　　——调料　　300
　　　　　　　　　　　——配料　　300
　　　　　　　　　　　——酒水　　3 000

【做中学 6－19】 晋韵酒店餐饮部原材料的耗用实行领料制。2022 年 5 月 31 日盘点结存已领未用主料 500 元，调料 80 元，配料 120 元，酒水 600 元。

（1）财会部门根据“月末厨房剩余原材料盘点表”，作退料处理，编制会计分录如下：

借：主营业务成本——餐饮部——食品成本　　[700]
　　　　　　　　　　　　——酒水成本　　[600]
　贷：原材料——食品材料——主料　　[500]
　　　　　　　　　　　——调料　　[80]
　　　　　　　　　　　——配料　　[120]
　　　　　　　　　　　——酒水　　[600]

（2）下月初，餐饮部根据“月末厨房剩余原材料盘点表”再填制一张领料单，编制会计分录如下：

借：主营业务成本——餐饮部——食品成本　　700
　　　　　　　　　　　　——酒水成本　　600
　贷：原材料——食品材料——主料　　500
　　　　　　　　　　　——调料　　80
　　　　　　　　　　　——配料　　120
　　　　　　　　　　　——酒水　　600

2. 餐饮制品成本的核算——实地盘存法

实地盘存法（或称盘存计耗法），是指按照实际盘存原材料的数额，倒挤本期已销餐饮产品所消耗原材料的一种方法。这种方法只适用于小型、会计核算比较简单的餐饮业。

实地盘存法虽然手续简便，但是不能从账面上随时反映原材料发出和结存的情况，不能及时反映原材料管理所需要的各种信息。同时，由于“以存计耗”来倒挤原材料耗用成本，就可能把因原材料的损耗、短缺、盗窃和浪费等原因所造成的损失都隐藏在倒挤的成本中，从而不利于对原材料的监督和管理，影响了成本计算的准确性。

采用这种成本核算方法的餐饮企业，日常厨房或操作间等部门领用原材料时，只办理业务手续，不填制“领料单”，对领用的原材料也不作账务处理。待月末，通过盘点库存原材料和厨房已领未用的原材料，计算出月末结存原材料的实际金额，然后采用“以存计销”计算出本月已销餐饮产品的总成本。可用下列公式计算：

本月已销餐饮产品的总成本＝月初原材料结存金额＋本月购进原材料金额
　　　　　　　　　　　　　－期末原材料的盘存金额

【做中学 6－20】晋韵酒店“原材料”账户月初结存金额为 12 800 元，本月购进原材料总额 24 000 元，月末盘点库存原材料 3 500 元，厨房已领未消耗原材料和待售产品 2 800 元，采用“盘存计耗”计算已销餐饮产品所消耗的原材料成本。

（1）月末，酒店对库存原材料和厨房已领未用的原材料进行盘点，编制盘点表（略）。

（2）计算已销餐饮产品所消耗的原材料成本。

本月已销餐饮产品的原材料成本＝12 800＋24 000－(3 500＋2 800)

＝30 500（元）

（3）财会部门根据计算结果，编制会计分录如下：

借：主营业务成本　　30 500

　贷：原材料　　30 500

3. 主配料的成本计算

主配料一般是指在加工完成的食品中所占成本比例较高的材料，一般构成食品的主要成分。在餐饮企业中，经常会将一些原材料买回来进行加工后，作为多种食品主配料的情况。主配料的成本计算方法有：一料一档计算法和一料多档计算法。

（1）一料一档的计算方法。原材料经初加工后，只形成一种半成品，即称为一料一档。一料一档的下脚料可分为两种：一种是不可作价利用的，另一种则是可作价利用的。

下脚料不可作价利用的半成品单位成本等于购进原材料的总成本除以加工后半成品的总重量，其计算公式如下：

半成品单位成本＝购进原材料总成本/加工后半成品总重量

若有可作价利用的下脚料，则其半成品的单位成本计算公式如下：

半成品单位成本＝(购进原材料总成本－下脚料金额)/加工后半成品重量

【做中学 6－21】晋韵酒店购进核桃 300 千克，每千克进价 20 元，加工成核桃仁，共得核桃仁 150 千克，核桃壳等下脚料由于没什么用处，作为厨余垃圾处理。

核桃仁单位成本＝(300×20)÷150＝40（元/千克）

【做中学 6－22】晋韵酒店购进新鲜海虾 80 千克，每千克进价为 30 元，总计 2 400 元，经加工后得净虾仁 50 千克。剥虾仁过程中产生的虾头、虾皮等下脚料出售给虾酱制作厂，得款 300 元。求净虾仁的单位成本。

净虾仁单位成本＝(80×30－300)÷50＝42（元/千克）

（2）一料多档的计算方法。原材料经初加工后，按照品质、用途等产生几种半成品，即称为一料多档，需分别计算各半成品的价格。各半成品价格的总和应等于加工前原材料购进的总价。其中质量好的成本较高，质量较差的成本略低。半成品单位成本计算又分为一料多档、唯一未知和一料多档、多项未知两种情况。

一料多档、唯一未知，其半成品的单位成本计算公式如下：

某未定价半成品单位成本＝[原材料购进总成本－其他半成品成本之和(包括下脚料价款)]/该项半成品重量

【做中学 6－23】鲢鱼一条重 6.4 千克，每千克 14 元，共计 89.6 元。经宰杀，得鱼头 1.8 千克，每千克作价 8 元；鱼尾 0.7 千克，每千克作价 15.4 元；中段 3.6 千克，鱼籽作价

2.5 元。求中段的单位成本。

中段的单位成本 =（89.6 - 1.8 × 8 - 0.7 × 15.4 - 2.5）÷ 3.6 = 17.2（元）

一料多档、多项未知，其半成品成本与购进原材料的成本可以用下列公式表示：

半成品 1 成本 + 半成品 2 成本 + 半成品 3 成本 + … + 半成品 n 成本 = 原材料购进总成本

当出现两种以上未知半成品成本时，上式相当于一个多元一次方程，是无法精确求解的，在这种情况下，只能以公式为原则，本着按质量论价的原则，参照市场价逐一估算未知半成品的成本。

【做中学 6 - 24】 购进鸡一批 80 千克，每千克进价 8 元，共计 640 元。经宰杀整理得到鸡肉 36 千克，鸡腿 6 千克，鸡翅 2.5 千克，鸡爪 1.8 千克，鸡胗 1 千克。现知鸡肉每千克 12 元，鸡腿每千克 16 元，鸡翅每千克 24 元，求鸡爪和鸡胗的成本。

鸡爪和鸡胗的总成本 = 640 -（36 × 12 + 6 × 16 + 2.5 × 24）= 52（元）

根据市场行情来判断鸡爪的单位成本为每公斤 15 元，则鸡胗的单位成本为每公斤 25 元。

（二）燃料成本的核算

餐饮业在经营中作为主要支出的燃料费用发生时，借记“主营业务成本”账户，贷记“原材料——××燃料”账户。

【做中学 6 - 25】 同仁餐馆本月使用液化石油天然气 2 吨，每吨 1 800 元，共计 3 600 元。

财会部门根据燃料使用凭据，编制会计分录如下：

借：主营业务成本——饮食成本	3 600	
贷：原材料——天然气		3 600

（三）餐饮业商品销售成本的核算

为方便顾客，餐饮业酒楼、餐馆大多附设“商品部”或“小卖部”，其业务经营属于商品零售性质，一般可采用进价金额核算法和售价金额核算法核算，具体核算方法在单元一中已经介绍，在此不再重述。

项目三　住宿经营业务的核算

任务一　住宿经营业务收入的核算

【任务描述】

分析客房业务收入的内容，掌握客房业务收入的确认，完成客房业务收入的会计核算工作任务。

【任务实施】

一、客房经营业务收入的内容

客房业务收入是指酒店向旅客提供房间住宿及相应的服务而取得的营业收入。客房是酒店、饭店的主要经营项目，客房业务收入在酒店、饭店的营业收入中占有很大比重。其业务收入主要包括以下四项内容：（1）长住客人收入，是指酒店将客房出租给租房期限在半年以上的长住客人而取得的房租收入。（2）团队收入，是指酒店将客房出租给由旅行社或某项活动的组织者，集体安排租房的团体客人而取得的房费收入。（3）散客收入，是指酒店将客房出租给个人外出旅游者、商务工作者等散客而取得的收入。（4）其他收入，是指向客人提供其他额外服务等的收入。

二、客房经营业务收入的确认

客房业务收入是通过出租客房而取得的收入。酒店应以旅客办妥入住房间登记手续，即以客房实际出租的时间，作为客房业务收入实现的入账时间。客房一经出租，不论房租收到与否，都作为已销售处理，确认相应的客房业务收入。

酒店客房的价格都有挂牌价，在确认收入时，应该以实际收取的客房收入作为确认收入的金额。由于旅店业务有淡旺季之分，往来的客人也有团队和个人之分，因此，实际收取的客房价格都是在挂牌价的基础上减去一定的折扣。客房实际出租的价格才是客房出租收入的入账金额。

客房租金收入通常按天数分时段计算，自旅客入住客房之日起，至次日中午 12 时止（会员可适当延长 1 ~ 2 小时），收取一天租金；至次日中午 12 时以后，傍晚 6 时以前止，加收半天租金；至次日傍晚 6 时以后，则加收一天租金。

三、客房经营业务收入的核算

客房业务的收款方式可以采用应收制、预收制和现收制三种方式。无论采用哪种方式收款，旅客住店，首先在总台登记“旅客住宿登记表”，第一联留存总台，第二联交服务员安排床位。客房收款方式不同，客房经营业务收入的核算也不尽相同。

1. 采用“应收制”结算的核算

应收制，即先住宿，后付款，是指客人入住酒店时，先不支付房费，待酒店为客人提供服务后，定期（如预订住店时间）或离店时再一次性向客人结清账款。财会部门每日根据总服务台结账组编制的“营业收入日报表”，按实际应收客房租金确认营业收入，借记“应收账款——客房欠款”账户，贷记“主营业务收入——客房收入”等账户。

【做中学 6 – 26】晋韵酒店采用先住店后结算的核算方式，2022 年 5 月 10 日，财会部门收到服务台结账组现金等有关结算单据及当日“营业收入日报表”如表 6 – 7 所示。

表 6－7

营业收入日报表

2022 年 5 月 10 日　　单位：元

营业收入					结欠房金		备注
项目	单人间	标准间	套房	合计			
房金	2 800	12 500	3 800	19 100	上日结欠	42 000	
加床					本日应收	20 040	
饮料	50	200	300	550	本日交付	19 800	
食品	30	260	100	390	其中：现金	13 500	
其他					信用卡签购单	2 300	
合计	2 880	12 960	4 200	20 040	支票	4 000	
出租客房间数：75 间					本日结欠	42 240	
空置客房间数：5 间					长款：	短款：	

收款人：王芳　　缴款人：李娜　　制表：张丽

（1）服务台结账组每日业务终了时，根据“营业日记簿”，编制“营业收入日报表”，连同收进现金和房金收据的存根一并送交财会部门入账。

（2）财会部门审核“营业收入日报表”，根据“营业收入”栏数额，编制会计分录如下：

借：应收账款——客房欠款　　20 040

　　贷：主营业务收入——客房收入　　18 905.66

　　　　应交税费——应交增值税（销项税额）　　1 134.34

（3）财会部门根据“营业收入日报表”中结欠房金栏的“本日交付”各项数额和进账单回单、签购单、计汇单回单和信用卡结算单（手续费率 1%），编制会计分录如下：

借：库存现金　　13 500

　　银行存款　　6 277

　　财务费用——手续费　　23

　　贷：应收账款——客房欠款　　19 800

2. 采用“预收制”结算的核算

预收制，即先收款、后住店，指酒店在为客人提供服务前，根据其准备住店的天数，预收部分或全部房费。根据客房“营业收入日报表”中属于客人每日应付房费部分确认当日营业收入并核销预收款，借记“预收账款”账户，贷记“主营业务收入”等账户。若客人已住满预订天数尚不离店时，应由其续付房费。

【做中学 6－27】若例【做中学 6－26】晋韵酒店客房收入采用先收款后住店的核算方式，2022 年 5 月 10 日财会部门收到前台交来“营业收入日报表”如表 6－8 所示、现金等有关结算单据。

表6-8　　营业收入日报表

2022年5月10日　　单位：元

营业收入					预收房金		备注
项目	单人间	标准间	套房	合计			
房金	2 800	12 500	3 800	19 100	上日结存	42 000	
加床					本日应收	20 040	
饮料	50	200	300	550	本日交付	19 800	
食品	30	260	100	390	其中：现金	13 500	
其他					信用卡签购单	2 300	
合计	2 880	12 960	4 200	20 040	支票	4 000	
出租客房间数：75间					本日结存	42 240	
空置客房间数：5间					长款：　短款：		

收款人：王芳　　缴款人：李娜　　制表：张丽

（1）服务台结账组每日业务终了时，根据“营业日记簿”，编制“营业收入日报表”，连同收进现金和房金收据的存根一并送交财会部门入账。

（2）财会部门审核“营业收入日报表”，根据“营业收入日报表”中预收房金栏的“本日交付”各项数额和进账单回单、签购单、计汇单回单（手续费率1%）和信用卡结算单，编制会计分录如下：

借：库存现金　　13 500
　　银行存款　　6 277
　　财务费用——手续费　　23
　　贷：预收账款——客房欠款　　19 800

（3）财会部门根据“营业收入日报表”中“营业收入”栏数额，编制会计分录如下：

借：预收账款——客房欠款　　20 040
　　贷：主营业务收入——客房收入　　18 905.66
　　　　应交税费——应交增值税（销项税额）　　1 134.34

上述两种核算方法手续烦琐，但能合理准确地反映当日（期）饭店的经营成果。

3. 采用“现收制”结算的核算

采用这种方式，财会部门根据总服务台结账组转来的客房“营业收入日报表”及现款作为饭店当日客房收入，借记“库存现金”或“银行存款”账户，贷记“主营业务收入”等账户。

【做中学6-28】若例【做中学6-26】晋韵酒店客房收入采用现收制的核算方式，2022年5月10日财会部门收到前台交来“营业收入日报表”如表6-9所示、现金等有关结算单据。

表 6－9

营业收入日报表

2022 年 5 月 10 日

单位：元

营业收入					实收房金		备注
项目	单人间	标准间	套房	合计			
房金	2 800	12 500	3 800	19 100	上日结存	42 000	
加床					本日实收	20 040	
饮料	50	200	300	550	其中：现金	13 500	
食品	30	260	100	390	信用卡签购单	2 300	
其他					支　票	4 240	
合计	2 880	12 960	4 200	20 040			
出租客房间数：75 间					本日结存	62 040	
空置客房间数：5 间					长款：　　短款：		

收款人：王芳　　　　缴款人：李娜　　　　制表：张丽

财会部门审核“营业收入日报表”，根据“营业收入日报表”中实收房金栏的“本日交付”各项数额和进账单回单、签购单、计汇单回单和信用卡结算单（手续费率 1%），编制会计分录如下：

借：库存现金　　13 500

　　银行存款　　6 517

　　财务费用——手续费　　23

　　贷：主营业务收入——客房收入　　18 905. 66

　　　　应交税费——应交增值税（销项税额）　　1 134. 34

任务二　住宿经营业务成本费用的核算

课件

【任务描述】

分析住宿经营业务成本费用的构成，完成住宿经营业务成本费用的会计核算工作任务。

【任务实施】

一、住宿经营业务成本费用的构成

酒店客房主要是向宾客提供设备齐全、服务优良、舒适安全的住宿环境，以便增加酒店的收入。与制造企业、商品流通企业最大的不同就在于其以客房作为商品。酒店在开办之初，在客房和相关服务设施上投资较大，在日常经营过程中，这部分投资是以折旧摊销的方式计入费用进行核算的。

酒店客房的主要费用项目有固定资产折旧、工作人员工资、物料消耗、服装费、修理费和电力、燃气费、燃油等能源消耗费。

二、住宿经营业务成本费用的核算

酒店通过出租客房得到收入，耗费物资较少，营业周期较短，各类经营业务间相互交叉，使得直接费用和间接费用不易划分。因此，其无法像制造企业、商品流通企业那样计算出准确的成本，企业往往采用简化核算的方式，把营业过程中的费用、成本支出作为“销售费用”处理。

1. 折旧费

每月月末，按照客房部门应实际分摊的折旧金额，借记“销售费用——客房——折旧费”账户，贷记“累计折旧”账户。

【做中学 6 – 29】 2022 年 5 月，晋韵酒店所有的房屋共计提折旧 300 000 元。其中，管理部门实际占用 10% 的面积，客房部实际占用 80% 面积，餐厅实际占用 10% 面积。财会部门计算各部门应分摊的折旧费用，编制“固定资产折旧费用表”（略），据以编制转账凭证，作会计分录如下：

管理部门应分摊的折旧费用 = 300 000 × 10% = 30 000（元）

客房部应分摊的折旧费用 = 300 000 × 80% = 240 000（元）

餐厅应摊的折旧费用 = 300 000 × 10% = 30 000（元）

借：管理费用　　30 000

　　销售费用——客房——折旧费　　240 000

　　　　　　——餐厅——折旧费　　30 000

　　贷：累计折旧　　300 000

2. 职工薪酬

目前大多数酒店职工薪酬采用工资加奖金的模式，也就是固定工资加当月经营情况确定的奖金。一般情况下，当月的职工奖金数额，只有在当月结束时，得到当月经营状况的数据以后才能确定。这就会给职工薪酬的会计核算带来困难，造成当月在记账时，无法准确知道当月的工资数额。

有些企业先预提工资，发放时，若预提的工资与实发工资存在差异，则进行调整，具体有两种调整方法可供选择。一种是差额调整法，即在月末按照实际应发工资总额与预提工资总额的差额进行调整，只作差额调整的会计处理；另一种是全额调整法，即在下月先用红字冲销上月预提的工资，待实际发放工资时，再按实际数进行账务处理。

【做中学 6 – 30】 2022 年 5 月末，晋韵酒店根据上月应发工资数预提本月客房工资总额 40 000 元，2022 年 6 月实发工资时，应发总额 43 000 元。其中，扣回病、事假工资 120 元，扣收职工违纪罚金 300 元，实发 42 580 元，与上月末预提数的差异 2 580 元。采用差额调整法核算。

（1）2022 年 5 月末，财会部门根据“预提工资表”，编制会计分录如下：

借：销售费用——客房——工资　　40 000

　　贷：应付职工薪酬——工资　　40 000

（2）2022 年 6 月，财会部门根据工资结算单，按应发工资总额与预提的差异调整，编制会计分录如下：

借：销售费用——客房——工资　　3 000
　　贷：应付职工薪酬——工资　　3 000

（3）2022 年 6 月，实际发放工资时，作会计分录如下：

借：应付职工薪酬——工资　　43 000
　　贷：销售费用——客房——工资（扣病、事假工资）　　120
　　　　营业外收入——罚款　　300
　　　　银行存款　　42 580

下月预提本月工资，如无大的变化，可按本月应发的应付工资 43 000 元计提。

【做中学 6 -31】有关资料见【做中学 6 -30】。采用全额调整法核算。

（1）2022 年 5 月末，财会部门根据上月应发工资数预提本月末工资，编制会计分录如下：

借：销售费用——客房——工资　　40 000
　　贷：应付职工薪酬——工资　　40 000

（2）2022 年 6 月，以红字冲销上月预提工资，编制会计分录如下：

借：销售费用——客房——工资　　[40 000]
　　贷：应付职工薪酬——工资　　[40 000]

（3）2022 年 6 月，财会部门实发工资时，根据支票存根，编制会计分录如下：

借：应付职工薪酬——工资　　43 000
　　贷：销售费用——客房——工资（扣病、事假工资）　　120
　　　　营业外收入——罚款　　300
　　　　银行存款　　42 580

（4）2022 年 6 月末，根据工资费用分配表，分配工资，编制会计分录如下：

借：销售费用——客房　　43 000
　　贷：应付职工薪酬——工资　　43 000

下月预提本月工资，如无大的变化，可按本月应发的应付工资 43 000 元计提。

3. 物料用品

物料用品一般包括一次性洗漱用品、常用的文具等，由于这些物料用品价值较低、使用周期很短，一般采用一次摊销法进行核算。

若平日使用量较大，需要一次性从仓库批量领取时，借记“原材料——物料用品——客房仓库”账户，贷记“原材料——物料用品——总仓库”账户；每天或每月根据客房消耗汇总表进行核销，借记“销售费用——客房——物料消耗”，贷记“原材料——物料用品——客房仓库”。

【做中学 6 -32】2022 年 5 月 10 日，晋韵酒店的客房部从公司总库领用物料用品一批，共计 5 000 元，当月实际发放各种物料用品 4 600 元，进行会计核算。

（1）5 月 10 日，财会部门根据仓库转来的物料用品领用调拨单，编制会计分录如下：

借：原材料——物料用品——客房仓库（一次性用品名称）　　5 000
　　贷：原材料——物料用品——总库（一次性用品名称）　　5 000

（2）5月31日，财会部门根据客房“一次性用品消耗报表”，编制会计分录如下：

借：销售费用——客房——物料消耗　　4 600

　　贷：原材料——物料用品——客房仓库（一次性用品名称）　　4 600

并根据客房月末的一次性用品盘点表，核对实物库存。

4. 服装费

购买服装时作为周转材料低值易耗品核算。领用时，一是按照五五摊销法进行核算，即在领用服装时先按50%价值计入有关费用，待服装报废时再将另外50%价值计入有关费用；二是直接列入“长期待摊费用”账户，按2~3年，分月进行摊销，记入各有关费用的“服装费”项目。

【做中学6-33】晋韵酒店2022年5月5日为客房部购入30套服装，每套300元，服装款已通过银行转付。5月8日服装全部发放到客房部，采用五五摊销法核算。

（1）5月5日，财会部门根据入库单、转账支票存根等原始单据，编制会计分录如下：

借：周转材料——低值易耗品——服装　　9 000

　　贷：银行存款　　9 000

（2）5月8日，发放服装，财会部门根据领料单，编制会计分录如下：

借：销售费用——客房部——低值易耗品摊销　　4 500

　　贷：周转材料——低值易耗品——服装　　4 500

（3）待未来服装报废时，财会部门根据报废单，编制会计分录如下：

借：销售费用——客房部——低值易耗品摊销　　4 500

　　贷：周转材料——低值易耗品——服装　　4 500

思考

若【做中学6-33】服装一经领用，便成为费用，在领用时直接列入“长期待摊费用”账户，按2年，分月进行摊销，记入各有关费用的“服装费”项目，又该如何核算呢？

5. 修理费和装修费

对于日常小修理费用，在发生时，直接列入有关费用核算。对于大修理费用，通过“长期待摊费用”账户核算，待装修完毕后，达到预定使用状态，在租赁期和装修使用年限孰短的期间内摊销。

【做中学6-34】晋韵酒店发生客房电视机修理费200元，总经理办公室电脑修理费300元，以现金支付。

财会部门根据修理部门提供的修理费发票等，编制会计分录如下：

借：销售费用——客房——修理费　　200

　　管理费用——修理费　　300

　　贷：库存现金　　500

【做中学6-35】2022年5月，晋韵酒店对客房进行全面装修，共发生工程费用总额600 000元。施工过程已陆续预付工程款500 000元，装修完毕后再支付余款。按照行业中酒店装修的使用周期，经研究决定按5年分月摊销。

（1）财会部门根据银行划款通知单，编制会计分录如下：

借：预付账款　　500 000

　　贷：银行存款　　500 000

（2）装修完毕，根据决算单和银行划款通知单支付剩余款，编制会计分录如下：

借：长期待摊费用　　600 000

　　贷：银行存款　　100 000

　　　　预付账款　　500 000

（3）根据长期待摊费用摊销表，编制会计分录如下：

借：销售费用——客房——修理费　　10 000

　　贷：长期待摊费用　　10 000

6. 能源消耗

酒店客房能源消耗主要是电力、燃气费、燃油费等，如中央空调、洗衣坊耗用的电费，锅炉耗用的燃气费、燃油费等，能源消耗很大。发生能源消耗时，借记“销售费用——电费或燃料费”账户，贷记“银行存款”账户。

项目四　其他服务业务的核算

任务一　洗染和修理经营业务的核算

课件

【任务描述】

分析洗染业务和修理业务的服务收款方式，完成洗染业务和修理业务收入和成本的会计核算工作任务。

【任务实施】

一、洗染业务的核算

洗染业是从事服装、被褥、纺织品的洗烫、染色、织补、干洗、印字、去渍等业务的服务行业。服务对象既包括居民个人，也包括企业、机关、团体等单位。由于服务项目种类繁杂，数量又多，为完善管理，防止差错，必须建立严格的收发、核对制度。

（一）洗染业务收入的核算

洗染业务营业收款一般采取先服务后收费方式，有时也采取收活时同时收费方式。

无论采用哪种收费方式，当收到顾客送来衣物，先由营业员对衣物完好程度和数量进行检查并填制一式三联的“取衣凭单”，详细列明衣物名称、质料和颜色、件数、洗染收费金额、取衣日期、顾客姓名等。一联由顾客留存，凭其取衣，一联由门市部存根，作为登记“洗染营业日记簿”的依据。“营业日记簿”如表6－10所示，是由营业员根据“取衣凭单”存根逐笔序时登记，计算出逐日营业额和累计营业额的簿籍。依据它可以检查到期衣服是否完工，记载取件及收款日期，并作为月终盘点衣物的主要证据，一联随衣物在各工作环节传递。

表6－10 营业日记簿

2022年5月3日 金额单位：元

月	日	顾客	单号	品名	数量（件）	加工种类					金额	取衣时间
						干洗	水洗	织补	上光	其他		
5	3		200203001	皮夹克	1	30			50		80	5月10日
			200203002	毛毯	1	120					120	5月8日
			200203003	呢子大衣	1	60		10			70	5月10日
本日数量					3	210		10	50		270	

每日营业终了，营业员根据营业日记簿、“取衣凭单”存根和收回的取衣凭证，编制“营业收入日报表”一式两联，一联留底，一联连同现金送财会部门，财会部门区别收款方式进行账务处理。

1. 采用先服务后收费的方式

财会部门根据“营业收入日报表”中的“今日收入”数额（即当日开出洗衣单的金额）计算当日的主营业务收入和应收账款的数额，借记“应收账款”账户，贷记“主营业务收入”等账户，涉及增值税的从其规定；按“本日交款”数额（即当日收回客欠的数额），借记“现金”或“银行存款”账户，贷记“应收账款”账户。

2. 采用收活同时收费的方式

财会部门根据本日实收的现款，借记“现金”或“银行存款”账户，贷记“主营业务收入”等账户。

洗染业有时由于管理上和技术操作上的缺点，发生衣物损坏或差错，需要作减免收费的或作价赔偿的，应在收衣凭单上注明原因，请顾客签字证明。需要减免收费的由负责人审批签字后，在当日“营业收入日报表”抵减当天收入数，需要作价赔偿的，应由负责人签字后列入“营业外支出”账户。

【做中学6－36】2022年5月20日，洗衣店营业员将本日“营业收入日报表”如表6－11所示，连同现金一并送交财务部。假设当日全部为现金结算。

表 6－11 营业收入日报表

2022 年 5 月 20 日 金额单位：元

项目	本日发生		本月累计		备注
	件数（件）	金额	件数（件）	金额	
营业收入合计	308	7 580	911	23 400	
其中：干洗	180	3 680	456	12 450	
水洗	85	3 250	320	8 250	
熨烫	40	350	120	1 250	
皮衣保养	3	300	15	1 450	
其他					
收回金额		7 580		46 800	

财务部门根据“营业收入日报表”和交来的现金，编制会计分录如下：

借：库存现金 7 580

贷：主营业务收入 7 151

应交税费——应交增值税（销项税额） 429

（二）洗染业务成本的核算

洗染业的原材料主要有染料、助染药剂，各种洗涤剂和织补材料等。原材料的购进业务和生产领用以及主营业务成本的核算与前餐饮业原材料购进、领用的核算基本相同。

二、修理经营业务的核算

修理业是修理人员应用设备、工具和材料，以一定的技艺技巧从事修复、整新家用电器、钟表、眼镜、相机、文体用品以及自行车、助动车修理等行业。修理业起到了延长物品使用寿命、节约社会财富的作用。

（一）修理业务收入的核算

修理业的服务收款方式一般有：先服务后收款方式、先收款后服务方式、上门修理收款方式、立等可取服务收款方式等。由于收款方式不同，其核算方法也有所不同。

1. 先服务后收款方式

这种修理业务一般先承接，在接件时，了解顾客修理要求，告以修理估价数。顾客同意修理后，开具一式三联修理单，第一联交顾客取件，第二联随货交修理间，第三联留底。物件修好后，根据修理单所配零件加价成本（所谓加价成本即成本加上一定毛利）加上修理工费，即能定出修理费总价。在顾客取件时，营业员根据修理总价填制发票，随后收款发货。在每天营业终了，收款员编制收款日报表连同现金送交财会部门入账。

2. 先收款后服务方式

顾客送交修理物品时，营业员根据顾客修理要求，确定修理金额，然后开具一式四联修理单，第一联交顾客取货，第二联连同修理物件交修理间，第三联作报账用，第四联留底。其营业结报手续与先修理后收款方式相同。

3. 上门修理收款方式

对某些笨重、搬运不便的物件，如冰箱、复印机、洗衣机等；或需上门修理的，如修开门锁等。在接待顾客或接到电话时要问清情况，填写上门修理证，一式两份，一份留底，另一份交修理工上门修理。修理工上门修理完毕后，根据修理配料、修理工时、往返路程等在一式两份修理发票上填写修理金额，一联交顾客，另一联连同所收现金交收款员。收款员在当日营业终了后，汇集外修修理发票及现金填制“营业收入日报表”。财会部门根据报来的“营业收入日报表”与交来的现金核对无误后，借记“库存现金”账户，贷记“主营业务收入”等账户。

4. 立等可取服务收款方式

某些修理工费很少，修理物件立等可取当场收费的，如金银饰品、拉链、打火机、配钥匙等。这种业务方式，营业员接件时，先要洽谈修理价格，再交修理工修理，修理工修好后，填写修理收款单。每日营业终了，营业员汇总所有修理工当日修理金额，填制一式两份“营业收入日报表”，一份营业员保存，另一份连同现金交财会部门。

【做中学 6－37】三友电器修理行，实行先服务后收款方式。2022 年 5 月 3 日，为客户修理的电视机完工，经检验合格，应收电视机修理收入 424 元。5 月 5 日，客户领取修好的电视机，收入现金 424 元。

（1）财会部门根据修理发票，编制会计分录如下：

借：应收账款	424	
贷：主营业务收入		400
应交税费——应交增值税（销项税额）		24

（2）财会部门收到现金，编制会计分录如下：

借：库存现金	424	
贷：应收账款		424

【做中学 6－38】新业修理行从事修理铝锅、雨伞等业务，实行先收款后修理服务方式。2022 年 5 月 5 日收取顾客预交高压锅修理款 50 元，5 月 6 日客户领取修好的高压锅，需补收 3 元修理款。

（1）5 月 5 日，收取顾客预交高压锅修理款时，编制会计分录如下：

借：库存现金	50	
贷：应收账款		50

（2）5 月 6 日，客户领取修好的高压锅，需补收 3 元修理款时，编制会计分录如下：

借：库存现金	3	
应收账款	50	
贷：主营业务收入		50
应交税费——应交增值税（销项税额）		3

（二）修理业务成本的核算

修理业的成本只核算修理过程中耗用的零配件和修理材料。

修理业发生的成本通过“主营业务成本”账户核算。通常在月末根据原材料或配件领料单汇总编制“耗用原材料汇总表”，核算修理业成本。

任务二 美容美发和洗浴经营业务的核算

课件

【任务描述】

分析美容美发和洗浴业务的服务收款方式，完成美容美发和洗浴业务收入的会计核算工作任务。

【任务实施】

一、美容美发业务的核算

（一）美容美发业务的核算内容

美容美发业务是指通过服务人员使用美容美发设备工具，为满足消费者美容美发需要而收取一定费用的业务。其服务项目主要有脸部护理、纹眼线、纹眉、修指甲、剪发、修面、吹风、烫发、焗油、按摩等。

美容美发业务的核算与前述客房业务核算一样，只核算收入和期间费用，不核算成本。

美容美发收入的内容包括：男发收入、女发收入、美容收入、按摩收入和其他收入等。

（二）美容美发业务的核算

美容美发业务有三种收费方式：先收款后服务；先预缴费用，消费时扣减金额；先服务后收款。收费方式不同，其收入的核算也有所差异。

1. 先收款后服务方式

一般大、中型的美容美发厅均设有统一收款台，由收款员专门负责收款。顾客来美容美发时，先到收款台按自己要求服务的项目交款，收款员收款后，发给小票（小牌），顾客凭票（牌）顺序美容美发，也可按顾客意愿挑选服务人员进行美容美发。营业终了，收款员收到的现金与各服务人员收到的票（牌）核对无误后填制“营业收入日报表”。营业收入日报表一般一式两份，一份留底，另一份连同现金送交财会部门入账。

2. 预缴费用方式

很多美容美发企业为了及时收回投资，会发行消费卡，持卡的客户先预缴一定款项，每次消费时，从其消费卡中减去相应的消费金额即可。由于持有消费卡的客户一般可以享受较大幅度的折扣，发卡的单位又可以及时收回投资，因此，这种结算方式发展很迅速。采用这种收款方式，售出消费卡时，借记“库存现金”账户，贷记“预收账款——消费卡”账户；当顾客消费之后，按照实际应该收取的款项，借记“预收账款——消费卡”账户，贷记“主营业务收入”等账户。

3. 先服务后收款方式

服务人员先为顾客提供服务，服务结束后收取费用。在收费后应及时登记“营业收入台账”，分别登记每一服务人员服务项目的收费数。每日营业终了，由专人负责根据台账统计每一服务人员服务的人次及收入金额，经与现金核对无误后，填制“营业收入日报表”。

无论采用哪种收款方式，财务部门根据营业部门交来的“营业收入日报表”中记录的“当日营业收入合计”确认当天的主营业务收入。

【做中学 6－39】2022 年 5 月 10 日，芳芳美容美发厅前台向财务部交来现金和“营业收入日报表”如表 6－12 所示，当天的营业收入中，收取现金 9 880 元。消费卡刷卡 1 790 元（其中美容部 1 090 元）。

财会部门根据收款员报来“营业收入日报表”中现金数和消费卡记录，编制会计分录如下：

借：库存现金	9 880	
预收账款——消费卡	1 790	
贷：主营业务收入——美容部收入		4 811
——理发部收入		6 198
应交税费——应交增值税（销项税额）		661

表 6－12

营业收入日报表

2022 年 5 月 10 日　　　　金额单位：元

项　　目	服务人数（人）	单价（元/人）	金额	备注
一、美容部收入			5 100	
其中：面部护理	45	80	3 600	
纹眼线	2	200	400	
修指甲	20	30	600	
按摩			500	
其他				
二、理发部收入			6 570	
其中：剪发			2 300	
吹风			380	
染发			1 800	
焗油			1 290	
其他			800	
当日营业收入合计			11 670	
收取现金：9 880	消费卡：1 790（其中美容部 1 090）			

二、洗浴经营业务的核算

（一）洗浴经营业务的核算内容

洗浴业是服务行业的重要组成部分。作为向顾客提供洗浴设备和进行服务的行业，其业务经营具有一定综合性，既包括传统的搓澡、修脚服务项目，也开展蒸汽浴、桑拿浴、药物浴、脉冲浴、芳香浴等健身业务，有的洗浴业兼营住宿、美容美发、洗衣、出售蒸馏水、附设小卖部等业务。

洗浴业务的核算与前述美容美发业务核算一样，只核算收入和期间费用，不核算成本。

（二）洗浴经营业务的核算

洗浴业收款方式有直接售票收款服务和预售浴券、凭票服务。收款方式不同，其核算也有所差异。

1. 直接售票收款服务方式

企业设售票处，顾客直接到售票处购买票券（或筹码）交给服务员。每日营业终了，由收款员将实收现金（也包括部分预售票券）与售出小票进行核对，无误后编制“营业收入日报表”，连同现金、票券一并送交财会部门，经审核无误编制收款凭证。借记“库存现金（或银行存款）”账户，贷记“主营业务收入”等账户。

2. 预售浴券、凭票服务方式

浴券是洗浴主管部门发售的专用票券，一般由各单位购买并发给本单位职工，在规定经营地区范围内的各洗浴中心通用。洗浴中心定期与发行单位结算浴券款，收取一定手续费或参与分红。企业因提供洗浴等多种服务而收入的浴券，作营业收入处理，同时记入结算账户。

财会部门根据收款员报来“营业收入日报表”中“现金数”（或银行存款送款簿回单），借记“库存现金（或银行存款）”账户，按照日报表中列明的票数，借记“应收账款”账户，按当日营业额合计数，贷记“主营业务收入”等账户。

【做中学 6－40】2022 年 5 月 20 日，大东海洗浴中心前台向公司财务部交来“营业收入日报表”如表 6－13 所示。假设当日全部为现金结算。

表 6－13 营业收入日报表

2022 年 5 月 20 日　　金额单位：元

项目	服务人次（次）	单价（元/次）	金额	备注
一、洗浴收入			7 000	
（一）男部			4 000	
洗浴	150	20	3 000	
搓澡	50	20	1 000	
（二）女部			3 000	
洗浴	100	20	2 000	

续表

项目	服务人次（次）	单价（元/次）	金额	备注
搓澡	50	20	1 000	
二、大厅收入			3 500	
其中：休息	200	10	2 000	
香烟			800	
饮料			500	
茶水			200	
三、按摩收入			7 000	
其中：足部按摩	80	50	4 000	
全身按摩	50	60	3 000	
当日营业收入合计			17 500	

财会部门根据前台报来“营业收入日报表”和交来的现金，编制会计分录如下：

借：库存现金　　17 500

　　贷：主营业务收入——洗浴收入　　6 604

　　　　　　　　　　——大厅收入　　3 302

　　　　　　　　　　——按摩收入　　6 604

　　　　应交税费——应交增值税（销项税额）　　990

单元小结

旅游餐饮服务企业与工商企业生产经营活动的内容不同，其核算内容、方法上也必然存在差异。旅游餐饮服务企业经营特点主要是以服务为中心，辅之以产品生产与流通，直接为消费者服务。这些特点又决定了旅游餐饮服务企业会计核算的特点：核算内容具有多样性，核算方法具有综合性，成本核算具有特殊性，货币核算具有涉外性，定价方式具有变动性等特点。

旅游业的营业收入是旅行社按照规定的旅游服务收费标准，在一定时期内提供各种劳务的全部收入，包括综合服务收入、组团外联服务收入、零星服务收入、劳务收入、票务收入、地游及加项收入和其他服务收入。由于组团业务与接团业务内容不尽相同，因而其具体的营业收入核算方法也不完全相同。旅游业的营业成本是旅行社在接待旅行团体（者）为其提供各项服务过程中所发生的各种直接支出，包括组团外联成本、综合服务成本、零星服务成本、劳务成本、票务成本、地游及加项成本和其他业务成本。组团社和接团社的收入和费用有着紧密的联系，组团社的拨付成本就是接团社的营业收入。提供旅游服务的一般纳税人或小规模纳税人，可以选用全额计税或差额计税的方法计征增值税。一般纳税人建议关注取得的支付给其他单位或者个人可扣除成本等旅游费用增值税专用发票的比例，进行比较后谨慎选择。小规模纳税人通常选择差额征税比较有利。

餐饮收入是饭店为宾客提供饮食、酒席、宴会等而取得的收入。餐饮产品的销售方式不同，其收入的核算也不尽相同。餐饮制品成本主要核算生产饮食制品所耗用的原材料成本，包括制作餐饮制品的主料、配料和调料三大类。一般按餐饮产品全部或大类计算，其总成本的计算与结转可分别采用“永续盘存法”和“实地盘存法”两种方法。

客房是酒店、饭店的主要经营项目，客房收入在酒店的营业收入中占有很大比重，客房业务的收款方式主要有应收制、预收制和现收制三种方式。酒店客房的主要费用项目有固定资产折旧、工作人员工资、物料消耗、服装费、修理费和动力、燃气、燃油能源消耗费等。

其他服务业务主要涉及洗染、修理、美容美发和洗浴业等。由于服务业服务项目种类繁杂，数量又多，服务方式灵活，所以会计核算有所差异。

【业务训练】

答案

训练一

【资料】A、B 两家旅行社均为一般纳税人，其间发生的业务往来资料如下：

（1）2022 年 5 月 1 日，A 旅行社（组团社）组织国内旅游者 30 人，包价去某地旅游，收取服务费 63 600 元，记入“综合服务收入”账户。

（2）2022 年 5 月 8 日，A 旅行社拨付给 B 旅行社（接团社）综合服务费 42 400 元，B 旅行社在组织旅游中，支付城市间交通费 2 120 元、房费 12 720 元、餐费 5 300 元、专项附加费 1 060 元。

要求：根据资料，编制组团社、接团社取得收入、结转成本的会计处理。

训练二

【资料】晋韵酒店为一般纳税人实行先住店后结算方式，“营业收入日报表”资料如表 6－14 所示。

表 6－14　营业收入日报表

2022 年 5 月 5 日　　单位：元

营业收入					结欠房金		备注
项目	单人间	标准间	套房	合计			
房金	1 800	11 500	1 800	15 100	上日结欠	38 000	
加床					本日应收	15 900	
饮料	50	150	200	400	本日交付	18 800	
食品	50	230	120	400	其中：现金	12 500	
其他					信用卡签购单	1 500	
合计	1 900	11 880	2 120	15 900	支票	4 800	
出租客房间数：72 间					本月结欠	35 100	
空置客房间数：8 间					长款：	短款：	

收款人：王芳　　缴款人：李娜　　制表：张丽

（1）根据“营业收入日报表”中“营业收入”栏的数额入账。

（2）信用卡结算手续费率为1%，根据“营业收入日报表”中结欠房金栏的“本日交付”各项目的数额入账。

要求：编制会计分录。

训练三

【资料】晋韵酒楼2022年5月期初原材料结存情况为：仓库结存粮食类原材料9 050元，其中：大米800千克，每千克6元；精白面粉850千克，每千克5元；干货类原材料20 000元；其他类原材料9 000元。厨房有副食类的原材料共计15 000元，其他类原材料800元。购入农产品可按收购价的9%扣除率计算增值税进项税额抵扣。5月份发生下列经济业务：

（1）2日，向华联货店购进木耳200千克，每千克50元，开出转账支票一张，结清货款，木耳已验收入库。

（2）6日，向长青副食品公司购进猪肉500千克，每千克20元；肉鸡150千克，每千克15元。上述猪肉及肉鸡已由厨房验收，货款当即以3个月到期的商业汇票付讫。

（3）9日，向东港水产公司购进条虾100千克，每千克58元；虾仁50千克，每千克70元，条虾和虾仁已由厨房验收，货款签发转账支票付讫。

（4）13日，向东湖调味品厂购进味精、鲜辣粉等调味品一批，共计2 000元，调味品已验收入库，货款以转账支票付讫。

（5）16日，向来福粮店购进大米1 000千克，每千克5.8元；精白面粉1 200千克，每千克4.8元。大米和精白面粉已验收入库，货款以转账支票付讫。

（6）28日，仓库经过盘点，结存粮食类原材料8 240元。其中：大米800千克，每千克5.8元；精白面粉750千克，每千克4.8元；干货类原材料15 800元；其他类原材料6 500元。厨房经过盘点，结存副食品类原材料13 500元，其他类原材料300元，结转耗用原材料成本。

要求：编制会计分录。

训练四

【资料】晋韵饭店为增值税一般纳税人，增值税税率6%。有客房部、餐饮部、洗染部和康乐中心四个营业部门。餐饮部实行领料制。2022年5月发生下列经济业务：

（1）3日，客房部领用物料用品830元。

（2）10日，晋韵饭店月末计算应付职工薪酬。工资及福利费分配汇总表中列出：公司管理人员工资25 600元，职工福利费3 584元；客房部人员工资13 800元，职工福利费1 932元；餐饮部人员工资25 900元，职工福利费3 626元。

（3）15日，餐饮部发售一次性使用餐券5 000元，收回4 600元。

（4）18日，康乐中心当日的营业额为1 270元。假设该饭店的康乐中心是凭卡消费，事后定期结算。财务部门根据康乐中心的“营业日报表”做账。

（5）20日，餐饮部接受预订宴席，为客人提供婚宴服务等各种宴会，当日收入总额为82 200元，其中餐费收入45 000元，各类酒、饮料等的收入35 200元，主持婚礼等的服务收入 2 000 元。顾客交来现金 8 000 元，使用长城卡结算 74 200 元，银行手续费为 1%。

（6）20 日，餐饮部汇总的中旬“领料单”表明，本旬领料情况为：大米 3 500 元，面粉 3 900 元，鱼肉 46 800 元，蔬菜 5 800 元，调料等 1 800 元，干海参等干菜类 16 500 元。

（7）22 日，财务部门收到洗染部交来的现金及“营业日报表”。其中，接活 60 件，应收洗染费 1 200 元；交活 51 件，收到现金 1 020 元。

要求：根据以上资料，编制相关会计分录。

单元七

农业企业会计

学习目标

- 了解农业企业经营特点和会计核算特点
- 掌握生物资产的核算方法和技能
- 掌握农产品的核算方法和技能
- 掌握农业收入的核算方法和技能
- 掌握农业生产成本的计算方法和技能
- 树立生态文明和智慧农业的发展理念
- 培养自信自强和艰苦卓绝的奋斗精神

德技并修园地

智慧农业——农业发展的未来之路

智慧农业，也可称为农业智慧化，是经由数字农业、精准农业等名词逐渐演化而来。传统农业中的生产要素包括土地、动植物、生产工具，智慧则意味着把数据、系统、智能装备这些要素融入进去。因此，智慧农业是现代科技尤其是信息技术与传统农业深度融合形成的数字化农业方式。它是现代农业的高级形式，也是农业信息化发展的高级阶段，数字化、集成化、智能化是其最主要的特征。智慧农业依托的是现代信息技术和先进装备条件，在生产过程中寻求的是精准感知、智能控制、智慧管理，追求的是更高的资源利用率、更高的劳动生产率、更好的农业从业体验感，以及农产品附加值的更高提升。按领域来划分，智慧农业囊括智慧种植、智慧养殖、智慧加工等多个生产类型。按照应用场景则体现在智慧温室、智慧农场、智慧养殖场、智慧牧场等多场所类别。

智慧农业生产体系首先依赖于物联网感知技术，这一技术实现的前提是现代农业设施的搭建，包括智能控制设施和感知设施。以温室场景为例，电动遮阳系统、电动顶开窗、风机、湿帘、补光系统、灌溉系统等统称为温室的智能控制设施。温室感知系统则包括自动摄像头和传感器等多种数字触角。摄像头负责拍照，不同种类的传感器对温室内各种环境要素进行检测，配置的传感器包括二氧化碳传感器、温湿度传感器、光照传感器、水质传感器、植物生理数据传感器等。在大田种植中，还配置气象站，实时监测小气候环境中的光照、风速、降雨量、大气压力、土壤水分、昼夜温差等参数。此外，接入大田种植物联网的感知设施还有无人机、搭载传感器、数码相机、多光谱相机、高光谱相机、热成像仪、激光雷达等，利用遥感技术，收集农田作物长势、病虫草害、生长环境等农情信息，以实施精准施药或精准撒播。

除了物联网感知技术，智能装备技术也是智慧农业发展的关键。智能装备属于智能控制设施单元，它融合AI、5G、边缘计算、新型人机交互等新技术，也在推动着农业转型升级。以农业机器人为例，主要有除草机器人、施肥机器人、育苗机器人、授粉机器人、捕捞机器人、挤奶机器人、采摘机器人、喷药机器人、包装机器人等。相较于传统工业机器人，农业机器人属于特种机器人，具有作业环境复杂、作业对象特殊等应用特征，融合人工智能技术，将不断向智能化、高效率、高安全、高灵活度方向升级。

此外，智慧农业以新技术为基础，以跨界融合为方向，不断延伸着农业的产业链条，实现农业生产全过程的数字化，包括农业生产经营主体数字化管理、农产品加工信息化、农产品电子商务、农产品仓储数字化、农产品质量安全数字化等。

资料来源：人民融媒体.2022-08-17（原文：智慧农业——农业发展的未来之路）.

【启示】中国是一个农业大国，发展高效、安全的现代生态农业是中国农业现代化建设的目标，智慧农业是农业现代化发展的趋势，是农业信息化发展的高级阶段。随着新一代信息技术的飞速发展，数字经济正加速重构经济发展模式，成为带动经济增长并引领产业转型的新引擎。在数字经济的带动下，互联网、大数据、物联网等数字技术与实体经济深度融合，为数字农业的发展创造了机遇。

智慧农业的前进方向是数字农业。数字技术将信息作为农业生产要素，用现代信息技术对农业对象、环境和全过程进行可视化表达、数字化设计、信息化管理，使信息技术与农业各个环节实现有效融合，对改造传统农业、转变农业生产方式具有重要意义。通过建设数字乡村，进一步提高农业生产的管理技术和运营技术，农民将会获得更多幸福感。

【单元导读】

一、农业企业经营特点

农业企业是指在一定的地点，集合劳力、土地、设备、资金等生产要素，从事农、林、牧、副、渔业等生产经营活动，具有较高的商品率，实行自主经营、独立经济核算，具有法人资格的盈利性的经济组织。广义的农业包括种植业、畜牧养殖业、林业和水产业各业，狭义的农业主要指种植业。种植业包括大田作物栽培和蔬菜栽培等，其产品的种类非常多，主要产品为小麦、水稻、大豆、玉米、棉花、糖料、烟叶、草、剑麻纤维等。农业企业与其他行业比较，生产经营特点主要表现在如下四个方面。

（一）生产周期长，季节性和地域性强

这是因为受生物的生长繁育规律和自然条件的制约，且劳动时间与生产时间不一致。农业生产的产品是有生命的，是动植物，是生产农业经济再生产和自然再生产相结合的结果。

（二）土地是农业企业不可替代的生产资料

在工业企业，土地只是生产操作的空间，而在农业企业，农作物和畜禽必须依靠土地才能生长繁殖。

（三）劳动资料、劳动对象和劳动产品可以相互转化

产品的一部分属于国民经济所需要的粮食和工业原料，要作为商品产品出售；另一部分，要留作下年的生产资料种子、饲料、口粮和工业用原料，或分配给成员消费。转作劳动对象的产品不经过销售阶段，直接由产品资金形态转化为储备资金形态。另外，农业企业的劳动对象是有生命的动物和植物，劳动资料、劳动对象和劳动产品存在相互

转化的情况。例如，幼畜可以转化为育肥畜，育肥畜可以转化为产畜，产畜被淘汰又可以转化为育肥畜。

（四）实行双层经营体制

家庭农场既是企业的承包经营单位，又是自主经营的经济实体。农业企业的生产经营过程与家庭农场的经济活动之间存在着统中有分、分中有统、统分结合、互相依存的关系。

二、农业企业会计核算特点

（一）核算内容的多样性

农业企业经营，往往涉及农、林、牧、副、渔等多种行业。这要求会计核算既要满足企业综合管理的需要，又适应多种行业生产经营的特点。

（二）成本核算的阶段性

成本计算期受自然规律制约，成本核算具有阶段性。这是由农业的生产周期受自然规律制约所决定的。产品的产出受季节性影响较大，成本计算应在产品产出月份或按年、按季进行。同时在核算其生产费用时，不仅要核算各成本计算对象的生产费用和成本，还要核算其生产的动态情况，提供各种动、植物各个不同阶段的生长、增值、增重、增产等情况。

（三）会计业务的特殊性

农业企业生产的产品是有生命的动物和植物，其劳动资料、劳动对象和劳动产品之间可以相互转化，如畜牧业生产的幼畜可以转化为育肥畜，育肥畜可以转化为产畜，产畜被淘汰又可以转化为育肥畜等。所以，在会计核算中需要严格划清它们之间的界限，做出相应的会计处理。

（四）核算体制的复杂性

农业企业实行多种经营与双层经营体制，如国有农场有场部、分场、生产队多个层次，还普遍建立了专业性服务组织和职工家庭农场；农民专业合作社在普遍推行农户联产承包的同时，也相应建立了统一经营的生产和服务组织；乡镇企业的体制更是复杂多样。除农业企业必须设账外，各承包单位也要各自记账，在核算上形成多个层次。因此，农业企业会计核算主体较多，一般实行分散的多层次的会计核算体制。

三、农业企业会计核算的主要内容和单元项目工作任务

（一）农业企业会计核算的主要内容

从会计业务方面比较农业企业与制造业的不同，总结农业企业会计核算的主要内容见表7－1。

表7－1　　农业企业与制造业会计不同业务比较表

项目	内容	农业企业	制造业
资产	存货	农产品、消耗性生物资产	产成品、在产品
	生物资产	消耗性生物资产、生产性生物资产和公益性生物资产	无
费用	制造成本组成	直接材料、直接人工、机械作业费、其他直接费和制造费用	直接材料、直接人工和制造费用
收入	主营业务	销售农产品、生物资产	销售商品、提供工业性劳务

（二）农业企业单元项目工作任务

农业企业单元项目和工作任务如图7－1所示。

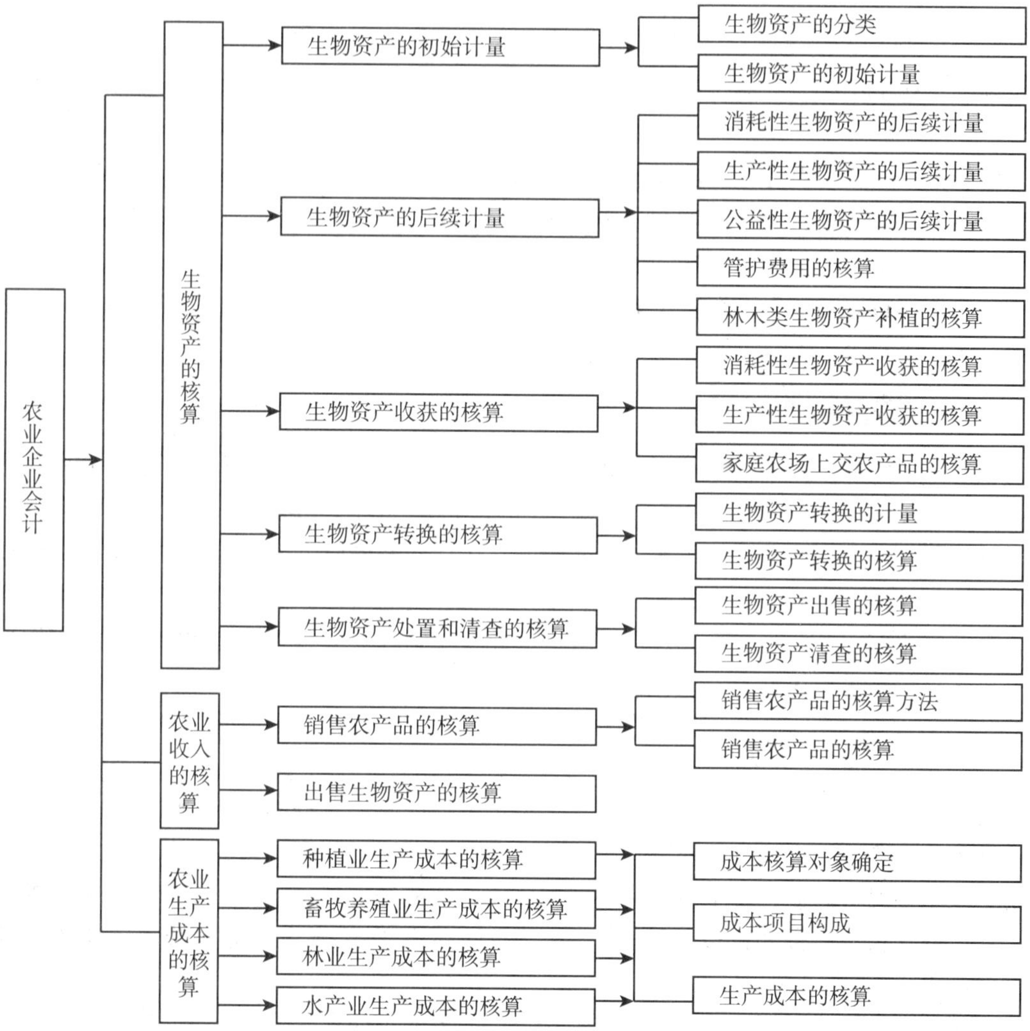

图7－1　农业企业单元项目和工作任务

项目一　生物资产的核算

任务一　生物资产的初始计量

课件

【任务描述】

熟悉生物资产的分类，掌握消耗性生物资产、生产性生物资产和公益性生物资产的初始计量和会计处理。

【任务实施】

一、生物资产的分类

生物资产是指与农业生产相关的、有生命的（即活的）动物和植物。如企业种植的农作物、果树、橡胶树；养殖的奶牛、养殖的鱼、养殖的蛋鸡和肉鸡；企业营造的消耗性林木等。

生物资产按照其在生产经营中的作用分为消耗性生物资产、生产性生物资产和公益性生物资产三大类。

（一）消耗性生物资产

消耗性生物资产，是指为出售而持有的、或在将来收获为农产品的生物资产。消耗性生物资产是有生命的劳动对象，包括生长中的大田作物、蔬菜、用材林以及存栏待售的牲畜等。如种植业的玉米和小麦等庄稼、林业中的长成后准备做原木的树木、畜牧养殖业中存栏待售的牲畜和准备用来生产肉品的牲畜、水产业中养殖的鱼等。消耗性生物资产通常是一次性消耗并终止其服务能力或未来经济利益，因此在一定程度上具有存货的特征，应当作为存货在资产负债表中列报。

（二）生产性生物资产

生产性生物资产，是指为产出农产品、提供劳务或出租等目的而持有的生物资产。生产性生物资产具备自我生长性，能够在持续的基础上予以消耗并在未来的一段时间内保持其服务能力或未来经济利益，属于有生命的劳动手段，包括经济林、薪炭林、产畜和役畜等。例如，产奶的牲畜、产畜和役畜、种畜、葡萄树、果树、保留树干但收获柴薪的树木、母树林、剑麻等。

与消耗性生物资产相比较，生产性生物资产的最大不同在于其持有的目的。生产性生物资产具有能够在生产经营中长期、反复使用，从而不断产出农产品或者是长期使用的特征。

消耗性生物资产收获农产品之后，该资产就不复存在；而生产性生物资产产出农产品之后，该资产仍然保留，并可以在未来期间继续产出农产品。因此，通常认为生产性生物资产在一定程度上具有固定资产的特征。例如果树每年产出水果，奶牛每年产奶等。

一般而言，生产性生物资产通常需要生长到一定阶段才开始具备生产的能力。根据其是否具备生产能力（即是否达到预定生产经营目的），可以对生产性生物资产进行进一步的划分。所谓达到预定生产经营目的，是指生产性生物资产进入正常生产期，可以多年连续稳定产出农产品、提供劳务或出租。由此，生产性生物资产可以划分为未成熟和成熟两类：

（1）未成熟生产性生物资产，是指尚未达到预定生产经营目的、还不能够多年连续稳定产出农产品、提供劳务或出租的生产性生物资产。如尚未开始挂果的果树、未开始产奶的奶牛等。

（2）成熟生产性生物资产，是指已经达到预定生产经营目的的生产性生物资产。例如海南橡胶园，同林段内，离地100厘米处，树围50厘米以上的芽接胶树，占林段总株树的50%以上时，该橡胶园就属于成熟生产性生物资产。

（三）公益性生物资产

公益性生物资产，是指以防护、环境保护为主要目的的生物资产，包括防风固沙林、水土保持林和水源涵养林等。

公益性生物资产与消耗性生物资产、生产性生物资产有本质不同。后两者的目的是直接给企业带来经济利益，而公益性生物资产主要是出于防护、环境保护等目的，尽管其不能直接给企业带来经济利益，但具有服务潜能，有助于企业从相关资产获得经济利益，如防风固沙林和水土保持林能带来防风固沙、保持水土的效能，风景林具有美化环境、休息游览的效能等，因此应当确认为生物资产，并且应当单独核算。

二、生物资产的初始计量

生物资产应当按照成本进行初始计量。初始成本的构成取决于生物资产形成的方式渠道。

设置“消耗性生物资产”账户，核算企业持有的消耗性生物资产的实际成本，借方登记消耗性生物资产的增加金额，贷方登记消耗性生物资产的减少金额，期末借方余额反映企业消耗性生物资产的实际成本。本账户按照消耗性生物资产的种类、群别等进行明细核算。

设置“生产性生物资产”账户，核算企业持有的生产性生物资产原价，借方登记生产性生物资产的增加金额，贷方登记生产性生物资产的减少金额，期末借方余额反映企业生产性生物资产的原价。本账户可按“未成熟生产性生物资产”和“成熟生产性生物资产”设置二级账户，再分别按照生物资产的种类、群别等进行明细核算。

设置“公益性生物资产”账户，核算企业持有的公益性生物资产的实际成本，借方登记公益性生物资产的增加金额，贷方登记公益性生物资产的减少金额，期末借方余额反映企业公益性生物资产的实际成本。本账户可按公益性生物资产的种类或项目进行明细核算。

设置“农业生产成本”账户，核算企业在生产各种农产品过程中发生的各项生产费用。

（一）外购的生物资产

无论是消耗性生物资产、生产性生物资产还是公益性生物资产，外购的生物资产的成本包括购买价款、相关税费、运输费、保险费以及可直接归属于购买该资产的其他支出。其中，可直接归属于购买该资产的其他支出包括场地整理费、装卸费、栽植费、专业人员服务费等。

企业一笔款项一次性购入多项生物资产时，购买过程中发生的相关税费、运输费、保险费等可直接归属于购买该资产的其他支出，应当按照各项生物资产的价款比例进行分配，分别确定各项生物资产的成本。

外购的生物资产，按应计入生物资产成本的金额，分别借记“消耗性生物资产”“生产性生物资产”“公益性生物资产”账户，贷记“银行存款”“应付账款”“应付票据”等账户。

【做中学7－1】2022年1月，富康企业从市场上一次性购买了未成熟的6头种牛、15头种猪和600头猪苗，单价分别为4 000元、1 400元和250元，支付的价款共计195 000元；此外，发生的运输费为4 500元，保险费为3 000元，装卸费为2 250元，款项全部以银行存款支付。

（1）计算种牛、种猪和猪苗应分担的共同费用：

分摊比例＝(4 500＋3 000＋2 250)÷195 000＝5%

6头种牛应分摊：6×4 000×5%＝1 200（元）

15头种猪应分摊：15×1 400×5%＝1 050（元）

600头猪苗应分摊：600×250×5%＝7 500（元）

（2）计算确定种牛、种猪和猪苗的入账价值：

6头种牛的入账价值：6×4 000＋1 200＝25 200（元）

15头种猪的入账价值：15×1 400＋1 050＝22 050（元）

600头猪苗的入账价值：600×250＋7 500＝157 500（元）

（3）根据审核无误的入库单和转账支票等原始凭证，编制付款凭证，作会计分录如下：

借：生产性生物资产——未成熟生产性生物资产（种牛）	25 200	
——未成熟生产性生物资产（种猪）	22 050	
消耗性生物资产——猪苗	157 500	
贷：银行存款		204 750

（二）自行繁殖、营造的生物资产

1. 自行繁殖、营造的消耗性生物资产

（1）自行栽培的大田作物和蔬菜的成本，包括在收获前耗用的种子、肥料、农药等材料费、人工费和应分摊的间接费用等必要支出。

（2）自行营造的林木类消耗性生物资产的成本，包括郁闭前发生的造林费、抚育费、营林设施费、良种试验费、调查设计费和应分摊的间接费用等必要支出。

（3）自行繁殖的育肥畜的成本，包括出售前发生的饲料费、人工费和应分摊的间接费用等必要支出。

（4）水产养殖的动物和植物的成本，包括在出售或入库前耗用的苗种、饲料、肥料等材料费、人工费和应分摊的间接费用等必要支出。

2. 自行繁殖、营造的生产性生物资产

自行繁殖、营造的生产性生物资产，成本确定的一般原则是按照其达到预定生产经营目的前发生的必要支出确定，包括直接材料、直接人工、其他直接费用和应分摊的间接费用。

（1）自行营造的林木类生产性生物资产的成本，包括达到预定生产经营目的前发生的造林费、抚育费、营林设施费、良种试验费、调查设计费和应分摊的间接费用等必要支出。

（2）自行繁殖的产畜和役畜的成本，包括达到预定生产经营目的（成龄）前发生的饲料费、人工费和应分摊的间接费用等必要支出。

温馨提示

达到预定生产经营目的是区分生产性生物资产成熟和未成熟的分界点，同时也是判断其相关费用停止资本化的时点，是区分其是否具备生产能力、从而是否计提折旧的分界点。企业应当根据具体情况，结合正常生产期的确定，对生产性生物资产是否达到预期生产经营目的进行判断。

3. 自行营造的公益性生物资产

自行营造的公益性生物资产，成本确定的一般原则是按照郁闭前发生的造林费、抚育费、森林保护费、营林设施费、良种试验费、调查设计费和应分摊的间接费用等必要支出确定。

自行繁殖、营造的生物资产，按繁殖、营造生物资产成本金额，分别借记“消耗性生物资产”“生产性生物资产”“公益性生物资产”账户，贷记“银行存款”“累计折旧”“农业生产成本”等账户。

【做中学7－2】绿源企业为粮食生产企业，主要产品为玉米和小麦，2022年1月，购买小麦种子和玉米种子分别支付60 000元和32 000元，使用一台拖拉机翻耕土地100公顷用于小麦和玉米的种植，其中60公顷种植玉米、40公顷种植小麦。该拖拉机原值为60 300元，预计净残值为300元，按照工作量法计提折旧，预计可以翻耕土地6 000公顷。

（1）根据购买发票和支票存根、入库单，编制付款凭证，作会计分录如下：

借：消耗性生物资产——玉米　　60 000
　　　　　　　　　——小麦　　32 000
　贷：银行存款　　92 000

（2）计算拖拉机的折旧费，根据审核无误的拖拉机折旧计算表和机械作业费分配表等原始凭证，编制转账凭证，作会计分录如下：

计提的拖拉机折旧＝（60 300－300）÷6 000×100＝1 000（元）

玉米应当分配的机械作业费＝1 000÷（60＋40）×60＝600（元）

小麦应当分配的机械作业费＝1 000÷（60＋40）×40＝400（元）

借：消耗性生物资产——玉米　　600
　　　　　　　　　——小麦　　400
　贷：累计折旧　　1 000

【做中学7－3】茂盛企业自2016年开始自行营造100公顷橡胶树，当年发生种苗费18.9万元，平整土地和定植所需的机械作业费5.55万元，定植当年抚育发生肥料及农药费25.05万元、人员工资等45万元。该橡胶树达到正常生产期为6年，从定植后至2022年共发生管护费用241.5万元，以银行存款支付。

（1）根据审核无误的出库单、折旧计提表和成本明细表等原始凭证，编制转账凭证，作会计分录如下：

借：生产性生物资产——未成熟生产性生物资产（橡胶树） 945 000
　贷：原材料——种苗 189 000
　　　　　——肥料及农药 250 500
　　应付职工薪酬 450 000
　　累计折旧 55 500

（2）根据审核无误转账支票存根，编制付款凭证，作会计分录如下：

借：生产性生物资产——未成熟生产性生物资产（橡胶树） 2 415 000
　贷：银行存款 2 415 000

（3）根据审核无误的成本计算单，编制转账凭证，作会计分录如下：

100公顷橡胶树的成本＝189 000＋55 500＋250 500＋450 000＋2 415 000
＝3 360 000（元）

借：生产性生物资产——成熟生产性生物资产（橡胶树） 3 360 000
　贷：生产性生物资产——未成熟生产性生物资产（橡胶树） 3 360 000

（三）天然起源的生物资产

天然林等天然起源的生物资产，仅在企业有确凿证据表明能够拥有或者控制该生物资产时，才能予以确认。

天然起源的生物资产公允价值通常无法可靠地取得，应按名义金额确定生物资产的成本，名义金额为1元。

天然起源的生物资产，按照名义金额，分别借记“消耗性生物资产”“生产性生物资产”“公益性生物资产”账户，贷记“营业外收入”账户。

【做中学7－4】茂盛企业按照国家规定获得100公顷天然林，该天然林能为企业起到保护水土的作用，但天然林不存在公允价值。该企业按照名义金额计量，作会计分录如下：

借：公益性生物资产 1
　贷：营业外收入 1

任务二　生物资产的后续计量

课件

【任务描述】

掌握消耗性生物资产、生产性生物资产和公益性生物资产的后续计量方法（模式）和会计处理。

【任务实施】

生物资产的后续计量

一、消耗性生物资产的后续计量

消耗性生物资产属于存货范畴，期末按照存货的计量方法——成本与可变现净值孰低计量。当消耗性生物资产的可变现净值小于其成本时，应当按照可变现净值低于成本的差额，计提消耗性生物资产跌价准备，并计入当期损益。借记“资产减值损失”账户，贷记“存货跌价准备”账户。

小企业特别规定

小企业的生物资产不进行减值测试，确认资产减值损失时，直接计入营业外支出。

【做中学7－5】绿源企业种植玉米150公顷，已发生成本33万元。2022年7月遭受冰雹灾害，致使玉米严重受灾，期末玉米的可变现净值估计为30万元。

根据计提减值审批表，编制转账凭证，作会计分录如下：

借：资产减值损失　　300 000

　　贷：存货跌价准备——消耗性生物资产（玉米）　　300 000

二、生产性生物资产的后续计量

（一）采用成本模式计量

在成本模式计量下，未成熟的生产性生物资产按成本扣除累计减值准备计量，成熟的生产性生物资产按成本扣除累计折旧及累计减值准备计量。

成熟的生产性生物资产进入正常生产期，可以多年连续稳定产出农产品、提供劳务或出租。因此，应当按期计提折旧，以与其给企业带来的经济利益流入相配比。可选用的折旧方法包括年限平均法、工作量法、产量法等。

企业应设置“生产性生物资产累计折旧”账户核算。企业按期计提折旧，借记“农业生产成本”“管理费用”等账户，贷记“生产性生物资产累计折旧”账户。

企业至少应当于每年度终了对生产性生物资产进行检查，有确凿的证据表明生产性生物资产的可收回金额低于其账面价值的，应当按照可收回金额低于账面价值的差额，计提生产性生物资产减值准备，并计入当期损益。借记“资产减值损失”账户，贷记“生产性生物资产减值准备”账户。

【做中学7－6】富康企业培养的100头牛犊已经成熟为达产奶期的成年奶牛。在培养期内费用支出5 600元/头，其中领用玉米1 400元、精饲料2 100元、其他草料1 500元、水电费100元、防疫费500元；支付饲养人员工资180 000元。奶牛的使用年限为5年，预计净残值为每头2 000元，采用年限平均法计提折旧。

（1）在培养期内，根据领料汇总表、工资计算表、银行结算单，编制转账凭证和付款凭证，作会计分录如下：

借：生产性生物资产——未成熟生产性生物资产（奶牛）　680 000
　贷：原材料——饲料　500 000
　　应付职工薪酬　180 000

借：生产性生物资产——未成熟生产性生物资产（奶牛）　60 000
　贷：银行存款　60 000

（2）奶牛成熟时，根据成年奶牛入库单，编制转账凭证，作会计分录如下：

借：生产性生物资产——成熟生产性生物资产（奶牛）　740 000
　贷：生产性生物资产——未成熟生产性生物资产（奶牛）　740 000

（3）计提年折旧，根据年折旧计算表，编制转账凭证，作会计分录如下：

年折旧 =（740 000 − 2 000 × 100）÷ 5 = 108 000（元）

借：农业生产成本——牛奶　108 000
　贷：生产性生物资产累计折旧　108 000

（二）采用公允价值模式计量

企业不再对生产性生物资产计提折旧和计提减值准备，应当按照生物资产的公允价值减去估计销售时所发生费用后的净额计量，各期变动计入当期损益。

三、公益性生物资产的后续计量

（一）采用成本模式计量

对于公益性生物资产而言，由于其持有目的与消耗性生物资产和生产性生物资产有本质区别，主要是出于防护、环境保护等特殊公益性目的，具有非经营性的特点，因此生物资产准则规定公益性生物资产不计提折旧和减值准备。

（二）采用公允价值模式计量

企业应当按照生物资产的公允价值减去估计销售时所发生费用后的净额计量，各期变动计入当期损益。

企业对生物资产的计量模式一经确定，不得随意变更。

四、管护费用的核算

管护费用是指为了维持林木资产的正常生存而发生的有关费用，如为果树苗灭虫发生的人工和药物费用等。

郁闭之前的林木类生物资产处在培植阶段，需要发生较多的造林费、抚育费、营林设施费、良种试验费、调查设计费等相关支出，这些支出应予以资本化计入成本；郁闭之后的林木类生物资产进入稳定的生长期，基本上可以比较稳定地成活，主要依靠林木本身的自然生长，一般只需要发生较少的管护费用，从重要性和谨慎性考虑应当计入当期损益。

对于资本化的管护费用，发生时按照实际发生额，借记“消耗性生物资产”“生产性生物资产”账户，贷记“银行存款”“原材料”等账户；对于费用化的管护费用，发生时按照实际发生额，借记“管理费用”账户，贷记“银行存款”等账户。

温馨提示

郁闭是判断生物资产相关支出（包括借款费用）资本化或者是费用化的时点。郁闭为林学概念，通常是指一块林地上的林木的树干、树冠生长达到一定标准，林木成活率和保持率达到一定的技术规程要求。郁闭通常指林木类消耗性资产的郁闭度达0.20以上（含0.20）。郁闭度是指森林中乔木树冠遮蔽地面的程度，它是反映林分密度的指标，以林地树冠垂直投影面积与林地面积之比表示，以十分数表示，完全覆盖地面为1。根据联合国粮农组织规定，郁闭度达0.20以上（含0.20）的为郁闭林：其中一般以0.20～0.70（不含0.70）为中度郁闭，0.70以上（含0.70）为密郁闭；0.20以下（不含0.20）的为疏林（即未郁闭林）。

【做中学7－7】茂盛企业下属的第一护林班统一组织培植管护1号区森林。2022年1月，发生森林管护费用共计30 000元，其中人员工资16 000元，尚未支付；使用库存肥料12 000元，管护设备折旧2 000元。管护面积为4 800公顷，其中用材林杨树林3 600公顷，水土保持林马尾松1 200公顷，该区森林全部未郁闭。假定管护费用按照森林面积比例进行分配。

用材林杨树林应分配的管理费用＝3 600÷4 800×30 000＝22 500（元）

水土保持林马尾松应分配的管理费用＝1 200÷4 800×30 000＝7 500（元）

根据成本分配计算表，编制转账凭证，作会计分录如下：

借：消耗性生物资产——用材林（杨树） 22 500

——水土保持林（马尾松） 7 500

贷：应付职工薪酬 16 000

原材料 12 000

累计折旧 2 000

【做中学7－8】茂盛企业下属的第二护林班统一组织培植管护2号区森林，2022年1月，发生森林管护费用共计10 000元，其中人员工资5 000元，尚未支付；使用库存肥料4 000元，管护设备折旧1 000元。该区森林全部已郁闭。

根据成本分配计算表，编制转账凭证，作会计分录如下：

借：管理费用 10 000

贷：应付职工薪酬 5 000

原材料 4 000

累计折旧 1 000

五、林木类生物资产补植的核算

在林木类生物资产的生长过程中，为了使其更好地生长，往往需要进行择伐、间伐或抚育更新性质采伐（这些采伐并不影响林木的郁闭状态），并且在采伐之后进行相应的补植。上述情况下发生的后续支出，应当予以资本化，计入林木类生物资产的成本。借记“消耗性生物资产”等账户，贷记“库存现金”“银行存款”“其他应付款”等账户。

【做中学 7-9】2022 年 1 月，茂盛林业公司对某用材林进行择伐补植，应支付人员工资 15 000 元，领用材料 20 000 元。

根据审核无误的补植费用明细表和材料出库单等原始凭证，编制转账凭证，作会计分录如下：

借：消耗性生物资产——用材林	35 000	
贷：应付职工薪酬		15 000
原材料		20 000

任务三　生物资产收获的核算

课件

【任务描述】

掌握消耗性生物资产收获为农产品、生产性生物资产产出农产品和家庭农场上交的农产品的会计核算。

【任务实施】

一、消耗性生物资产收获的核算

消耗性生物资产收获，是指消耗性生物资产生长过程的结束，如收割小麦、采伐用材林等。

从消耗性生物资产上收获农产品后，消耗性生物资产自身完全转为农产品而不复存在，如肉猪宰杀后的猪肉、收获后的蔬菜、用材林采伐后的木材等，企业应当将收获时点消耗性生物资产的账面价值结转为农产品的成本。借记“农产品”账户，贷记“消耗性生物资产”账户，已计提减值准备的，还应同时结转减值准备，借记“存货跌价准备——消耗性生物资产”账户；对于不通过入库直接销售的鲜活产品等，按实际成本，借记“主营业务成本”账户，贷记“消耗性生物资产”账户。

【做中学 7-10】绿源企业 2022 年 6 月入库小麦 20 吨，成本为 12 000 元。

根据审核无误的入库单、成本计算单，编制转账凭证，作会计分录如下：

借：农产品——小麦	12 000	
贷：消耗性生物资产——小麦		12 000

二、生产性生物资产收获的核算

生产性生物资产收获，是指农产品从生产性生物资产上分离，如从苹果树上采摘下苹果、奶牛产出牛奶、绵羊产出羊毛等。

农产品收获过程中发生的直接材料、直接人工等直接费用，直接计入相关成本核算对象，借记“农业生产成本——农产品”账户，贷记“库存现金”“银行存款”“原材料”

“应付职工薪酬”“生产性生物资产累计折旧”等账户。

农产品收获过程中发生的间接费用，应当在生产成本归集，借记“农业生产成本——共同费用”账户，贷记“库存现金”“银行存款”“原材料”“应付职工薪酬”“生产性生物资产累计折旧”等账户；在会计期末按一定的分配标准，分配计入有关的成本核算对象，借记“农业生产成本——农产品”账户，贷记“农业生产成本——共同费用”账户。

间接费用分配方法通常以直接费用或直接人工为基础，直接费用比例法以生物资产或农产品相关的直接费用为分配标准，直接人工比例法以直接从事生产的工人工资为分配标准，其公式为：

$$\text{间接费用分配率}=\frac{\text{间接费用总额}}{\text{分配标准（直接费用总额或直接人工总额）}}\times 100\%$$

$$\begin{array}{c}\text{某项生物资产或农产品}\\ \text{应分配的间接费用额}\end{array}=\begin{array}{c}\text{该项资产相关}\\ \text{直接费用或直接人工}\end{array}\times\text{间接费用分配率}$$

此外，还可以直接材料、生产工时等为基础进行分配，企业可以根据实际情况加以选用。例如蔬菜的温床费用分配计算公式如下：

$$\begin{array}{c}\text{蔬菜应分配的}\\ \text{温床（温室）费用}\end{array}=\frac{\text{温床（温室）费用总额}}{\text{实际使用的格日（平方米日）总数}}\times\begin{array}{c}\text{该种蔬菜占用的}\\ \text{格日（平方米日）数}\end{array}$$

其中，温床格日数是指某种蔬菜占用温床格数和在温床生产日数的乘积，温室平方米日数是指某种蔬菜占用位的平方米数和在温室生长日数的乘积。

温馨提示

生物资产是活的动物和植物；农产品与生物资产密不可分，当其附着在生物资产上时，作为生物资产的一部分，按照生物资产核算，而当其从生物资产上收获时开始，离开生物资产这一母体，一般具有鲜活、易腐的特点，应单独作为农产品核算。

对于不通过入库直接销售的鲜活农产品，直接在“主营业务成本”等账户核算，不在本账户核算。

【做中学7－11】 2022年10月，绿源企业收获苹果10 000公斤，成本共计108 000元。

根据审核无误入库单、成本计算单，编制转账凭证，作会计分录如下：

借：农产品——苹果　　108 000

　　贷：农业生产成本——苹果　　108 000

三、家庭农场上交农产品的核算

家庭农场是指企业内部对职工家庭实行“自主经营、单独核算、定额上交、自负盈亏”的家庭农场、家庭林场、家庭牧场、家庭渔场等家庭承包单位（以下简称家庭农场）。企业收到家庭农场按合同规定上交的农产品验收入库时，按结算价格入账，作为企业收到家庭农场上交农产品入库的初始成本。结算价格可按合同约定的固定收购价格，也可按合同约定的收到时的市场价格。

家庭农场以农产品抵顶上交款，农产品验收入库时，按结算价格，借“农产品”账户，贷记“应收家庭农场款”账户；按合同规定收购家庭农场产品，农产品验收入库时，借记

"农产品"账户，贷记"应付账款"或"应付家庭农场款""库存现金"账户。

【做中学7-12】绿源企业收购家庭农场上交的大豆5 000千克，年初承包合同规定，结算价格按收购时的市场价格，实际收购时的市场价格为每千克2.20元。

根据审核无误的入库单和采购合同等原始凭证，编制转账凭证，作会计分录如下：

借：农产品——大豆　　11 000

　　贷：应付账款（或应付家庭农场款）　　11 000

任务四　生物资产转换的核算

课件

生物资产转换的核算

【任务描述】

掌握生物资产转换的计量和会计处理。

【任务实施】

一、生物资产转换的计量

生物资产转换，是指生物资产在生产经营中改变用途。包括消耗性生物资产与生产性生物资产之间的转换，消耗性生物资产、生产性生物资产与公益性生物资产之间的转换。

生物资产改变用途后，将生物资产的账面价值转出，作为转入生物资产的实际成本。

二、生物资产转换的核算

（一）消耗性生物资产与生产性生物资产转换的核算

产畜或役畜淘汰转为育肥畜，或者林木类生产性生物资产转为林木类消耗性生物资产时，按转群或转变用途时的账面价值，借记"消耗性生物资产"账户，按已计提的累计折旧，借记"生产性生物资产累计折旧"账户，按其账面余额，贷记"生产性生物资产"账户。已计提减值准备的，还应同时结转已计提的减值准备。

育肥畜转为产畜或役畜，或者林木类消耗性生物资产转为林木类生产性生物资产时，应按其账面余额，借记"生产性生物资产"账户，贷记"消耗性生物资产"账户。已计提减值准备的，还应同时结转减值准备。

【做中学7-13】2022年12月，富康企业自行繁殖的200头种猪转为育肥猪，此批种猪的账面原价为50万元，已经计提的累计折旧为32万元。

根据审核无误生物资产改变用途审批表等原始凭证，编制转账凭证，作会计分录如下：

借：消耗性生物资产——育肥猪　　180 000

　　生产性生物资产累计折旧　　320 000

　　贷：生产性生物资产——成熟生产性生物资产（种猪）　　500 000

（二）消耗性生物资产、生产性生物资产与公益性生物资产转换的核算

1. 消耗性生物资产、生产性生物资产转为公益性生物资产

消耗性生物资产、生产性生物资产转为公益性生物资产时，应当按照该项生物资产的账面价值，借记“公益性生物资产”账户，按已计提的生产性生物资产累计折旧，借记“生产性生物资产累计折旧”账户，按已计提的减值准备，借记“存货跌价准备——消耗性生物资产”“生产性生物资产减值准备”账户，按账面余额，贷记“消耗性生物资产”“生产性生物资产”账户。

2. 公益性生物资产转为消耗性生物资产或生产性生物资产

公益性生物资产转为消耗性生物资产或生产性生物资产时，应按其账面余额，借记“消耗性生物资产”或“生产性生物资产”账户，贷记“公益性生物资产”账户。

【做中学7－14】2022年12月，由于区域生态环境的需要，茂盛林业公司的12公顷造纸原料林（杨树）被划为防风固沙林，仍由公司负责管理，该林的账面余额80 000元，已经计提的跌价准备为5 000元。

根据生物资产改变用途审批表等原始凭证，编制转账凭证，作会计分录如下：

借：公益性生物资产——防风固沙林（杨树）　　75 000
　　存货跌价准备——消耗性生物资产（造纸原料林）　　5 000
　　贷：消耗性生物资产——造纸原料林（杨树）　　80 000

【做中学7－15】2022年12月，茂盛林业公司根据所属区域的林业发展规划和相关政策调整，将以马尾松为主的800公顷防风固沙林，全部转为以采脂为目的的商品林，该马尾松的账面价值为200万元。其中，已经具备采脂条件的为600公顷，账面价值为160万元，其余的尚不具备采脂条件。同时，该公司根据国家政策规定，将100公顷作为防风固沙林的杨树转为作为造纸原料的商品林，该杨树的账面余额为18万元。

根据审核无误的生物资产改变用途审批表等原始凭证，编制转账凭证，作会计分录如下：

借：生产性生物资产——成熟生产性生物资产（马尾松）　　1 600 000
　　生产性生物资产——未成熟生产性生物资产（马尾松）　　400 000
　　贷：公益性生物资产——防风固沙林（马尾松）　　2 000 000
借：消耗性生物资产——造纸原料林（杨树）　　180 000
　　贷：公益性生物资产——防风固沙林（杨树）　　180 000

任务五　生物资产处置和清查的核算

课件

【任务描述】

掌握生物资产处置损益的核算，掌握生物资产出售和生物资产盘亏、死亡、毁损的核算。

【任务实施】

生物资产处置，是指生物资产出售、盘亏或死亡、毁损。

一、生物资产出售的核算

无论是出售消耗性生物资产还是生产性生物资产，企业应确认销售收入；按生物资产的账面余额，结转已销生物资产的成本。计提减值准备或折旧的，还应同时结转减值准备或累计折旧。

【做中学7-16】富康企业于2022年12月将育成的40头仔猪出售给美味食品加工厂，价款总额为20 000元，货款尚未收到。出售时仔猪的账面余额为12 000元，未计提跌价准备。不考虑其他因素。

根据出库单和销售合同等原始凭证，编制转账凭证，作会计分录如下：

借：应收账款——美味食品加工厂	20 000	
贷：主营业务收入		20 000
借：主营业务成本	12 000	
贷：消耗性生物资产——育肥猪		12 000

二、生物资产清查的核算

生物资产盘亏或死亡、毁损时，应当将处置收入扣除其账面价值和相关税费后的余额先记入“待处理财产损溢”账户，待查明原因后，根据企业的管理权限，经股东大会、董事会、经理（场长）会议或类似机构批准后，在期末结账前处理完毕。生物资产因盘亏或死亡、毁损造成的损失，在减去过失人或者保险公司等的赔款和残余价值之后，计入当期管理费用；属于自然灾害等非常损失的，计入营业外支出。

【做中学7-17】富康企业于2022年12月19日走失三头种牛，账面原值为11 600元，已提折旧600元；经查实，饲养员张林负有一定管理责任，应赔偿3 000元。

根据盘点表和处罚单等原始凭证，编制转账凭证，作会计分录如下：

借：待处理财产损溢	11 000	
生产性生物资产累计折旧	600	
贷：生产性生物资产——种猪		11 600
借：其他应收款——张林	3 000	
管理费用	8 000	
贷：待处理财产损溢		11 000

项目二 农业收入的核算

任务一 销售农产品的核算

课件

【任务描述】

掌握销售农产品的核算方法和会计处理。

【任务实施】

销售农产品的核算

一、销售农产品的核算方法

农业企业主要经营鲜活商品，鲜活商品的经营与工业品经营不同，主要有以下特点：

（1）鲜活商品质量变化大，变价次数多。例如，蔬菜上市后随其鲜嫩程度的不同，早晚价格也不同。

（2）鲜活商品一般都需要清选整理，分等分级，按质论价。例如，牛肉是分部位按不同的价格出售的，水果按等级价格出售。

（3）活商品经营损耗较大。例如，蔬菜脱帮掉叶、水果风干腐烂等，再加上交易零星，顾客挑选翻动，损耗难以掌握。

（4）鲜活商品上市的季节性强，销售时间比较集中。例如，夏季西瓜上市、秋季北方过冬蔬菜上市等。

由于鲜活商品的经营具有上述特点，农业企业一般采用“实际盘点、以存计耗”的核算方法。这种核算方法下，农产品在经营过程中，除发生事故损失外，平时发生损耗、升溢等变化或售价变化时，财会部门不作账务处理。月末采取实际盘点、以存计耗的方法，倒挤出本期已销商品成本。

本期商品销售成本 = 期初库存商品成本 + 本期入库商品成本 − 期末库存商品成本

期末库存商品成本 = 期末盘点结存数量 × 单位成本

二、销售农产品的核算

销售农产品时，企业应按实际收到的金额，借记“银行存款”等账户，贷记“主营业务收入”等账户；按已销农产品成本，借记“主营业务成本”等账户，贷记“农产品”账户。

不通过入库直接销售的鲜活农产品，按照实际成本，借记“主营业务成本”账户，贷记“农业生产成本”或“消耗性生物资产”账户。

温馨提示

农业企业，自种植自销售，享受免征增值税、企业所得税。免税要申请备案。企业销售免税农产品不得开具增值税专用发票。

【做中学 7－18】 2022 年 10 月农旺果蔬公司销售苹果 18 000 千克，售价为每千克 9.6 元；销售酥梨 16 000 千克，售价为每千克 6.4 元，已销苹果的成本为 144 000 元，已销酥梨的成本为 80 000 元。不考虑其他因素。

根据出库单、银行进账单、销售发票，编制收款凭证和转账凭证，作会计分录如下：

借：银行存款　　275 200
　　贷：主营业务收入——苹果　　172 800
　　　　　　　　　　——酥梨　　102 400
借：主营业务成本——苹果　　144 000
　　　　　　　　——酥梨　　80 000
　　贷：农产品　　224 000

【做中学 7－19】 富康企业现有奶牛 120 头，2022 年 10 月产奶量为 86 400 千克，本月全部销售，售价为每千克 1.6 元。本月发生奶牛的饲养费用共计 97 800 元。不考虑其他因素。

根据出库单、银行进账单、销售发票，编制收款凭证和转账凭证，作会计分录如下：

借：银行存款　　138 240
　　贷：主营业务收入　　138 240
借：主营业务成本　　97 800
　　贷：农业生产成本　　97 800

【做中学 7－20】 富康企业养殖淡水鱼，本月出售鲜活淡水鱼 3 200 千克，售价为每千克 5.8 元。本月发生淡水鱼饲养费用共计 8 600 元。

（1）发生饲养费时，根据淡水鱼成本计算单（略），编制转账凭证，作会计分录如下：

借：主营业务成本　　8 600
　　贷：消耗性生物资产　　8 600

（2）根据销售日报表（略）、银行进账单、销售发票，编制收款凭证，作会计分录如下：

借：银行存款　　18 560
　　贷：主营业务收入　　18 560

任务二　出售生物资产的核算

课件

【任务描述】

掌握销售生物资产的会计处理。

【任务实施】

无论是出售消耗性生物资产还是生产性生物资产，销售实现时，企业按实际收到的金额，借记“银行存款”等账户，贷记“主营业务收入”等账户；应按其账面余额，借记“主营业务成本”等账户，贷记“生产性生物资产”“消耗性生物资产”等账户，已计提减值准备或折旧的，还应同时结转减值准备或累计折旧。

【做中学 7－21】 富康企业于 2022 年 11 月将育成的 30 头育肥牛出售给美味食品加工厂，价款总额为 30 000 元，货款尚未收到。这批育肥牛的账面余额为 14 000 元，未计提跌价准备。

根据出库单和销售合同等原始凭证，编制转账凭证，作会计分录如下：

借：应收账款——美味食品加工厂　　30 000
　　贷：主营业务收入　　30 000
借：主营业务成本　　14 000
　　贷：消耗性生物资产——育肥猪　　14 000

【做中学 7－22】 富康企业于 2022 年 12 月将 10 头已年老的种猪出售给佳佳食品加工厂，价款总额为 10 000 元，货款尚未收到。这批种猪的账面余额为 40 000 元，已计提折旧 36 000 元。

根据出库单和销售合同等原始凭证，编制转账凭证，作会计分录如下：

借：应收账款——佳佳食品加工厂　　10 000
　　贷：主营业务收入　　10 000
借：主营业务成本　　4 000
　　生产性生物资产累计折旧　　36 000
　　贷：生产性生物资产——种猪　　40 000

项目三　农业生产成本的核算

任务一　种植业生产成本的核算

课件

【任务描述】

确定种植业成本计算对象，熟悉成本项目构成，熟悉各要素费用的归集和分配方法，掌握种植业生产成本计算。

【任务实施】

种植业生产成本的核算

一、成本核算对象确定

广义的农业包括种植业、畜牧养殖业、林业和水产业各业，狭义的农业主要指种植业。种植业包括大田作物栽培和蔬菜栽培等，其产品的种类非常多，企业应根据种植业生产特点和成本管理要求，按照“主要从细，次要从简”的原则确定种植业成本核算对象。主要产品确定为小麦、水稻、大豆、玉米、棉花、糖料、烟叶、草、剑麻纤维等。对主要产品，应单独核算其生产成本；对其他农产品可合并核算其生产成本。

二、成本项目构成

农业企业由于受到地域限制、政策与管理要求等因素的影响，对于种植业农产品成本核算的要求也有一定的差别，因此农业企业可以根据自身的实际情况相应设置成本项目。根据农产品生产的特点和成本管理的要求，设置以下成本项目：

（1）直接材料，指生产耗用的自产或外购的种子、种苗、肥料、地膜、农药等。

（2）直接人工，指直接从事种植业生产人员的工资、工资性津贴、奖金、福利费等。

（3）机械作业费，指生产过程中进行耕耙、播种、施肥、中耕除草、喷药、收割等机械作业所发生的费用支出。如燃料和润滑油、修理用零部件，农机具折旧费、农机具修理费等。

（4）其他直接费，指除直接材料、直接人工和机械作业费以外的其他直接费用。如灌溉费、抽水机灌溉作业费、运输费等。

（5）制造费用，指应摊销、分配计入各产品的间接生产费用。如种植业生产中所发生的管理人员工资及福利费、晒场等固定资产折旧费、晾晒费用、场院照明费用、晒场维修费、晒场警卫人员工资、粮食清选费用、烘干费等。

三、生产成本的核算

（一）生产成本的计算

种植业成本的计算过程参照其他行业。成本计算公式主要有：

$$某种作物单位面积(公顷)成本=\frac{该种作物生产总成本}{该种作物播种面积}$$

$$某种作物主产品单位产量(千克)成本=\frac{该种作物生产总成本-副产品价值}{该种作物主产品产量}$$

$$\begin{matrix}某种蔬菜应分配的\\温床(温室)费用\end{matrix}=\frac{温床(温室)费用总额}{实际使用的格日(平方米日)总数}\times\begin{matrix}该种蔬菜占用的\\格日(平方米日)数\end{matrix}$$

$$场单位面积(公顷)成本=\frac{种草生产总成本}{种草总面积}$$

$$干草单位产量(吨)成本=\frac{种草生产总成本}{干草总产量}$$

（二）会计处理

在“农业生产成本”账户下，按照种植产品的种类设置明细账户，分别不同品种核算农产品成本。

在种植业生产过程中，发生直接材料、直接人工、其他直接费用时，借记“农业生产成本”账户，贷记“原材料”“应付职工薪酬”“银行存款”等账户；发生机械费用，借记“农业生产成本”账户，贷记“银行存款”“农业生产成本——机械作业费”等账户；期末，分配机械作业费时，借记“农业生产成本——××产品”账户，贷记“农业生产成本——机械作业费”等账户；预提脱粒费时，借记“农业生产成本”账户，贷记“预提费用”账户。

【做中学7－23】东兴农场为蔬菜生产企业，2022年12月为黄瓜和番茄发生费用如下：

（1）利用温床培育黄瓜、番茄秧苗，发生温床费用为3 200元，其中黄瓜占用温床40格，生长期为30天；番茄占用温床10格，生长期为40天。秧苗育成移至温室栽培后，发生温室费用15 200元，其中黄瓜占用温室1 000平方米，生长期为70天；番茄占用温室1 500平方米，生长期为80天。

（2）两种蔬菜发生的直接生产费用：黄瓜1 360元，番茄1 640元。

（3）发生制造费用共计4 500元，采用直接费用比例法分配。

（4）两种蔬菜的产量分别为：黄瓜38 000千克，番茄29 000千克。

要求：计算黄瓜、番茄的成本。

（1）编制温床费用、温室费用和制造费用分配表（略），分配温床费用、温室费用和制造费用：

黄瓜应分配的温床费用 $=3\ 200\div(40\times30+10\times40)\times40\times30=2\ 400$（元）

黄瓜应分配的温室费用 $=15\ 200\div(1\ 000\times70+1\ 500\times80)\times1\ 000\times70=5\ 600$（元）

黄瓜应分配的制造费用 $=4\ 500\div(1\ 360+1\ 640)\times1\ 360=2\ 040$（元）

番茄应分配的温床费用 $=3\ 200\div(40\times30+10\times40)\times10\times40=800$（元）

番茄应分配的温室费用 $=15\ 200\div(1\ 000\times70+1\ 500\times80)\times1\ 500\times80=9\ 600$（元）

番茄应分配的制造费用 $=4\ 500\div(1\ 360+1\ 640)\times1\ 640=2\ 460$（元）

（2）计算黄瓜、番茄的生产总成本和单位成本，编制温室蔬菜生产成本计算表（见表7－2）。

表7－2 **温室蔬菜生产成本计算** 金额单位：元

产品	产量（千克）	直接费用	温床费用	温室费用	制造费用	生产总成本	单位成本（元/千克）
黄瓜	38 000	1 360	2 400	5 600	2 040	11 400	0.3
番茄	29 000	1 640	800	9 600	2 460	14 500	0.5
合计	—	3 000	3 200	15 200	4 500	25 900	—

（3）根据生产成本计算表、入库单等原始凭证，作会计分录如下：

借：农产品——黄瓜　　11 400
　　　　——番茄　　14 500
　贷：农业生产成本——黄瓜　　11 400
　　　　　　　　——番茄　　14 500

【做中学7－24】东兴农场种植小麦120公顷、玉米100公顷，2022年1—9月份发生费用如下：

（1）发生直接人工费用60 000元，其中，小麦人工费用为35 000元，玉米人工费用为25 000元；

（2）使用农药总计8 500元，其中小麦使用了4 500元，玉米使用了4 000元；使用化肥总计12 000元，其中小麦使用了7 000元，玉米使用了5 000元；

（3）施肥、喷洒农药共发生机械作业费10 000元，其中小麦6 500元，玉米3 500元。

（4）农场种植小麦、玉米共发生间接费用120 000元，以小麦、玉米的直接人工费为标准进行分配。

（5）9月，农场产出小麦300 000千克，其中100千克留作种子，其余小麦全部入库，小麦当时的市场价格为每千克1.50元；产出玉米300 000千克，全部入库。

（6）小麦和玉米的副产品价值共计10 000元，其中，小麦副产品价值6 000元，玉米副产品价值4 000元，对外销售，款项存入银行。

要求：计算小麦和玉米的成本，编制会计分录。

（1）根据人工费用分配表（略），编制转账凭证，作会计分录如下：

借：农业生产成本——小麦　35 000
　　　　　　　　——玉米　25 000
　贷：应付职工薪酬　60 000

（2）根据材料费用分配表（略），编制转账凭证，作会计分录如下：

借：农业生产成本——小麦　11 500
　　　　　　　　——玉米　9 000
　贷：原材料——农药　8 500
　　　　　　——化肥　12 000

（3）根据机械费用分配表（略），编制转账凭证，作会计分录如下：

借：农业生产成本——小麦　6 500
　　　　　　　　——玉米　3 500
　贷：农业生产成本——机械作业费　10 000

（4）编制制造费用分配表（见表7－3），据以编制转账凭证，作会计分录如下：

表7－3

制造费用分配表

2022年9月

单位：元

分配对象		分配标准（直接人工）	分配率（%）	分配金额
总账账户	明细账户			
农业生产成本	小麦	35 000	200	70 000
	玉米	25 000	200	50 000
合　计		60 000	—	120 000

借：农业生产成本——小麦　70 000
　　　　　　　　——玉米　50 000
　贷：制造费用　120 000

（5）编制小麦、玉米生产成本见表7－4，计算小麦、玉米成本。

表7－4 生产成本明细账（计算表）

产品名称：小麦、玉米　　2022年9月　　单位：元

成本项目	行次	作物名称		
		小麦	玉米	合计
直接材料	1	11 500	9 000	20 500
直接人工	2	35 000	25 000	60 000
机械作业费	3	6 500	3 500	10 000
制造费用	4	70 000	50 000	120 000
生产成本合计	5	123 000	87 500	210 500
减：副产品价值	6	6 000	4 000	10 000
主产品总成本	7	117 000	83 500	200 500
播种面积（公顷）	8	120	100	220
主产品总产量（千克）	9	300 000	300 000	—
单位面积成本（元/公顷）	10	1 025	875	—
主产品单位成本（元/千克）	11	0.39	0.28	—

（6）根据生产成本计算表、入库单，编制转账凭证，作会计分录如下：

借：农产品——小麦　　116 610
　　　　　——玉米　　83 500
　　原材料——小麦　　390
　　贷：农业生产成本——小麦　　117 000
　　　　　　　　　　——玉米　　83 500

（7）根据入库单和进账单，结转出售副产品价值，编制转账凭证，作会计分录如下：

借：银行存款　　10 000
　　贷：农业生产成本——小麦　　6 000
　　　　　　　　　　——玉米　　4 000

任务二　畜牧养殖业生产成本的核算

课件

【任务描述】

确定畜牧养殖业成本计算对象，熟悉成本项目构成，熟悉各要素费用的归集和分配方法，掌握畜牧养殖业生产成本计算。

【知识准备】

一、成本核算对象确定

畜牧养殖业生产成本是畜牧养殖业生产发生的各项成本。畜牧养殖业成本核算对象的确定，应考虑成本核算是采用分群核算制，还是采用混群核算制。分群核算制，是将各种不同畜（禽）按照其畜龄不同分为若干群别，以不同群别的畜（禽）作为成本核算对象，按群别设置畜牧业生产成本明细账，汇集生产费用，采用分步法计算群别产品的生产成本及单位成本；混群核算制是直接以各种畜（禽）作为成本计算对象，畜牧业生产成本明细账按畜（禽）种类设置，采用品种法计算各种产品的生产总成本和单位总成本。

一般情况下，凡有条件的畜牧业生产单位，原则上都要实行分群饲养管理、分群核算成本，以利于加强管理，提高畜（禽）成活率，降低生产成本；没有分群饲养或核算条件较差的可混群饲养管理，混群核算成本。

具体来说，畜牧养殖业的成本核算对象是畜（禽）群及其产品。主要畜（禽）产品有牛奶、羊毛、肉类、禽蛋、蚕茧等。畜（禽）饲养可实行分群饲养，也可实行混群饲养。实行分群饲养的主要畜（禽）群别划分如下：

（1）养猪业：基本猪群（包括母猪、种公猪、检定母猪、2个月以内的未断奶仔猪）；2~4个月幼猪；4个月以上幼猪和育肥猪。

（2）养牛业：基本牛群（包括母牛和公牛）；6个月以内的犊牛；6个月以上的幼牛。

（3）养马业：基本马群（包括母马、种公马、未断奶的马驹）；当年生幼马；2年生幼马；3年生幼马。

（4）养羊业：基本羊群（包括母羊、种公羊、未断奶的羔羊）；当年生幼羊；往年生幼羊；去势羊和非种用公羊。

（5）养禽业：基本禽群（包括成龄禽）；幼禽和育肥禽；人工孵化群。

二、成本项目构成

畜牧养殖业农业企业可以根据自身的实际情况相应设置成本项目。根据农产品生产的特点和成本管理的要求，设置成本项目：直接材料、直接人工、其他直接费用和制造费用。其中，制造费用是指应摊销、分配计入各群别的间接生产费用，如产役畜折旧等。

三、生产成本的核算

（一）生产成本的计算

（1）混群核算的成本计算。

$$\begin{aligned}\text{某类畜(禽)本期生产总成本(元)} = &\text{期初存栏价值} + \text{本期饲养费用} + \text{本期购入畜(禽)价值} + \\ &\text{本期无偿调入畜(禽)价值} - \text{期末存栏价值} - \\ &\text{本期无偿调出畜(禽)价值}\end{aligned}$$

$$\text{某类畜(禽)主产品单位成本(元)}=\frac{\text{某类畜(禽)生产总成本}-\text{副产品价值}}{\text{该类畜(禽)主产品总产量}}$$

（2）分群核算的成本计算。

$$\text{畜(禽)饲养日成本[元/头(只)日]}=\frac{\text{该群本期饲养费用}}{\text{该群饲养头(只)日数}}$$

$$\text{离乳幼畜活重单位成本(元/千克)}=\frac{\text{该群累计饲养费用}-\text{副产品价值}}{\text{离乳幼畜活重}}$$

$$\text{幼畜或育肥畜增重单位成本(元/千克)}=\frac{\text{该群本期饲养费用}-\text{副产品价值}}{\text{该群增重数}}$$

$$\text{某畜群增重量(千克)}=\begin{array}{c}\text{该群期末存栏活重}+\text{本期离群活重}\\ \text{(不包括死畜重量,下同)}\end{array}-\begin{array}{c}\text{期初结转、期内购入}\\ \text{和转入的活重}\end{array}$$

$$\begin{array}{c}\text{某群幼畜或育肥畜活重}\\ \text{单位成本(元/千克)}\end{array}=\frac{\begin{array}{c}\text{期初活重总成本}+\text{本期增重总成本}+\\ \text{购入、转入总成本}-\text{死畜残值}\end{array}}{\text{期末存栏活重}+\text{期内离群活重}}$$

$$\text{主产品单位成本(元/千克)}=\frac{\text{该畜群累计全部饲养费用}-\text{副产品价值}}{\text{该畜群主产品总产量}}$$

（二）会计处理

在“农业生产成本”账户下，按照养殖产品的种群设置明细账户，分别不同种类核算养殖产品成本。

在养殖过程中，发生直接材料、直接人工、其他直接费用和制造费用时，分种子、苗木、木材等类别借记“农业生产成本”“制造费用”账户，贷记“原材料”“应付职工薪酬”“银行存款”等账户；期末分配制造费用，借记“农业生产成本”账户，贷记“制造费用”账户。

【做中学 7－25】富康企业 2022 年 12 月发生奶牛（已进入产奶期）的饲养费用如下：领用饲料 5 000 公斤，计 1 200 元，应付饲养人员工资 3 000 元，以现金支付防疫费 500 元。

根据审核无误的出库单、收据和成本明细表等原始凭证，编制转账凭证和付款凭证，作会计分录如下：

借：农业生产成本——牛奶	4 200	
贷：原材料		1 200
应付职工薪酬		3 000
借：农业生产成本——牛奶	500	
贷：库存现金		500

【做中学 7－26】富康企业采用分群核算制，2022 年 12 月有关资料如下：

（1）月初，农业生产成本——两至四个月幼猪：饲养费 190 000 元、副产品价值 600 元。

（2）幼畜及育肥畜——两至四个月幼猪：期初余额 20 000 元、本期购入 30 000 元、本期由仔畜转入 33 000 元。

（3）本期畜禽动态报告数据资料见表 7－5。

表 7－5　　畜禽动态报告

摘要	数量（头）	活重（千克）
期初存栏	400	4 000
本期购入	500	6 300
由仔畜转入	1 100	6 600
本期销售	700	14 000
转入育肥猪群	600	13 200
死亡	10	100
期末存栏	690	17 300

根据资料计算幼猪成本：

（1）幼猪饲养头日成本 $= \dfrac{190\ 000}{(400+500+1\ 100)\times 30}\times 100\% = 3.17$（元）

（2）幼猪增重单位成本 $= \dfrac{190\ 000-600}{14\ 000+13\ 200+100+17\ 300-4\ 000-6\ 300-6\ 600}$

$= 6.84$（元/千克）

（3）幼猪增重总成本 $= 190\ 000-600 = 189\ 400$（元）

（4）幼猪活重单位成本 $= \dfrac{20\ 000+30\ 000+33\ 000+190\ 000-600}{14\ 000+13\ 200+17\ 300} = 6.12$（元/千克）

【做中学 7－27】 2022 年 12 月，东兴农场养鸡场期初有存栏肉鸡 2 000 只，固定价格为 8 元/只（饲养期 3 个月）；期内以每只 2 元的价格购入肉鸡雏 3 000 只，售出肉鸡 4 000 只，重量为 10 000 千克，取得收入 80 000 元，肉鸡禽粪等副产品价值为 3 000 元；期末存栏肉鸡 980 只，固定价格为 6 元（饲养期两个月），本期饲养费用为 43 880 元，其中：饲料 38 180 元，饲养人员薪酬 5 700 元。

根据资料计算肉鸡成本：

（1）肉鸡生产总成本 $= 16\ 000+43\ 880+6\ 000-5\ 880 = 60\ 000$（元）

（2）肉鸡单位成本 $= (60\ 000-3\ 000)\div 10\ 000 = 5.7$（元/千克）

任务三　林业生产成本的核算

课件

【任务描述】

确定林业成本计算对象，熟悉成本项目构成，熟悉各要素费用的归集和分配方法，掌握林业生产成本计算。

【任务实施】

一、成本核算对象确定

林木生产包括种子、苗木、木材生产等，其主要产品有种子、苗木、原木、原竹、水果、干果、干胶（或浓缩胶乳）、茶叶、竹笋等。林木按生产阶段一般可分为种苗、造林抚育、采割三个阶段，不同阶段的林木也应分别核算其成本。

1. 种苗成本核算对象

种子应按树种分别归集费用，核算种子成本；育苗阶段应按树种、育苗方式、播种年份分别归集费用，核算育苗成本。

2. 造林抚育成本核算对象

消耗性林木资产和公益林根据企业管理的需要，可按照小班、树种等归集费用，核算造林抚育成本。

3. 木材生产成本核算对象

按木材采伐运输方式、品种、批别及其生产过程等，根据企业管理的需要归集费用，核算木材生产成本。

4. 其他林产品成本核算对象

按照收获的品种、批别、生产过程等，根据企业管理的需要归集费用，核算收获品的成本。

二、成本项目构成

林业企业的成本项目可按照种植业企业的生产成本项目设置。一般而言，需要在每个成本核算对象中设置直接材料、直接人工、其他直接费用和制造费用等成本项目。也可根据管理需要自行设置。

三、生产成本的核算

（一）生产成本的计算

种植业成本的计算过程参照其他行业。主要计算公式有：

（1）某树种苗木单位面积培育成本 = 该树种生产费用 ÷ 该树种苗木面积（公顷）

（2）某树种出圃苗木单株成本 = 该树种出圃苗木总成本 ÷ 该树种苗木产量（株）

（3）经济林木的培育成本 = 成熟前经济林木造林抚育成本 + 成熟前经济林木管护费用

（4）消耗性林木资产的培育成本 = 郁闭成林前消耗性林木资产造林抚育成本 + 郁闭成林前消耗性林木资产管护费用

（5）消耗性林木资产的木材生产成本 = 采伐的消耗性林木资产账面价值 + 木材采运成本

（二）会计处理

在“农业生产成本”账户下设置“种子生产成本”“苗木生产成本”“木材生产成本”明细账户，分别不同种类核算林产品成本。

在林木产品生产过程中，发生直接材料、直接人工、其他直接费用和制造费用时，分种子、苗木、木材等类别借记“农业生产成本”“制造费用”账户，贷记“原材料”“应付职工薪酬”“银行存款”等账户；期末分配制造费用，借记“农业生产成本”账户，贷记“制造费用”账户。

【做中学 7－28】茂盛企业培植落叶松，2022 年 1 月发生生产费用：人工费 20 000 元、材料费 39 000 元、其他费用 10 000 元（尚未支付），该落叶松未郁闭。

根据成本计算单，编制转账凭证，作会计分录如下：

借：农业生产成本	69 000	
贷：应付职工薪酬		20 000
原材料		39 000
应付账款		10 000

任务四　水产业生产成本的核算

课件

【任务描述】

确定水产业成本计算对象，熟悉成本项目构成，熟悉各要素费用的归集和分配方法，掌握水产业生产成本计算。

【任务实施】

一、成本核算对象确定

水产业生产指水生动、植物的养殖，可分为淡水养殖和海水养殖。淡水养殖主要生产淡水鱼等，海水养殖主要生产海水鱼、虾、贝、藻等。水产业一般以水产品品种为成本核算对象。淡水养殖一般计算鱼苗、鱼种和成鱼等主要产品成本。海水养殖一般计算对虾、牡蛎、蛤、海带、紫菜、海水鱼等主要产品成本。

二、成本项目构成

水产企业的成本项目包括直接材料、直接人工、其他直接费用和制造费用等。

知识链接

直接材料，是指直接用于养殖生产的苗种、饲料、肥料和材料等。其中：苗种指直接用于养殖生产的鱼苗、鱼种、虾苗、蟹苗、贝苗、藻苗、水生植物的种子等，孵化用的亲鱼、亲虾也属于本项目；饲料指直接用于养殖生产的各种饲料；材料指直接用于养殖生产的各种渔需物资和渔具等低值易耗品摊销等。其中渔具指的是渔网、工具等价值低、容易消耗的物品。

三、生产成本的核算

（一）成本计算

1. 淡水养鱼的成本计算

淡水养鱼的产品有鱼苗、鱼种和成鱼三种，由于养鱼业是多阶段生产，而且鱼苗、鱼种和成鱼都可出售，所以养鱼的成本计算对象包括鱼苗、鱼种和成鱼。

（1）鱼苗通常计算每万尾成本。其计算公式如下：

$$每万尾鱼苗成本=\frac{育苗期的全部生产费用}{育成鱼苗万尾数}$$

（2）鱼种既可计算每万尾成本，也可计算每千克成本。其计算公式如下：

$$每万尾(千克)鱼种成本=\frac{育种期的全部生产费用}{育成鱼种万尾(千克)}$$

（3）成鱼生产有两种方式，一种是多年放养，一次捕捞；另一种是逐年放养，逐年捕捞。

多年放养，一次捕捞的成鱼成本，包括捕捞前各年作为在产品结转的费用和当年发生的费用。其计算公式如下：

$$成鱼单位(千克)成本=\frac{捕捞前各年发生的生产费用+本年生产费用}{成鱼总产量}$$

逐年放养，逐年捕捞的成鱼成本，当年发生的全部费用，由当年捕捞的成鱼负担，可不计算在产品价值。其计算公式如下：

$$成鱼单位(千克)成本=\frac{本年成鱼放养的全部费用}{本年成鱼产量}$$

在同一水域内，一般都饲养多种鱼类，如果需要计算每种成鱼的生产成本，可采用产值比率法进行成本分离。

2. 海水成鱼养殖的成本计算

海水养殖的方式有网箱养殖、港塭养殖和池塘养殖。海水成鱼养殖一般生产周期较长，多年放养一次捕捞。在捕捞成鱼前，一般只将投放的鱼种费用，作为在产品价值结转下年。所捕成鱼的生产成本，包括以前年度结转的生产费用和当年发生的生产费用及捕捞费用。其成本计算公式如下：

$$海水养殖成鱼单位成本=\frac{捕捞前各年结转的生产费用+当年发生的费用+捕捞费用}{海水养殖成鱼总产量}$$

（二）会计处理

在“农业生产成本”账户下，按照水产品的种类设置明细账户，分别不同品种核算水产品产成本。

在水产品生产过程中，发生直接材料、直接人工、其他直接费用和制造费用时，分别水产品种类，借记“农业生产成本”“制造费用”账户，贷记“原材料”“应付职工薪酬”“银行存款”等账户；期末分配制造费用，借记“农业生产成本”账户，贷记“制造费用”账户。

【做中学 7－29】富康企业 2022 年 1 月承包一个鱼塘培育 1 号鱼，当月共投放苗种 54 000 元，饵料 31 000 元，此塘应分摊折旧 1 000 元，人工费 19 000 元。本月仍是鱼的成长期。

根据成本计算表，编制转账凭证，作会计分录如下：

借：农业生产成本——1 号鱼	105 000	
贷：原材料		85 000
累计折旧		1 000
应付职工薪酬		19 000

单元小结

农业企业会计是对农业生产（包括农、林、牧、副、渔）单位的生产经营过程及其成果进行连续、系统、全面、综合地核算和监督的会计，是以农业企业为会计主体的一种行业会计。生物资产是农业企业拥有的一项特殊资产，是指与农业生产相关的有生命的（即活的）动物和植物，包括消耗性生物资产、生产性生物资产和公益性生物资产三类。生物资产应当按照成本进行初始计量，其后续计量有成本计量模式和公允价值模式两种。消耗性生物资产生长过程的结束以及农产品从生产性生物资产上分离称作农产品的收获，生物资产出售、盘亏、死亡、毁损及转换需进行生物资产处置的核算。农产品是指生物资产的收获品，包括种植业产品、畜牧养殖业产品、水产品和林产品。企业需对农产品入库、出库、清查盘点进行核算。在制造成本法下，农业企业的费用按照其经济内容的不同可以分为农业生产费用和期间费用两大类。其中，农业企业在一定时期内发生的与农业生产直接相关的各种耗费称为农业生产费用。属于一定种类和数量的成本计算对象如小麦、玉米、奶牛、猪、林产品、水产品等的生产费用，称为农业生产成本，种植业、养殖业、林业、水产业的成本计算应确定成本对象、成本计算期、成本项目以及选择一定的成本计算方法进行成本核算。农业收入主要包括农产品的销售和生物资产出售获得的收入。农业企业无论出售农产品还是出售生物资产，销售成立时，确认收入。

【业务训练】

答案

训练一

【资料】欣欣农场 2022 年 12 月灌溉农田总计 25 000 千瓦时，其中小麦 15 000 千瓦时，玉米 10 000 千瓦时，每千瓦时计划成本为 2 元，发生抽水机灌溉作业费总计 58 000 元。

要求：分配抽水机灌溉作业费用，并进行账务处理。

训练二

【资料】欣欣农场采用分群核算制，本期“农业生产成本—2 ~ 4 个月幼猪及育肥猪”和“幼畜及育肥畜—2 ~ 4 个月幼猪及育肥猪”明细账有关资料如下：本期饲养费 117 630 元，其中：饲料费 106 230 元，饲养人员薪酬 11 400 元，副产品价值 1 050 元；期初结存 20 头，活重 1 000 千克，成本 4 500 元；本期转入仔猪 500 头，活重 7 700 千克，成本 42 350 元；购入幼猪 50 头，活重 700 千克，成本 3 780 元；本期转出 540 头，转为“4 个月以上幼猪及育肥猪”，活重 35 100 千克；死亡 2 头，活重 90 千克；期末结存 28 头，活重 1 250 千克。

要求：计算幼猪增重量、幼猪增重单位成本和幼猪活重单位成本。

训练三

【资料】欣欣农场下属非独立核算的养猪场，因遵循市政府关于保障节日市场肉食品供应关系的指示精神，邻近省组织了一批购育肥畜 1 000 头，以备数月之后的节日市场供应，支付对方货款总价款 60 万元，其他各种相关费用 3 万元。

要求：作出相应账务处理。

训练四

【资料】健康农业生产企业 2019 ~ 2022 年发生以下业务：

（1）健康农业企业 2019 年初自行营造 100 亩苹果树，3 年后挂果。当年发生种苗费 180 000 元，平整土地所需机械作业费 20 000 元，当年肥料 90 000 元，农药 10 000 元，人工费 80 000 元，管护费 50 000 元。

（2）2020 年、2021 年共发生年抚育发生化肥费用 140 000 元，农药 20 000 元，人工费 30 000 元，管护费 40 000 元。

（3）2022 年该苹果树开始挂果，即达到预期经营目的，预期经济寿命 12 年。（假定该苹果树采用成本模式计量，采用年限平均法计提折旧，假定该苹果树期满无残值）。

要求：

（1）编制健康企业 2019 ~ 2022 年有关自行营造果树相关业务的会计分录。

（2）计算健康企业 2022 年苹果树应提的折旧并作出相应的会计分录。

训练五

【资料】健康企业在 2022 年 12 月初存货总计 90 万元，本月发生的经济业务如下：

（1）将自产的小麦 3 000 千克入库留作种子，该批小麦的生产成本为 9 000 元，市场价格为每千克 7 元。

（2）销售鸭子一批，取得收入 10 000 元，其成本为 7 000 元。

（3）将10头小牛转为产役畜，每头小牛实际生产成本为1 300元，市场价格每头为2 200元。

（4）产出水稻120 000千克，已验收入库，每千克生产成本为0.90元。

（5）销售玉米100 000公斤，价格为每千克2元，款项已存入银行。

要求：计算2022年12月存货期末总成本，并进行相应的账务处理。

参 考 文 献

1. 中华人民共和国财政部. 企业会计准则2006［M］. 北京：经济科学出版社，2006.

2. 中华人民共和国财政部. 企业会计准则——应用指南2006［M］. 北京：中国财政经济出版社，2006.

3. 财政部会计司编写组. 企业会计准则讲解2010［M］. 北京：人民出版社，2010.

4. 中华人民共和国财政部. 小企业会计准则2011［M］. 北京：经济科学出版社，2011.

5. 财政部会计司编写组. 小企业会计准则释义2011［M］. 北京：中国财政经济出版社，2011.

6. 财政部会计资格评价中心. 初级会计实务［M］. 北京：中国财政经济出版社，2022.

7. 财政部会计司编写组.《企业会计准则第14号——收入》应用指南2018［M］. 北京：中国财政经济出版社，2018.

8. 傅胜. 行业会计比较［M］. 大连：东北财经大学出版社，2017.

9. 郑红梅. 行业会计比较［M］. 北京：北京师范大学出版社，2010.

10. 海连成，刘文辉. 航空公司会计核算教程［M］. 北京：中国民航出版社，2012.